t Berlin 1880

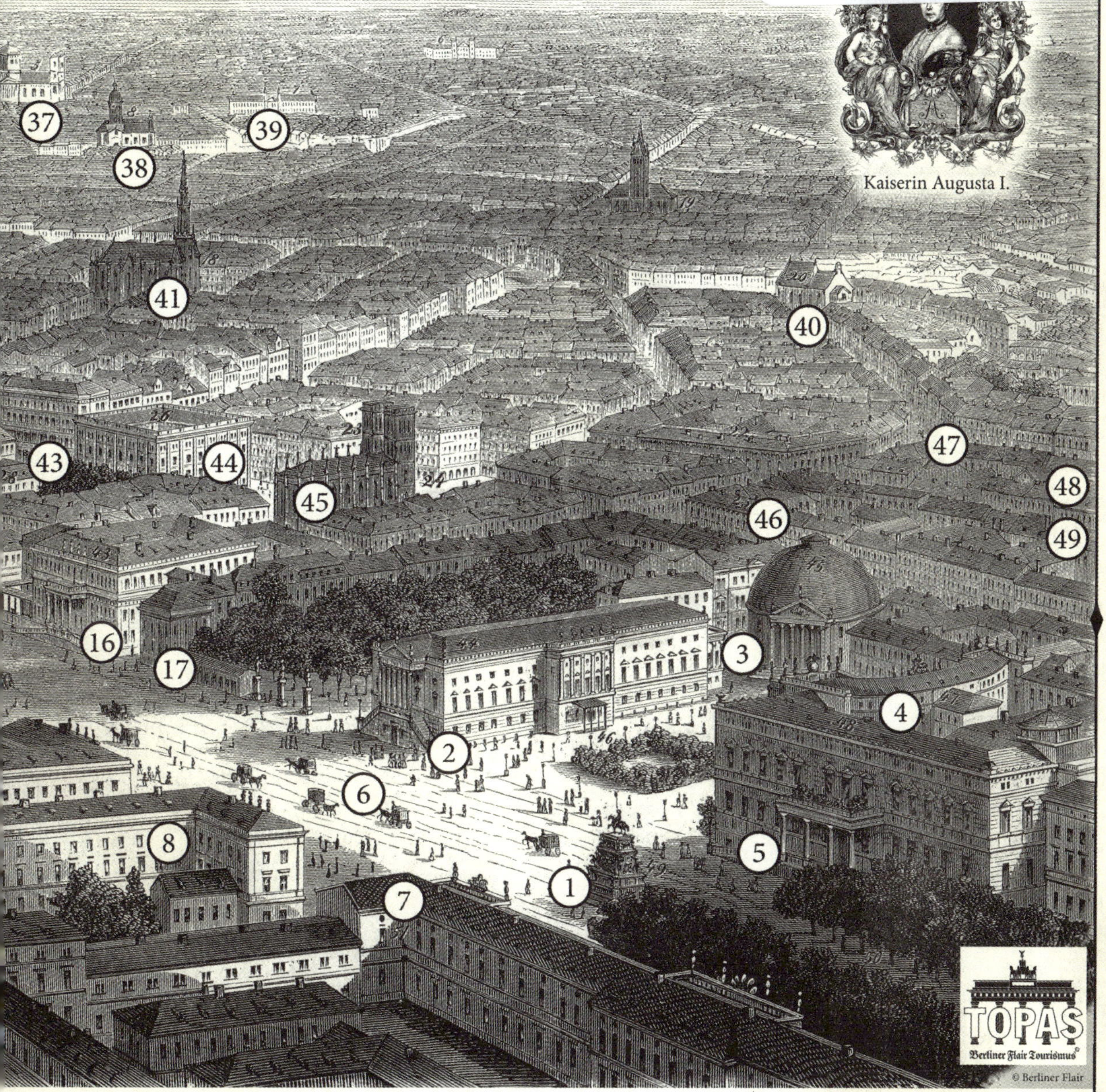

Kaiserin Augusta I.

:dwig Kathedrale · 4. Königliche Bibliothek – Kommode · 5. Kaiserliches Palais – Altes Palais
oldtuniversität · 9. Dorotheenstrasse · 10. Singakademie – Maxim Gorki Theater
eughaus · 14. Schlossbrücke · 15. Kommandantenhaus · 16. Palais des Kronprinzen
20. Eiserne Brücke · 21. Neues Museum · 22. Altes Museum · 23. Alte Nationalgallerie
Friedrich Wilhelm III. · 29. Schlossapotheke · 30. Das alte Residenzschloss · 31. Nikolaikirche
orücke · 36. Frankfurter Bahnhof – Ostbahnhof · 37. Thomaskirche · 38. Michaelskirche
ühlendamm · 43. Das rote Schloss – Eliteschule · 44. Bauakademie mit Schinkelplatz
n · 46. Haupt-Telegraphenamt – Repräsentanz Telekom · 47. Hausvogteiplatz
n · 49. Gendarmenmarkt

Friedhelm Reis · Berlin – Geschichten & Anekdoten

Friedhelm Reis

Berlin
Geschichten & Anekdoten

800 Jahre Deutsche und Berliner Historie

**Mit Berichten von Zeitzeugen
aus antiquarischen Büchern von 1707 bis 1910.**

Berlin 2017 · Verlag Berliner Flair

Bisher von Friedhelm Reis erschienen:

Wir stehen hinter der Erde – Versuch einer Weltfriedensordnung
1. Auflage 1992
2. Auflage 2007

„Pilgerschaft zwischen Strafanstalt und Sternenfeld“, Autobiographie
2 ½ Jahre Stasihaft in der ehemaligen DDR – Freikauf – Trauma-Bewältigung
1800 km Pilgerschaft auf den Jakobswegen
1. Auflage 2009

Stadtführer „Historisches Berlin“
1. Auflage 2012

Impressum

Autor und Herausgeber: Friedhelm Reis
Karikaturen: Oswald Morguet
Verlag: TOPAS Berliner Flair Tourismus GmbH
Gesamtherstellung: Satzart OHG

www.berlinerflair.de

1. Auflage

ISBN 978-3-9818136-1-6

Die gefährlichste aller Weltanschauungen
ist die Weltanschauung der Leute,
welche die Welt nie angeschaut haben.
Alexander von Humboldt (1769–1859)

Namensgeber vom „Humboldtforum" im alten neuen Stadtschloss Berlins

Dieses Buch lässt Sie tief in die Vergangenheit der Stadt Berlin und unseres Landes schauen. Staunen Sie über verborgene Geschichten und Persönlichkeiten, die am Wachsen und Werden Berlins bedeutenden Anteil hatten. Bilden Sie sich aus den Berichten der Zeitzeugen ein eigenes Urteil und erfahren Sie, was sich bis in die heutige Zeit noch auswirkt, im Guten wie im Schlechten.

Das Beständigste im Leben ist die Veränderung.

In eigener Sache

Dieses Buch ist eine Liebeserklärung an die Stadt, die mich am 04. Oktober 1975 aufgenommen hat. Berlin. Ich war ein Flüchtling, ein politischer Flüchtling, der einen hohen Preis für seine Freiheit bezahlte, doch es niemals bereute. Der Preis der Freiheit waren 2 ½ Jahre Haft im Stasiknast mit Psychofolter in der ehemaligen DDR. Ich war ein Flüchtling in einer neuen fremden Umgebung, keine Familie, keine Freunde oder Bekannte, aber frei. Ich kam aus einer staatsverordneten Welt des Sozialismus, einer Plantagenwirtschaft ähnlich, in die Freiheit, wie die einer wilden bunten Welt des Dschungels. Berlin wurde mein neues Zuhause, diese einzigartige Stadt, die sich immer wieder neu zu gestalten weiß. So, als wenn ein unsichtbarer Magier seine Fäden zieht, bedarf es manchmal eines zweiten Blicks, um die unendlichen Facetten dieser urbanen Zivilisationswohnform zu erfassen, um dann seinen eigenen Platz zu finden. Ich habe meinen Platz gefunden. Dieses Buch ist ein Geschenk an Berlin. Ich möchte mein Wissen der Geschichte mit interessierten Menschen teilen. Mit allen, die in Berlin einen Platz zum Leben gefunden haben, und mit denjenigen, die eine Inspiration für einen Besuch suchen oder was sie auch immer in dieser weltbewegenden Stadt umtreibt. In einer Stadt auf diesem einzigartigen Planeten, genannt Erde, der Teil eines unendlichen Kosmos ist, aber der für jeden in diesem Kosmos einen persönlichen Platz hier in Berlin bereit hält und seine Bewohner lehrt, was diese Stadt in den Jahrhunderten der Geschichte immer geschafft hat: Wir lassen uns nicht unterkriegen.

Hallo liebe Leser,
nun möchte ick mir ooch noch vorstelln. Ick bin de Inge aus Balin. Mein Job in det Buch is der Baliner Humor, der darf ja ooch nich zu kurz kommen. Also immer, wenn se mir sehn, jibt det wat zu lachen. Hoffe ick zumindest.

Ick bin de Inge und mein Alta, det jeht se nüscht an!

Wissense denn och, warum man mit de Weingläser anstößt?
In Vino veritas, und mit de Wahrheit stößt man überall an!

Willkommen in Berlin – unsere Stadt ist bewegend

Herzlich willkommen liebe Leser, die Ihr angereist seid, woher auch immer, seid gegrüßt Ihr Zugezogenen und echten Berliner oder die, die einfach in Berlin da sind, wo sie eben mal da sind.

Berlin/Cölln ist seit den ersten Ansiedlungen im 11ten Jahrhundert und nach Bildung der Städte im 13ten Jahrhundert durch alle Zeiten ständig gewachsen und hat sein Aussehen immer wieder verändert. Darüber lesen Sie in unserer Zeitreise durch das historische Berlin.

Ältestes Stadtwappen von Berlin, Bild 1250 Berlin/Cölln

Zu der ersten oft gestellten Frage: „Sind Sie ein echter Berliner?“ bedarf es einer Grundinformation.

Unsere Heimat, also den Ort, wo unsere körperliche Erscheinung ihren begrenzten Zeitlauf beginnt, kann sich niemand aussuchen. Jeder, der sich in unserer Stadt wohlfühlt und sie als sein wirkliches Zuhause, als seinen persönlichen Lebensmittelpunkt betrachtet, darf sich als echter Berliner fühlen. Jeder, der Berlin mehr als nur einen Aufenthaltsort zur vorübergehenden Bleibe auf unserem Planeten Erde betrachtet, ist ein echter Berliner.

Was macht unsere Stadt so einzigartig? Berlin hat 12 Bezirke und 96 Ortsteile, und jeder Stadtteil hat eigene Kieze. Unsere Stadt hat so viele Facetten und unterschiedliche Nuancen, dass ein Leben nicht ausreicht, um alles kennenzulernen und zu erleben, da sich eh alles immer im Wandel befindet.

Heute leben in unserer Stadt ca. 3,5 Millionen Menschen und davon kommen über 550.000 aus 186 Ländern dieser Welt. In den Straßen von Berlin können Sie über 180 verschiedene Sprachen hören.

Hinzu kommen 13 Millionen Touristen pro Jahr. Was wird allen geboten? Drei Opernhäuser, rund 150 kleine und große Theater, viele Konzerthallen und über 175 Museen. Mit fast 500 Galerien ist Berlin der größte Galerien-Standort Europas geworden. Berlin bietet täglich etwa 1500 Veranstaltungen an.

Orte in Berlin, wo man essen und trinken, sehen kann und gesehen wird, tanzen und sich unterhalten kann, gibt es etwa 15000, seien es Restaurants, Bars, Nachtclubs, Imbisse, Cafés, Eisdielen, Diskotheken, Tanzlokale usw. Hinzu kommen noch die unterschiedlichsten Milieus, welche ihre eigene Faszination ausstrahlen und ihren eigenen Unterhaltungswert haben. Und wer dann etwas Ruhe möchte, dem stehen 2500 Grünanlagen und 80 Parks zur Verfügung.

Am 27. April 1920 trat in Berlin die große Verwaltungsreform in Kraft, in der 7 Städte, 59 Landgemeinden und 27 Gutsbezirke, von Zehlendorf bis Köpenick, von Spandau bis Rudow, zu einer Stadt vereint wurden. Berlin war nun 45 km breit und 39 km lang und zählte 3,8 Millionen Einwohner. Zwischen den Ortschaften waren Wälder, Äcker, Wiesen, Grünflächen mit Parkanlagen und Seen. Mehr als 1/3 der Fläche Berlins sind bis heute Grünflächen, Seen, Kanäle und landwirtschaftliche Nutzflächen. Noch eine Besonderheit ist nach der Stadtreform entstanden. Die Hausnummern waren in dem einen Ort so, dass die geraden Zahlen auf der einen und die ungeraden auf der anderen Straßenseite weiter numme-

riert waren. In der anderen Stadt lief die Nummerierung fortlaufend auf einer Straßenseite bis zum Ende und dann zurück auf der anderen Straßenseite. Diese Besonderheit wurde nach der Reform nicht geändert und lässt heute manchmal den Suchenden verzweifeln. Hinzu kommen noch viele Straßen, die den gleichen Namen tragen.
Fürs Rätselraten sei hinzugefügt, dass Berlin mehr Brücken hat als Venedig, fast 1.000, und für unsere bayerischen Gäste: der höchste natürliche Berg ist der Müggelberg mit 115 Metern.
Und nun rin ins Vargniejen! (Für die Nichtinformierten: das ist original Berlinerisch)

Sie erleben jetzt eine Zeitreise durch Berlins wechselvolle Geschichte mit seinen historischen Bauten und Persönlichkeiten, eingebunden in Berliner Witz, Charme und Schnauze. Der Berliner soll seine Stadt wieder als Ganzes wahrnehmen, und der Tourist soll sie erleben, wie sie wieder erblüht. Berlin zwischen gestern und heute, wie diese, unsere Stadt, sich immer wieder neu erfindet. Sie werden alle unser Berlin lieben.

Auf eines möchte ich Sie noch aufmerksam machen. Wenn Sie jetzt weiterlesen, laufen Sie Gefahr, sich in Berlin zu verlieben, wenn Sie nicht schon verliebt sind. Und für unsere neuen Gäste: Sie werden soviel Neues erfahren, dass Sie mindestens noch 10 Mal unsere Stadt besuchen wollen. Mit Bedauern muss ich Ihnen mitteilen, dass ich Ihnen die Reisekosten nicht erstatten kann.

Wie entstand dieses Buch

Als ich, Friedhelm Reis, im April 2007 begann, mit einer Rikscha Gäste in Berlin von A nach B zu fahren, war der Hintergrund, mich von einer Depression frei zu strampeln. Jede Art Bewegung half mir, negativen Stress abzubauen. Doch dann, stellen Sie sich das einmal vor, stellten die Touristen Fragen und wollten wissen, was für eine Kirche das ist, den Namen von diesem Museum und so weiter.
Und ich wusste wenig, sehr wenig, so wie die meisten Einwohner über ihre Stadt oftmals schlecht informiert sind. Also nahm ich mir ein Buch zur Hand, dann ein nächstes und so weiter. Nach zwei Jahren hatte ich über 800 Bücher, Bildbände und Romane über Berlin durchgearbeitet.
Bei den Stadtführungen wurde mir nach einiger Zeit klar, dass ich schon nach einer Stunde meinen Gästen Informationen über 50 verschiedene Gebäude und Berliner Persönlichkeiten berichtet hatte, und, dass es fast unmöglich für den Besucher war, sich dies alles zu merken. Ich begann einen Stadtführer zu schreiben. Damit wollte ich dem Gast etwas in die Hand geben, damit er das Gesehene und Gehörte in Ruhe mit Freude nachlesen und vertiefen konnte.

Aber irgendetwas fehlte mir! Das alte historische Berlin konnte ich nicht erklären.

Dann geschah etwas Wunderbares. Ich erwarb 2010 zwei Bände von 1884 „Die deutsche Kaiserstadt Berlin und ihre Umgebung“ von Max Ring (Journalist und Schriftsteller 1817–1901). Danach ein Buch von dem bekannten Berliner Verlagsbuchhändler Friedrich Nicolai (Schriftsteller, Romane und Reisebeschreibungen 1733–1811), der 1786 eine Topographie von Berlin und Brandenburg in vier Bänden geschrieben hat, also in der Zeit von König Friedrich II., genannt „Der Alte Fritz“.

Als ich das Buch von 1737 „Altes und Neues Berlin“ von Johann Christoph Müllers (Kartograf 1673–1721) und Georg Gottfried Küsters (Historiker 1695–1776) erwarb, hatte sich mir der Zugang zu den direkten Quellen erschlossen. Jetzt war es mir möglich, ein besseres Verständnis für die Tiefen der Zeitgeschichte unserer Stadt zu bekommen. Ich war begeistert.
Hier aus dem Buch „Altes und Neues Berlin“: Allein auf den ersten fünf Seiten beschäftigt sich der Verfasser mit der Deutung und dem

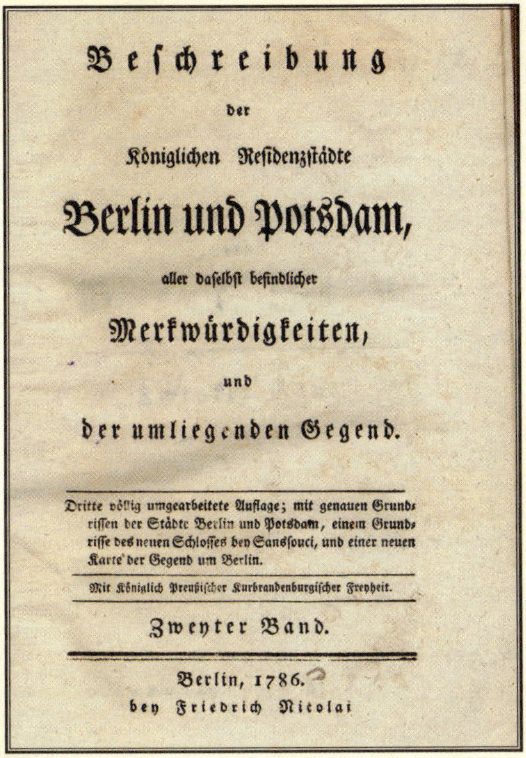
Beschreibung
der
Königlichen Residenzstädte
Berlin und Potsdam,
aller daselbst befindlicher
Merkwürdigkeiten,
und
der umliegenden Gegend.

Dritte völlig umgearbeitete Auflage; mit genauen Grundrissen der Städte Berlin und Potsdam, einem Grundrisse des neuen Schlosses bey Sanssouci, und einer neuen Karte der Gegend um Berlin.

Mit Königlich Preußischer Kurbrandenburgischer Freyheit.

Zweyter Band.

Berlin, 1786.
bey Friedrich Nicolai

„Topographie von Berlin und Brandenburg" 1786

Johann Christoph Müllers,
Cam. Regiæ Berol. Advocati
und
Georg Gottfried Küsters,
Gymnasii Fridriciani Rectoris, und der Königl. Preußischen Societät der Wissenschafften Mitgliedes,
Altes
und
Neues Berlin.
Das ist:
Vollständige Nachricht von der Stadt Berlin, derselben Erbauern, Lage, Kirchen, Gymnasiis; ingleichen von den Königlichen, und andern öffentlichen Gebäuden; dem Rath-Hause, dessen, und der Bürgerschafft Gütern, Vorrechten, Privilegiis und andern das Policey- und Stadt-Wesen betreffenden Sachen.
Wobey dasjenige, so in Krieges- und Friedens-Zeiten von Anno 1106. biß itzo in hiesigen Residentzien merckwürdiges vorgegangen, aus Diplomatibus, guten und zuverläßigen, theils auch archivischen Nachrichten und den besten Auctoribus erzehlet wird.
In fünff Theile verfasset,
Mit Kupffern gezieret, und nöthigen Registern versehen.
Erster Theil.

BERLIN,
Bey Johann Peter Schmid.

„Altes und Neues Berlin" 1737

„Die deutsche Kaiserstadt Berlin
und ihre Umgebung" 1884

Stadtführer
„Historisches Berlin"
800 Jahre Geschichte von Berlin/Cölln seit Gründung

775 Jahre Berlin am 28. Oktober 2012 | Erstauflage 20.000 | 48 Seiten | Preis: 6,90 Euro

Brandenburger Tor 1880

Inhaltsverzeichnis:

Brandenburger Tor 1780

Zur Zeit vom „Alten Fritz"

Stadtführer „Historisches Berlin" 2012

Ursprung der Namen von Berlin und Cölln – mit dem Ergebnis: es lässt sich nicht eindeutig erklären!

Originaltext 1727:
„Als dieses historische Werk zu Ew. Königl. Majestät Füssen wir in tiefster Demuth legen, als auch die Vielfältigkeit der in dem Werke vorkommenden sonderbaren Umstände. Wir können zwar wegen Erbauung der Residenzien Berlin und Cöln, nicht in das graue Altertum gehen, da unsere Vorfahren, gleich ihren Nachbarn mehr bemühet gewesen berühmte Thaten zu thun, als selbige in Büchern zu verzeichnen…"

Durch die umständliche Schreibweise der jeweiligen Zeitepochen liest es sich oft beschwerlich, manchmal unverständlich. Ich habe mir die schriftstellerische Freiheit genommen, in einer heute verständlichen Form die Inhalte sachgemäß wiederzugeben. Damals wie heute finden sich schon zu einzelnen Ereignissen verschiedene Sichtweisen und auch Dokumentationen. Es zeigt sich immer wieder, dass es die allein seligmachende Wahrheit oft nicht gibt. Alles liegt immer im Auge des Betrachters.

Nach 2 ½ Jahren Arbeit veröffentlichte ich im August 2012 mit 48 Seiten den Stadtführer „Historisches Berlin".

Die vielen begeisterten Leser ermunterten mich, ein Buch zu schreiben. Damit begann für mich ein neues Kapitel der Geschichte in und um Berlin herum. Ich stürzte mich in noch umfangreichere Recherchen.

Ein „antiquarisches Trüffelschwein"

Inzwischen habe ich mich zu einem antiquarischen Trüffelschwein entwickelt und erwerbe nur noch Publikationen aus dem 18ten und 19ten Jahrhundert.

Ich besuche Flohmärkte, wenn ich in einer neuen Stadt bin, und Antiquariate. Natürlich surfe ich auch im Internet. Ich habe viele Bücher erstanden von Autoren und Gelehrten, die mir unbekannt waren. Ich war beeindruckt, dass ihre Werke überhaupt noch heute erhältlich sind. Also lieber Leser, wenn Sie jetzt feststellen werden, dass es Ihnen genauso geht, dann herzlich willkommen an Bord. So fand ich z. B. ein Buch von 1787 „Anekdoten und Charakterzüge aus dem Leben Friedrich des Zweiten", von dem Berliner Verleger Johann Friedrich Unger (Drucker, Typograph und Holzschneider 1753–1804), der auch die Schriften der Akademie der Wissenschaften druckte. Ebenso „Charakter Friedrich des Zweiten, König von Preussen", 1788 von Anton Friedrich Büsching (außerordentlicher Professor der Philosophie, Historiker, Direktor des Gymnasiums zum Grauen Kloster und der berlinischen und cöllnischen Stadtschulen 1724–1793). Er stand über 22 Jahre im

Ein antiquarisches Trüffelschwein

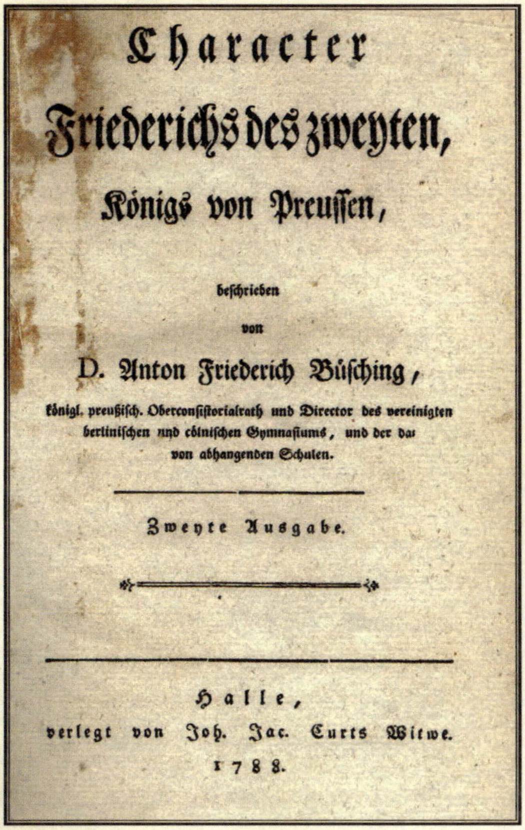

Character
Friederichs des zweyten,
Königs von Preussen,
beschrieben
von
D. Anton Friederich Büsching,
königl. preußisch. Oberconsistorialrath und Director des vereinigten berlinischen und cölnischen Gymnasiums, und der davon abhangenden Schulen.

Zweyte Ausgabe.

Halle,
verlegt von Joh. Jac. Curts Witwe.
1788.

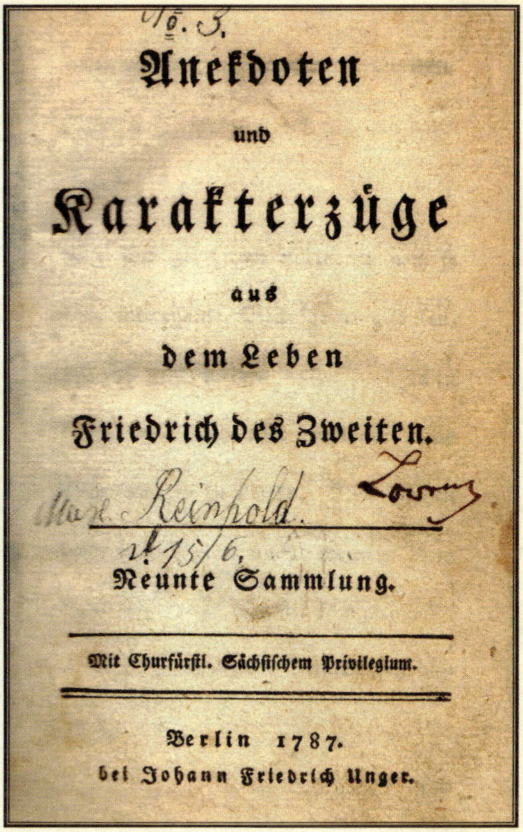

Anekdoten
und
Karakterzüge
aus
dem Leben
Friedrich des Zweiten.

Neunte Sammlung.

Mit Churfürstl. Sächsischem Privilegium.

Berlin 1787.
bei Johann Friedrich Unger.

Dienst von König Friedrich II. und reformierte u. a. das Gymnasium zum Grauen Kloster. Am 17. August 1786 ist Friedrich II. verstorben. Beide Autoren haben den Alten Fritz zu Lebzeiten erlebt. Also Berichte von Zeitzeugen. Zeitnäher geht es nicht.

Nun lassen Sie uns symbolisch in die über 30 laufenden Meter Bücher aus alter Zeit stürzen. Werden Sie mit mir ein Bücherwurm.

Ich erhebe mit diesem Buch nicht den Anspruch, alles Zeitgeschehene zu erfassen. Mein Bemühen geht dahin, ein besseres Verständnis für die Geschichte von Berlin zu vermitteln. Vielleicht kann ich für manchen Leser einen Anstoß geben, selbst in die Geschichte weiter einzutauchen. Vor allem möchte ich Neugier wecken, Freude und auch mal ein Aha-Erlebnis vermitteln.

Ein Bücherwurm

Berlins 900jährige Zeitreise

Lassen Sie uns, lieber Leser, zu einer Zeitreise zu den Wurzeln von Berlin aufbrechen unter dem Motto: „Rom wurde nicht an einem Tag erbaut, aber Berlin baut ewiglich“. Erfahren Sie, was „Der Berliner Unwillen“ von 1443 mit dem Flughafenbau in Schönefeld zu tun hat. Warum kann ein Berliner einen Berliner in Berlin nicht essen, aber ein Berliner in München zwar keinen Münchner, jedoch einen Berliner. Erfahren Sie, welcher Staatsmann aus einem überschuldeten und verschwenderischen Staat einen geordneten schaffte, die Finanzen ordnete und dazu einen Überschuss erarbeitete. Tauchen Sie mit mir ein in die spannende Geschichte Berlins und erleben Sie, was aus der „Sandbüchse des Heiligen Römischen Reichs“ – so bezeichnete Kurfürst Friedrich I. sein am 30. April 1415 neu erworbenes Gebiet: die Mark Brandenburg am Rande des Weltgeschehens im Mittelalter im 15ten Jahrhundert – inzwischen geworden ist.

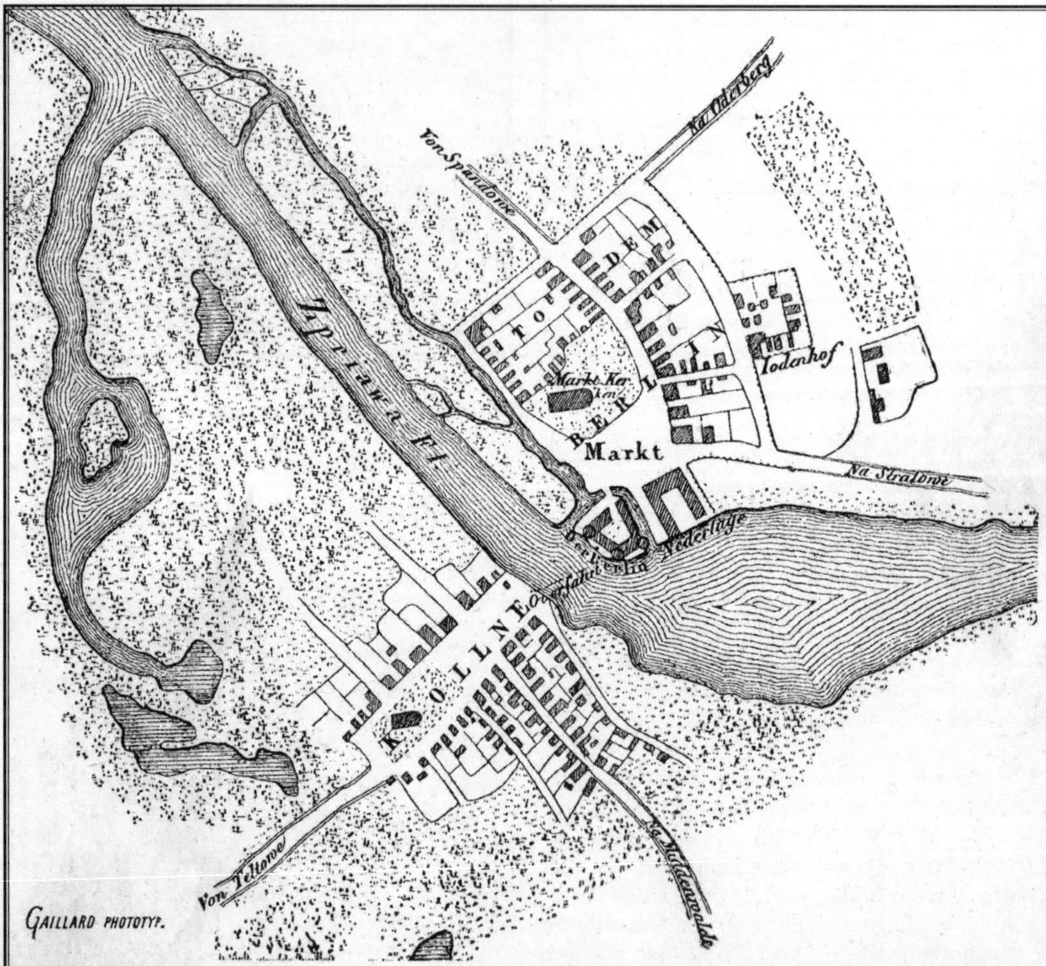

Berlin und Cölln zur Zeit ihrer Gründung um 1220 – links Ansiedlung Köllne mit der Petrikirche, der Fluß Zpriawa, slawischer Name der Spree, rechts Berlin mit der Nikolaikirche. Lieber Leser, da es bei der Erwähnung der Stadt Cölln immer wieder unterschiedliche Schreibweisen gibt, haben wir uns auf „Cölln“ festgelegt.

Der Ursprung von Berlin und Brandenburg

Nach der letzten Eiszeit vor etwa 18.000 Jahren entstand das Berliner Urstromtal. Als die Eismassen vor ca. 10.000 Jahren dann zu schmelzen begannen, blieben die Wasserläufe der Dahme, Dosse und Spree zurück. Sie flossen breitflächig und bildeten in ihren Ausläufern Sumpfgebiete, wechselten in kleinere und größere Seen. Alles Wasser floss in die Havel, mündete in die Elbe, um dann an Hamburg vorbei die Nordsee zu erreichen.

Etwa seit dem 7. Jahrhundert war das Havelland von den Hevellern (slawischen Stämmen) besiedelt.

Bevölkerungstechnisch waren die Gebiete an der Elbe, Spree und Oder bis zum 12ten Jahrhundert großräumig mit den unterschiedlichsten Volksgruppen besiedelt. Es waren Slawen, in Dutzende verschiedenartige Stämme unterteilt. Nach Lesart der katholischen Kirche allesamt Heiden, die es zu christianisieren galt, wie üblich in der damaligen Zeit mit Schwert und Kreuz. Für unsere Geschichte von Bedeutung waren die Wenden, die Sorben (von deren Bevölkerungsgruppe im heutigen Spreewald einige Nachfahren leben) und die widerspenstigen Prussen, die Namensgeber von Preußen. Davon später mehr.

Städtegründungen von Köpenick, Spandau, Cölln und Berlin

Die ersten Siedler – Kaufleute – stammten wahrscheinlich aus dem niederrheinisch-westfälischen Raum, die auf ihren Handelsreisen auch durch unser Gebiet reisten und sich Ende des 12. Jahrhunderts an der Spreeniederung ansiedelten. Die Wasserwege waren bei den damaligen Straßenverhältnissen sichere Transportverbindungen und förderten den Handel. Sie verbanden von Süd nach Nord auf den Flüssen den Handelsweg nach Hamburg, über Land von Leipzig nach Frankfurt (Oder) führte der Handelsweg durch die Ansiedlungen der Fischerinseln Cölln und Berlin. Die günstige Ausgangslage als Handelskreuzweg ließ die Siedlungen in der Region an Bedeutung gewinnen.

1212 bekam Köpenick an der Spree-Dahme-Mündung das Stadtrecht, 1232 folgten die ehemaligen Fischerinseln Cölln und Spandau mit ihrer Burganlage, dort wo die Spree in die Havel mündet, und 1242 folgte dann Berlin.

Am Zusammenfluss von Havel und Spree befand sich ebenfalls eine slawische Siedlung. Diese war bereits zum Ende des 10. Jahrhunderts zu einer befestigten Burganlage, dem Spandauer Burgwall, ausgebaut. Albrecht der Bär befestigte und erweiterte sie nach 1157 als äußeren Posten seiner Ostbesiedlung. Es war gleichzeitig die östliche Grenze der neu geschaffenen Mark Brandenburg.
Über die genauen Gründungen der Städte gibt es immer wieder Dissens. Für eine Stadtfeier benötigte man ein genaues Datum. So wurde die offizielle Gründung von Berlin auf das Jahr 1237 festgelegt, wer auch immer dies entschieden hat. Im Jahr 1987 wurde dann das 750-jährige Bestehen der Stadt Berlin gefeiert.
Die Städte erhielten damals das Magdeburger Stadtrecht, das seinen Bürgern Schutz innerhalb der Stadtmauern, die persönliche Freiheit, das Eigentumsrecht und die geregelte wirtschaftliche Tätigkeit garantierte. Die „Städter“ waren freie Bürger, was für die Menschen im Mittelalter ein Privileg bedeutete angesichts so etwas wie demokratischer Strukturen, das aber auch mit Rechten und Pflichten für den Einzelnen verbunden war.

Köpenick ca. 1630 mit Schloss, Kirche und Rathaus (es erhielt Berühmtheit durch den Hauptmann von Köpenick)

Über den Anspruch auf das Bürgerrecht der Stadt Berlin oder Cölln schreibt Adolf Streckfuß 1864 im Band 1, auf Seite 32 in „Vom Fischerdorf zur Weltstadt“:

> *„…Wer das Bürgerrecht in Berlin oder Cöln gewinnen wollte, musste einen guten Ruf haben, er musste sich verpflichten, ein Grundstück zu erwerben und hatte eine kleine Abgabe, 10 Schillinge (nach unserem Gelde 3 Taler, 18 Groschen, 6 Pfennige) zu bezahlen. War diese Förmlichkeit erfüllt, hatte der Anziehende in dem Bürgereid dem Rathe Treue und Gehorsamkeit geschworen, so wurde er aufgenommen in die städtische Gemeinschaft mit allen ihren Rechten und ihm der Schutz der Stadt zugesagt. Ausgeschlossen von der Gewinnung des Bürgerrechts waren nur diejenigen, welche sich früher mit Verbrechen befleckt oder ein unehrliches Handwerk betrieben hatten, wie Scharfrichter, Schinder, Büttel, Schäfer, Todtengräber, Musikanten und Gaukler, oder solche an deren Geburt ein Makel haftete…“*

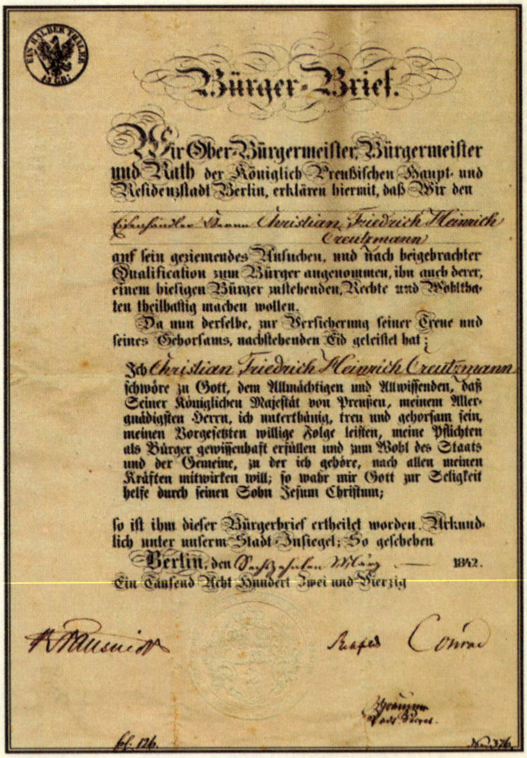

Bürger-Brief.

Wir Ober-Bürgermeister, Bürgermeister und Rath der Königlich Preußischen Haupt- und Residenzstadt Berlin, erklären hiermit, daß Wir den

Christian Friedrich Heinrich Creutzmann

auf sein geziemendes Ansuchen, und nach beigebrachter Qualification zum Bürger angenommen, ihn auch derer, einem hiesigen Bürger zustehenden Rechte und Wohlthaten theilhaftig machen wollen.

Da nun derselbe, zur Versicherung seiner Treue und seines Gehorsams, nachstehenden Eid geleistet hat;

Ich Christian Friedrich Heinrich Creutzmann schwöre zu Gott, dem Allmächtigen und Allwissenden, daß Seiner Königlichen Majestät von Preußen, meinem Allergnädigsten Herrn, ich unterthänig, treu und gehorsam sein, meinen Vorgesetzten willige Folge leisten, meine Pflichten als Bürger gewissenhaft erfüllen und zum Wohl des Staats und der Gemeine, zu der ich gehöre, nach allen meinen Kräften mitwirken will; so wahr mir Gott zur Seligkeit helfe durch seinen Sohn Jesum Christum;

so ist ihm dieser Bürgerbrief ertheilet worden. Urkundlich unter unserm Stadt-Insiegel; So geschehen

Berlin, den [illegible] März 1842.
Ein Tausend Acht Hundert Zwei und Vierzig

Conrad

fol. 176. No. 376.

Originaler Bürgerbrief von1842

Stadt Spandau um 1600 mit der Festungsanlage Zitadelle.

Berlin und seine vier Mauern

Die erste Mauer

Wenn wir später eine Stadtführung durch das historische Berlin beginnen, ist es sehr hilfreich für das Grundverständnis der Stadtentwicklung, einen Blick auf seine vier Mauern zu werfen. Sie prägen heute noch den Stadtaufbau und lassen verstehen, was unsere Stadt mit dem Berliner Flair so einzigartig macht.

Wie im Bild, so könnten die Städte Berlin und Cölln 1250 ausgesehen haben. Die kleinere Stadt Cölln mit der Petrikirche und das größere Berlin mit der ältesten Kirche, der Nikolaikirche, und der Marienkirche. Der Wasserlauf der Spree war natürlicher Schutz vor räuberischen Überfällen. Dazu war eine Stadtmauer

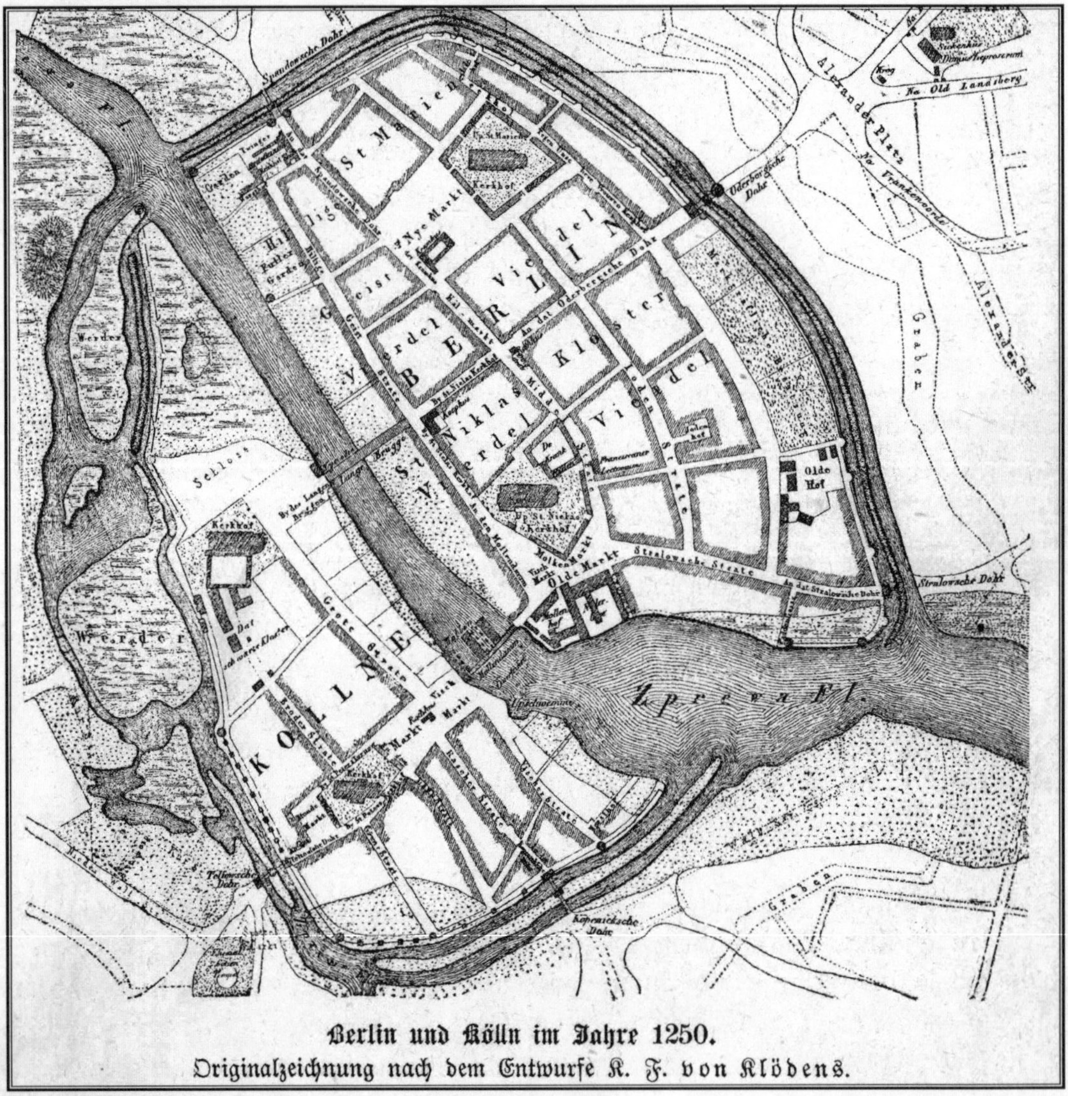

Berlin und Kölln im Jahre 1250.
Originalzeichnung nach dem Entwurfe K. F. von Klödens.

Die Schwesternstädte Berlin und Cölln 1250, nachdem sie das Stadtrecht erhielten und eine erste Stadtmauer errichtet wurde.

Strahlauer Tor im 13ten Jahrhundert

errichtet worden, die eine Sicherheit für ihre Einwohner bedeutete. Auch die Bauern aus der Umgebung konnten sich bei drohender Gefahr in den Schutz der Stadtmauern flüchten. Diese Mauer wurde anfangs aus Feldsteinen errichtet und später mit Ziegelsteinen auf 4 Meter Höhe erweitert und ausgebaut. Ecktürme waren zur Beobachtung errichtet.
Der Einlass wurde durch Tore kontrolliert. Ein weiterer Schutz gegen Räuber und Banditen schaffte 1323 die Gründung eines Landfriedensbundes von 23 Städten, wie Frankfurt, Tangermünde, Salzwedel u. a.

Das Strahlauer Tor hatte ein viereckiges Torhaus und war mit Feldsteinen stabil gebaut worden. An denen war als festes Bollwerk ein hoher fester Plankenzaun zum weiteren Schutz der Stadt errichtet. Schweine wurden in Berlin vor dem Haus gehalten. Der Gestank vom Misthaufen dauerte bis zur Zeit des Großen Kurfürsten an, der diese Unsitte abschaffte. Die Häuser hatten an den Giebeln einen Pferdekopf, wenn die Bewohner aus Niedersachsen kamen, und einen Schwanenhals, wenn sie von der friesischen Küste stammten.

Spandauer Tor im 14ten Jahrhundert

Nachmalige Gertraudenbrücke. St. Petrikirche. Lappstraße. Die „Tasche“. Inneres Köpnicker Thor. Grünstraße. Fischerstraße. Zollhaus.

Berlin und Cöln a

Aeußeres Thor. Stadtmauer. Thurm des alten Hofes.
Mühlen. Spandauer Thor. St. Nikolaikirche. Stralauer Straße.
Rückseite des ältesten Rathhauses. Krowel-Kanal. Oderberger Thor.

e im Jahre 1250.

In Berlin gab es das Strahlauer Tor, das Oderbergische und das Spandauer Tor. Cölln hatte das Köpenicker und Teltower Tor. Beide Städte waren über die Spree mit der Langen Brücke und dem Mühlendamm verbunden. Beide gibt es bis heute. Der Mühlendamm hat seinen Namen von den Mühlen, die bis 1890 mit der Wasserkraft der Spree angetrieben wurden. Die Bürger der Stadt Berlin/Cölln waren verpflichtet, für den Bau der Mauer einen Beitrag zu leisten und bei Gefahr einen festen Platz bei der Verteidigung der Stadt einzunehmen.

Die Einwohner der Stadt erhielten das Bürgerrecht, was bedeutete, dass innerhalb der Mauern die persönliche Freiheit, das Eigentumsrecht, die Unversehrtheit von Leib und Leben und die geregelte wirtschaftliche Tätigkeit garantiert wurden.

Ein Rest der alten Stadtmauer aus der Zeit im 14ten Jahrhundert finden wir in der heutigen Littenstraße in Berlin Mitte.

Daneben steht das älteste erhaltene Gasthaus von Berlin: „Zur letzten Instanz"

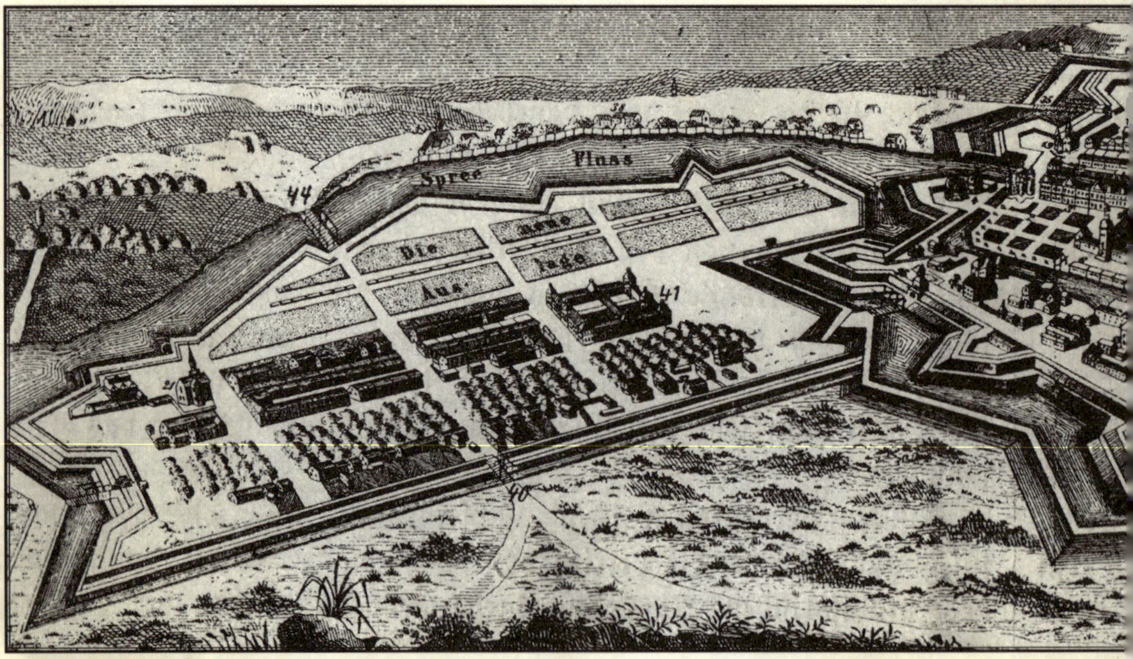

Die zweite Mauer

Das Leipziger Tor 1683, Eingang zur Berliner Festungsanlage

Nach dem 30-jährigen Krieg (1613–1648) lag Deutschland in Trümmern. Auch die Städte Berlin-Cölln erlebten Belagerung und Verwüstung, die Einwohnerzahl war um die Hälfte auf 6000 Einwohner gesunken.
Kurfürst Friedrich Wilhelm I. von Brandenburg (1640–1688) hatte sich das Ziel gesetzt, sein protestantisches Kurfürstentum gegen die Übermacht der katholischen Staaten zu behaupten. Als Kronprinz hatte er vier Jahre eine Ausbildung im damalig fortschrittlichsten Land, den Niederlanden, erhalten, Gartenbau, Staatsführung und auch den Festungsbau nach damaligen modernsten Kenntnissen erworben. Ab 1658 begann er in zehnjähriger Bauzeit eine zweite Mauer in Form einer Festungsanlage zu errichten.
Heute erinnern nur noch Straßennamen an deren Existenz: Unterwallstrasse, Oberwallstrasse und Palais am Festungsgraben. Der Hausvogteiplatz hat heute noch die Maße der Eckbastion, die erbaut wurde, um die Feinde besser bekämpfen zu können.

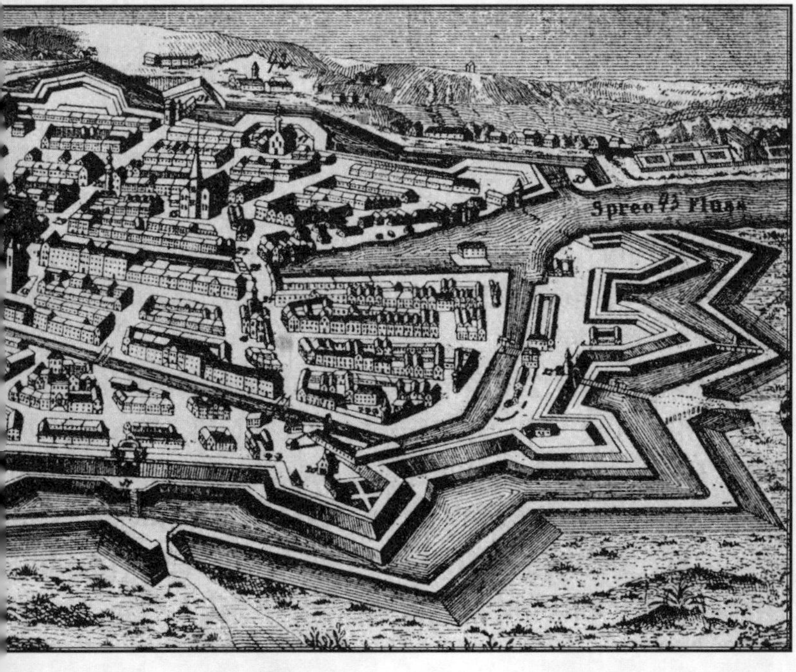

Diese Festungsanlage wurde so nie komplett fertiggestellt. Zum Ende des 17ten Jahrhunderts gab es inzwischen Kanonen, denen keine Festungsanlage standhielt. Die Arbeiten wurden eingestellt.

Die dritte Mauer

Sein Sohn Kurfürst Friedrich III.(1688–1701) und dann bis 1713 König Friedrich I. fand diese Wehranlage unzeitgemäß. Er hatte das Vergnügen, als Kronprinz kurze Zeit am Hof von Versailles den Prunk und Luxus des Sonnenkönigs Ludwig XIV. (1638–1715) zu erleben. Das war sein großes Vorbild. Er ließ diese zweite Mauer nach und nach abtragen.

Berlin und Cölln waren durch Zuzug um drei weitere selbständige Städte gewachsen: Dorotheenstadt, Friedrichstadt und Friedrichswerder. Jede hatte ein eigenes Rathaus mit Stadtverwaltung und Polizei.
Im Jahr 1709 ordnete König Friedrich I. den Zusammenschluss an und vereinigte die fünf Städte zu einer. Ab jetzt gibt es nur noch Berlin mit 30.000 Einwohnern.
Sein Sohn und Nachfolger König Wilhelm I. (1713–1740), der Soldatenkönig, hatte ganz andere Ambitionen. Nachdem er den prunkvollen Hofstaat seines Vaters entlassen hatte, begann er Ordnung in seinen Staat zu bringen. Seine große Leidenschaft dabei waren Soldaten und insbesondere solche mit einer Größe von Mindestmaß 1.82 m (lange Kerle). Er vergrößerte im Laufe seiner Regierung sein Heer auf 70.000 Soldaten. In der damaligen Zeit war es üblich, Soldaten aus anderen Landesteilen zu pressen. Um diese daran zu hindern, dass sie desertierten, ließ der König ab 1723 eine dritte Palisaden-Mauer um Berlin bauen. Sie umschloss nun das größere Stadtgebiet und war mit 14 Toren versehen. Unter König Friedrich II. wurde sie auf 18 Tore erweitert.

Ein weiterer Nutzen der Palisadenmauer bestand darin, dass man nun die Möglichkeit hatte, alle Kaufleute, Bauern und Handwerker, die in Berlin ihre Waren verkaufen wollten, zu kontrollieren und ihnen einen Zoll abzuverlangen; deshalb auch der Name Akzisemauer (Steuer).

Der erste Bahnhof in Berlin entstand im Jahre 1838 hinter dem Potsdamer Tor, der Potsdamer Bahnhof.

Das Potsdamer Tor entstand 1734 im Zuge des Baus der Berliner Akzisemauer, wobei nach und nach die letzten alten Festungsmauern geschleift wurden. Das Potsdamer Tor hatte Sandsteinpfeiler, die im barocken Stil mit Säulen und Trophäen verziert waren. Im Innenbereich ließ der König einen achteckigen Platz, das „Octogon“, anlegen, von dem die „Alte Leipziger Straße“ abging. Als Napoleon in der Völkerschlacht bei Leipzig 1813 geschlagen wurde, nannte man zum Gedenken diesen Platz Leipziger Platz.

Am 3. August 1824 wird das von Karl Friedrich Schinkel erbaute neue Potsdamer Tor mit zwei Gebäuden eingeweiht. Eines für die Wachen und das andere für Beamte, die alle Einreisenden nach zu verzollenden Waren kontrollierten.

Das „Potsdamer Thor“ in Berlin nach einem Bilde vom Jahre 1775. (Siehe Seite 431.)

Das Potsdamer Tor 1780 war der Ausgang Richtung Schöneberg

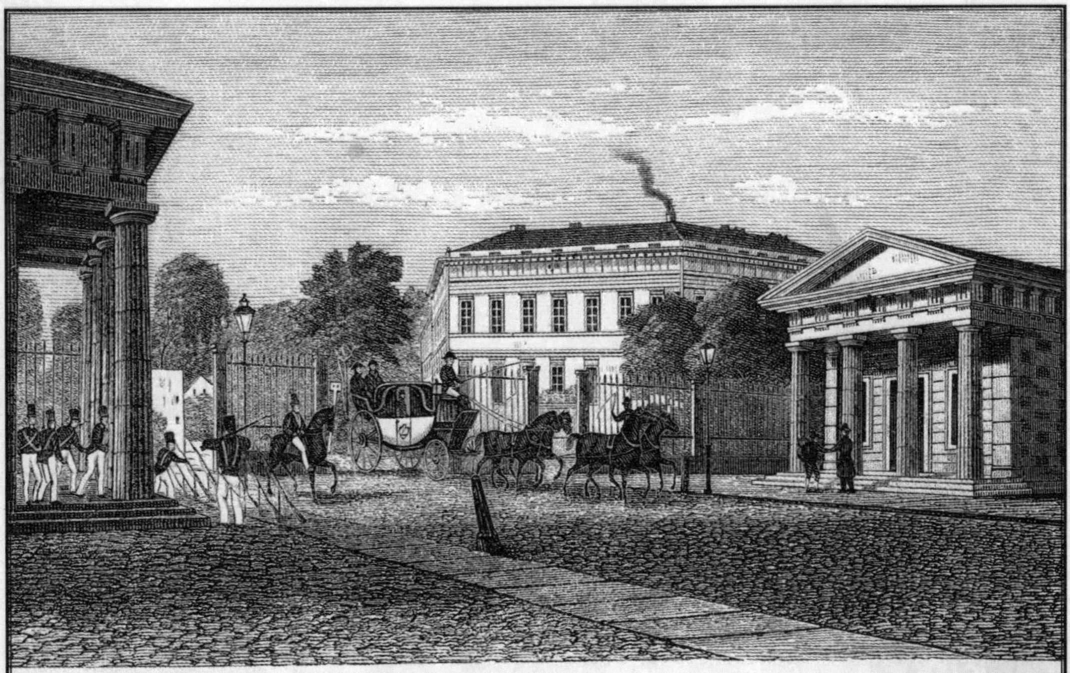

Das „Potsdamer Thor in Berlin“

nach einem Stahlstiche vom Jahre 1832 auf Holz photographirt und geschnitten.

Das Potsdamer Tor von Friedrich Schinkel

Am 15. September 1814 fuhr die erste Dampflokomotive der Welt in England von Liverpool nach Manchester. Das Zeitalter der Mobilität begann. In Preußen wurde 1838 die erste Eisenbahnstrecke in Betrieb genommen und führte von Berlin-Potsdamer Platz nach Potsdam. Die Leitung lag damals allein in englischer Hand.

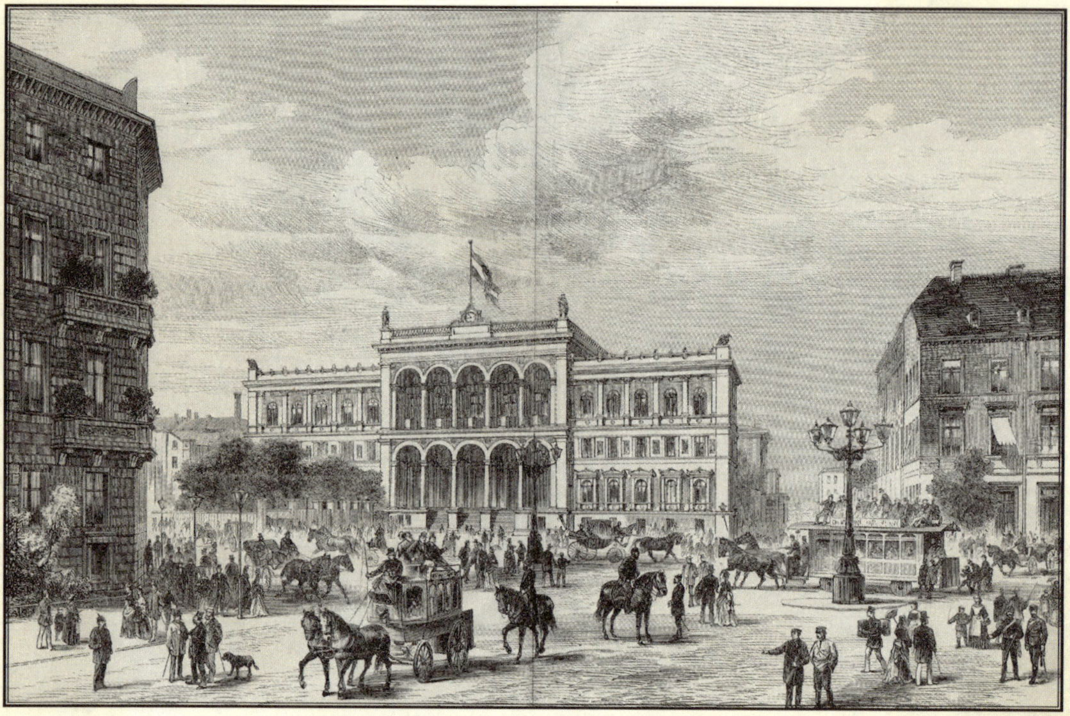

Mit dem Abriss der Akzisemauer wurde von 1869 bis 1872 der Potsdamer Bahnhof ausgebaut und vergrößert. Der Potsdamer Platz war in der aufstrebenden Metropole Berlin zu einem pulsierenden Zentrum geworden. Immer noch erfolgte aber die Personenbeförderung im Pferdeomnibus. Der berittene Polizist überwachte das Geschehen, damit alles seine Ordnung hat. Die ersten Personentransportwagen auf Schienen brachten eine schnelle Mobilität. Es gab bereits die ersten festen Fahrpläne.

Das Brandenburger Tor 1780 (siehe Seite 31) zur Zeit König Friedrich II. Das gängige Transportmittel über Land waren Pferdekutschen. Hier fuhr ein Sechsspänner zum Brandenburger Tor hinaus in Richtung Westen. Er führte durch den Tiergarten, der zu dieser Zeit bis zum heutigen Zoo reichte, in Richtung Charlottenburg und weiter nach Spandau, was zu dieser Zeit weit außerhalb von Berlin lag und ein beliebtes Ausflugsziel der Berliner war.

Die Bevölkerung von Berlin nahm Anfang des 19ten Jahrhunderts, zu Beginn des Industriezeitalters, stetig zu. Berlin hatte 1820 ca. 200.000 Einwohner und wuchs bis 1880 auf über 1 Million. Städteplanerisch war diese Mauer ein Hindernis und wurde ab 1867 nach und nach abgetragen. Alle Tore wurden

Ein Stück wieder aufgebaute Akzisemauer finden wir in der Stresemannstr. 65

abgerissen, außer dem Brandenburger Tor, das heute das Wahrzeichen von Berlin ist und gleichzeitig die meistbesuchte und meistfotografierte Sehenswürdigkeit unserer Stadt. Wenn man mit der S- Bahn durch Berlin fährt, erinnern noch die alten Namen wie Hallesches Tor, Kottbusser Tor, Frankfurter Tor, Schlesisches Tor, Oranienburger Tor daran, dass sich hier jeweils einmal ein Tor in der dritten Mauer befand. Die erste U-Bahnlinie Berlins wurde 1896 noch als Hochbahn zwischen der abgetragenen Akzisemauer in Kreuzberg errichtet.

221. Das Brandenburger Tor in Berlin zur Zeit Friedrich II.

Das Brandenburger Tor 1780 zur Zeit von König Friedrich II.

Das Brandenburger Tor mit Blick auf den Tiergarten, woran sich die dritte Stadtmauer anschließt. Das Bild zeigt Kaiser Napoleon, wie er am 27. Oktober 1806, von Potsdam kommend, in Berlin durch das Brandenburger Tor reitet. Berlin war dann bis zum Februar 1813 von französischen Soldaten besetzt.

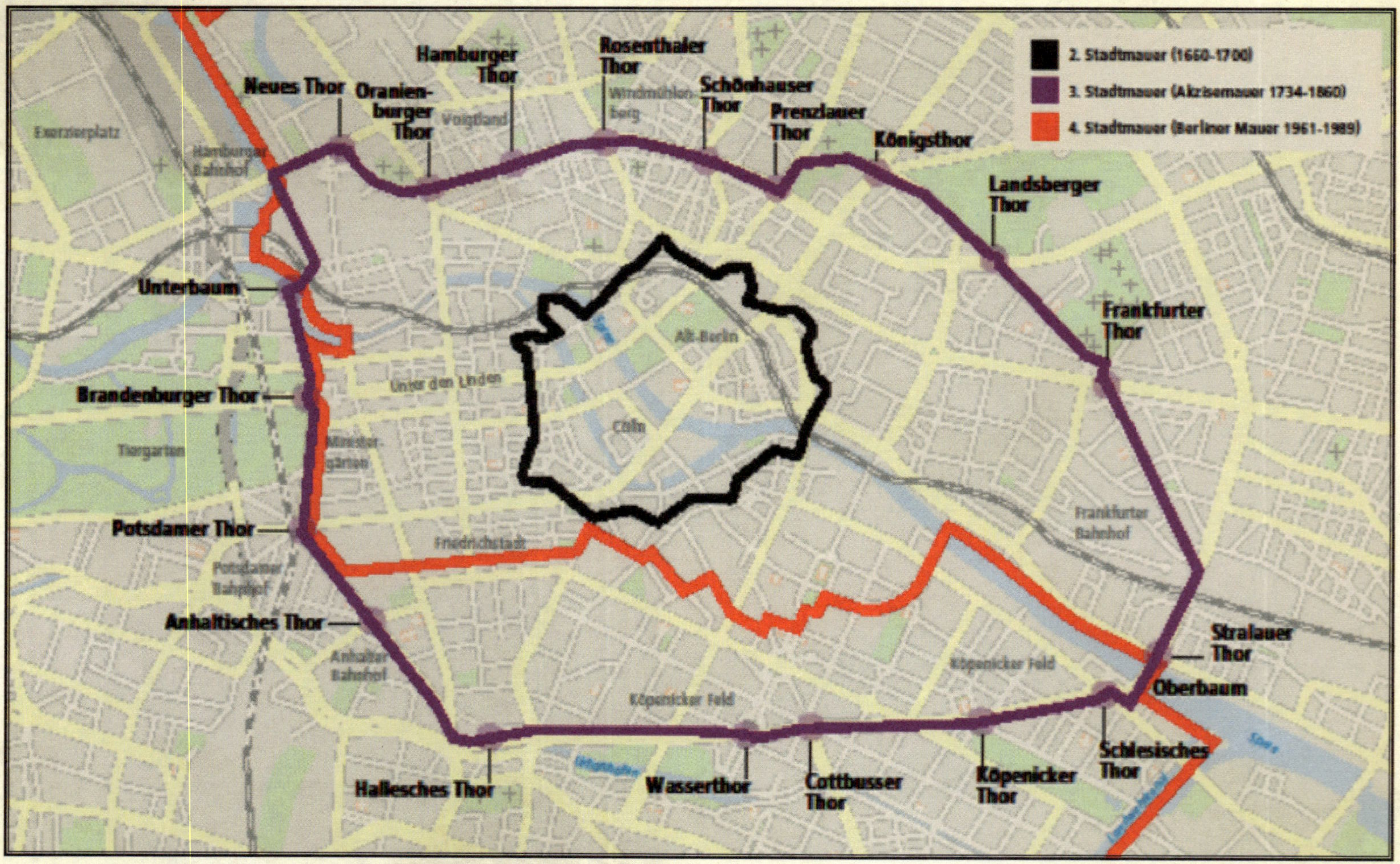

Karte von Berlin mit dem Verlauf von drei Stadtmauern

Die vierte Mauer

Nach Kriegsende 1945 war Berlin von den Alliierten Siegermächten in vier Sektoren aufgeteilt worden. Am 13. August 1961 ließ der kommunistische Machthaber Walter Ulbricht um den englischen, französischen und amerikanischen Sektor eine Mauer bauen, 156 km lang und 3,60 m hoch. Sie ließen nur zwei Grenzübergänge, Dreilinden und Staaken, zu.

Diese vierte Mauer stellt in der Weltgeschichte einen traurigen Seltenheitsrekord auf. Alle Mauern der Menschheitsgeschichte, ob die Große Mauer in China, der Adrianswall in England, alle bekannten Stadtmauern usw. hatten ausschließlich den Zweck, die Menschen vor äußeren Feinden zu schützen. Diese vierte Mauer war sinnverkehrt. Sie schützte die Einwohner vor körperlicher und geistiger Freiheit. Man bekämpfte nicht äußere, sondern schoß von der Mauer aus auf innere Feinde. Und die es nicht schafften zu fliehen, wurden hinter noch höheren Mauern eingesperrt. Wie ich es selbst 2 ½ Jahre erleben musste. Sonst erfüllte diese Mauer keinen Zweck. Sie verschlang Unmengen finanzielle Mittel und trieb durch den Einschluss und die Isolation seiner Einwohner die Wirtschaft des Landes in den Ruin. Bereits 20 Jahre nach dem Bau der vierten Mauer stand die DDR vor dem finanziellen Aus. Nur ein Milliardenkredit von ihrem Staatsfeind Nr. 1, Franz Joseph Strauß, rettete sie noch weitere 8 Jahre. Ende 1989 hätte die DDR nicht einmal die Zinsen ihrer Kredite bezahlen können. Sie stand vor dem absoluten Bankrott. Am 9.November 1989 fiel diese sinnloseste und dümmste Mauer der Welt.

Ich hatte in Berlin eine Textildruckerei aufgebaut und den Handel mit Souvenir T-Shirts betrieben. Im September 1989 habe ich dieses Motiv auf meine T-Shirts gedruckt, die in Berlin im Handel erhältlich waren.

...und die Moral von der Geschicht:
in Berlin halten sich Mauern nicht...

Berlins Stadtgeschichte ab dem 12ten Jahrhundert

Rund um den Molkenmarkt

Kehren wir zurück zum ältesten Teil von Berlin, dem Molkenmarkt.
Der Mittelpunkt einer jeden Siedlung war immer der Marktplatz. Mit dem Stadtrecht erhielt die Ansiedlung eine eigene Gerichtsbarkeit. Auf dem Molkenmarkt wurde als Symbol für die Selbständigkeit und Freiheit, die diese Stadt genoss, das Rolandsstandbild aufgestellt. Der übergroße Ritter mit Schwert, Schild und Panzer wachte über das Marktrecht und die Gerichtsbarkeit.

Sein Ursprung liegt im Mythos vom Rolandslied. Der geschichtliche Hintergrund war 778 die Schlacht bei Roncevalles, wo eine Nachhut der Truppen von Karl dem Großen von den Basken überfallen wurde. Roland war ihr Anführer, ein tapferer und mutiger Kämpfer, der sich als letzter Überlebender seiner Truppe bis zum Tode wehrte. Wegen seiner Aufopferung ist dies zu einem Mythos geworden und im Rolandslied eingegangen. Dieser Roland ist später zum Symbol für die Gerichtsbarkeit der freien Städte geworden.
Im Jahr 1260 erhielten die Städte Berlin/Cölln das Stapel- oder Niederlagsrecht. Es bedeutete, dass durchziehende Kaufleute in der Stadt für bestimmte Zeit an dem Stapelplatz ihre Waren von ihren Wagen abladen, also niederlegen oder aufstapeln, und den Einwohnern zum Kauf anbieten mussten. Daher der Begriff vom Niederlagsrecht. Auch hierfür wurden Gebühren erhoben, gute Einnahmen für die Stadt. Ab dem 17ten Jahrhundert war die Niederlage mit ihren Lagerhäusern etwa dort, wo sich heute der Schinkelplatz und die Bauakademie befinden. Die Niederlagsstraße in Berlin, die von „Unter den Linden" 1 abgeht, neben der Kommandantur (heute Bertelsmann-Stiftung), trägt noch heute diesen Namen.

Das Marktrecht bedeutete für den Rat der Stadt festzulegen, an welchem Tag, an welchem Ort gegen eine bestimmte Gebühr die Bauern und Händler ihre Waren zum Verkauf anbieten konnten. Der Platz stand dann unter dem Marktfrieden, ein besonderer Schutz für die Marktleute und Händler von außerhalb. Oft wurde an diesem Tag auch Gericht gehalten.
Bei durchreisenden Kaufleuten kam das so genannte „Gastrecht" zum Einsatz. Bei Streitfragen musste das Gericht einen Urteilsspruch innerhalb eines Tages aussprechen.

Buntes Treiben im Mittelalter am Markttag mit dem wachenden Roland

In Berlin gibt es heute ca. 250 Wochenmärkte, die genau nach demselben Stadtrecht eingerichtet sind. Ebenso die über 50 Trödelmärkte, die jede Woche den Überfluss der Haushalte neu verteilen möchten.

Dieser älteste Platz von Berlin liegt heute zwischen dem Nikolaiviertel, dem Roten Rathaus, dem Berliner Stadthaus, der ehemaligen staatlichen Münze von Berlin und dem Mühlendamm.

Molkenmarkt hinten links die Reste vom alten Wendischen Schloss, davor am Markt der Roland mit Schwert, der nach dem „Berliner Unwillen“ in die Spree versenkt wurde. Auf der gegenüberliegenden Seite der Stapelplatz, rechts über der Spree lag der Mühlendamm, der zur Stadt Cölln hinüberführte, (nach einer Originalzeichnung von E. Müller von 1880)

Franziskaner-Klosterkirche

Von der Franziskaner Klosterkirche, die ab 1250 erbaut wurde, ist heute nur eine Ruine zu sehen. Sie wurde einst für das Graue Kloster der Franziskaner erbaut. Von der ursprünglichen Feldsteinkirche sind heute in der nördlichen Mauer noch Reste zu finden. Im 14ten Jahrhundert wurde sie zu einer dreischiffigen Basilika erweitert. Als 1539 Kurfürst Joachim II. zum Lutherischen Glauben wechselte, wurde das Kloster aufgelöst.

Der Gelehrte Leonhard Thurneysser (1531–1596) richtete ab 1571 in den Räumen des Grauen Klosters die erste Druckerei Berlins ein. Thurneysser wurde auch als Wunderdoktor vom Kurfürsten für seine kränkelnde Frau als Leibarzt geholt. Er wohnte und arbeitete auch im Grauen Kloster, wo er eine umfangreiche Bibliothek besaß. Außerdem schuf er das erste naturwissenschaftliche Kabinett und einen Botanischen Garten für Brandenburg.

Kurfürst Johann Georg (1525–1598) errichtete 1571 hier die erste humanistische Schule Berlins: das Berlinische Gymnasium zum Grauen Kloster. Hier besuchten Schüler wie der spätere Architekt Karl Friedrich Schinkel, Turnvater Ludwig Jahn oder Otto von Bismark die Schule.

Der Gelehrte Leonhard Thurneysser

Das graue Kloster in Berlin.
Zum Aufsatze von Oskar Schwebel. (S. Seite 108).

Das Graue Kloster in Berlin mit der Klosterkirche, von der heute nur noch eine Ruine daran erinnert, dass hier einst ein gotisches Bauwerk aus dem Mittelalter stand.

Innenansicht Klosterkirche

Der Kapitelsaal vom Kloster

Die jetzige Ruine

Das Haus mit der Rippe

Hier möchten wir noch ein Stadtbild aus der Zeit um 1880 vorstellen. Von diesem Haus geht die Sage um, dass einst in der Zeit, als noch Riesen das Land durchwanderten, solch ein Geselle unberechtigt Waren an sich genommen hat. Die erbosten Marktfrauen wollten dies nicht dulden, und eine schüttete ihm einen Korb Eier vor die Füße. Der Riese glitt aus, und die Marktfrauen konnten ihn überwältigen und töten. Weil der Riese so groß war, mussten sie ihn auf verschiedenen Friedhöfen begraben. Eine Rippe blieb übrig. Und nun raten Sie mal, wo die geblieben ist. Diese wurde an das Haus genagelt, das nun „Haus mit der Rippe" heißt.

Eine andere Sage erzählt von einem riesengroßen Wal – aber es gibt in Berlin immer mehrere Varianten einer Geschichte. Auf dem Platz vor dem „Haus mit der Rippe" stand einst das Standbild des Rolands.

Das Haus mit der Rippe

Der Molkenmarkt mit der Angabe des Platzes wo das Standbild des Rolands war. Hinten das Haus mit der Rippe, der Mühlendamm und die Petrikirche

Die Petrikirche mit dem 62 Meter hohen Turm

Die Petrikirche

Wenn es in früheren Zeiten schon die Geschichten von „Pleiten, Pech und Pannen“ gegeben hätte, so würde die Petrikirche dort einen guten Platz einnehmen können. Sie war die älteste Kirche von Cölln, und die Errichtung geht auf die Zeit um 1320 zurück. Im Jahr 1727 erfolgte der erste große Umbau durch König Friedrich Wilhelm I. Die geplante Turmhöhe von 62 Metern war fast erreicht, als am zweiten Pfingstfeiertag, dem 29. Mai 1730, bei einem schweren Gewitter der Kirchenbau gleich dreimal von einem Blitz getroffen wurde und er zu brennen begann. Das Feuer wurde so gewaltig, dass es auf benachbarte Häuser übergriff und 44 davon den Flammen zum Opfer fielen. Erst am folgenden Tag konnte der Brand gelöscht werden. Der König ordnete sofort den Wiederaufbau an. Die Bauherren wollten dem König schnell den Wunsch erfüllen und vernachlässigten die einfachsten Vorsichtsmaßregeln. Der Turm wuchs und wuchs. Als er eine Höhe von 30 Metern erreicht hatte, geschah das Malheur. Am 25. August 1734 stürzte er ein. Nun dauerte es 75 Jahre, bis die Petrikirche im neuen Glanz im Jahr 1809 erstrahlte. Noch im gleichen Jahr, am 20. September, brannte die Kirche das zweite Mal ab. Doch alle „guten“ Dinge sind drei. Im Jahr 1849 wurde erneut ein Grundstein gelegt, und die Einweihung der neuen Petrikirche erfolgte am 16. Oktober 1853. Fast hätte sie es geschafft, ein 100- jähriges Bestehen zu erleben. Doch im April 1945 wurde sie bei Kampfhandlungen – in den letzten Tagen des Krieges – wieder zerstört. Ihre Ruinen wurden dann abgerissen. Heute erinnert nur noch der Petriplatz an die älteste Kirche Cöllns.

Und die Moral von der Geschicht,
manche Kirchen habens nicht leicht!

**Buntes Markttreiben auf dem Molkenmarkt um 1780,
der, wie auch heute noch, die typischen Stände der Markthändler zeigt.**

Am Molkenmarkt wurde von 1902 bis 1911 zur Entlastung des Roten Rathauses das Alte Stadthaus erbaut. Heute ist hier der Sitz einer Senatsverwaltung von Berlin und der Wasserwerke.

Das Nikolaiviertel – Historischer Rundgang

Rundgang durch die Geschichte von den Ursprüngen Berlin/Cölln im 13ten Jahrhundert

Das Nikolaiviertel umfasst heute insgesamt 7 Museen und Ausstellungen, 1 Spezialbibliothek, 1 Kellertheater, 30 Restaurants mit guter Berliner und internationaler Küche, dazu Cafés mit selbstgefertigten Kuchen und Spezialitäten, 50 Geschäfte und Boutiquen auf gutem Niveau mit Kunst, Handwerk, Design und Selbstgefertigtem und eine Antiquitäten-Galerie am Spreeufer 6.

Das Alte Rathaus von Berlin um 1690 stand ehemals in der Poststraße.

Das Rote Rathaus wurde nach Plänen von Baurat Hermann Friedrich Waesemann (1813–1879) zwischen 1860 und 1869 an der Rathaustsr. 15 in Berlin Mitte erbaut. Die erste Ratssitzung fand bereits am 30. Juni 1865 darin statt. Die Vorgabe der Baukosten von 3 Millionen konnte, aus welchen Gründen auch immer, nicht eingehalten werden. Nach Fertigstellung wurden über 10 Millionen Mark verbaut.

Na sowas. Da hat bestimmt wieder der „Berliner Unwille" zugeschlagen. Und nun, liebe Leser, wissen Sie, was es bedeutet, erblich belastet zu sein?

Und die Moral von der Geschicht,
Baukosten stimmen in Berlin meistens nicht!

Beginnen wir nun den Rundgang durch das Nikolaiviertel, durch das älteste historische Zentrum von Berlin. Wenn Sie vom Roten Rathaus kommend ins Nikolaiviertel gehen, gelangen Sie in die „Straße am Nussbaum". Hier finden Sie links

Das Rote Rathaus

eine Skulptur zur Erinnerung an drei typische Urberliner Figuren aus dem 19ten Jahrhundert, die „Höckerin" (marktschreierische und streitlustige Marktfrau), den „Schusterjungen", der wegen seines frechen Mundwerks berühmt war, und unseren „Eckensteher Nante". Dieser war in der Zeit um 1820 ein Dienstmann mit einer Dienstnummer auf Mütze und Ärmel. In Berlin hatte alles seine preußische Ordnung. Zu seinen Aufgaben gehörten vor allem Botengänge und den Hausfrauen die Körbe vom Markt nach Hause zu tragen. Aber Nante zählte nicht gerade zu den Fleißigsten.

Eine nette Geschichte über „Eckensteher Nante" berichtet, wie er an der Ecke steht, als eine Touristin ihn auf Englisch nach dem Weg zum Königlichen Schloss fragt. Nante zuckt mit den Schultern. Da fragt die Frau weiter auf Französisch, Nante zuckt wieder mit den Schultern. Dann fragt die Frau weiter auf Spanisch, Portugiesisch und zuletzt auf Italienisch. Nante zuckt mit den Schultern. Die Frau geht resigniert von dannen. Da sagt Nantes Kumpel: „Mensch Nante, haste did jesehn? Die Olle konnte fünf Sprachen". Nante antwortet trocken: „Na und, hat ihr did wat jenutzt?"

Begrüßt werden wir von einer Bronzeskulptur der drei Berliner Originale vom Bildhauer Gerhard Thieme: die marktschreierische Höckerin (Marktfrau), der freche Schusterjunge und Eckensteher Nante.

Er stand lieber an irgendwelchen Ecken und beobachtete die Vorkommnisse des Tages, war in Betrachtungen vertieft, was jetzt wohl so geschehen könnte, wie etwa Diogenes im Fass im alten Griechenland.

Weiter auf dem Weg steht eine Litfaßsäule, eine Berliner Erfindung, von Ernst Theodor Amandus Litfaß (1816–1874). Er wird auch der „Säulenheilige" genannt. Weil ihn das wilde Plakatieren störte, hat Herr Litfaß die nach ihm benannte Säule erfunden. 1855 wurde der erste Reklameträger errichtet. Heute dienen die meisten der 67.000 Litfaßsäulen nicht mehr nur Werbezwecken, sondern auch der Verbreitung von Informationen zu kulturellen Veranstaltungen und Ausstellungen.

Am Ende der Straße steht die historisch älteste Kneipe Berlins, „Der Nussbaum". Sie befand sich ehemals auf der Fischerinsel und wurde zwischen 1986 und 1987 nach alten Plänen im Nikolaiviertel wieder aufgebaut.
Wenn der Gast an das kleine 30 x 40 cm große Außenfenster klopft, kann er wie einst auf der Straße Bier oder Limonade bestellen. „Der Nussbaum" ist eine urige Kneipe mit Berliner Küche und dem kleinsten Biergarten Berlins. Ehemals war sie die Stammkneipe von Heinrich Zille.

Geradezu offenbart sich der Blick auf die Nikolaikirche. Wir wandern weiter nach links und

Restaurant „Der Nussbaum", davor eine Litfaßsäule und im Hintergrund die Nikolaikirche

schauen auf eine Skulptur vor der Kirche, die „Allegorie der Wissenschaften“, vom Bildhauer und Architekten Albert Wolff (1814–1892). Er schuf 1876 ein Reiterstandbild von Friedrich Wilhelm III. mit sechs Sockelfiguren, das im Lustgarten aufgestellt war. Diese Skulptur ist eine von zwei erhaltenen Sockelfiguren.
Albert Wolff hat unter anderem die Gruppe eines Löwenkämpfers vor dem „Alten Museum“ geschaffen, arbeitete an den Reliefs der Siegessäule und auch an der Schlossbrücke mit.

Ein paar Schritte weiter liegt die kürzeste Gasse Berlins, die Eiergasse, mit ganzen 14,40 Metern Länge. Der Name entstand, als Kurfürst Friedrich II., der ab 1701 König Friedrich I. wurde, die Unordnung auf den Berliner Wochenmärkten neu regelte. Er erließ 1699 eine Kabinettsorder, die festlegte, an welchen Tagen, auf welchen Standplätzen welche Produkte verkauft werden durften. So wurde im Nikolaiviertel der Durchgang von der Rathaus-Straße zum Molkenmarkt als Platz bestimmt, wo mittwochs und samstags nur Eier verkauft werden durften. Eben nun in der Eiergasse.
Ebenfalls hier befindet sich das Antiquariat Nikolaus Struck mit der umfangreichsten Sammlung alter Berliner Stadtansichten, Landkarten und dekorativen Grafiken. Aber auch Ansichten vom alten Preußen, von Europa und der ganzen Welt kann man hier finden.

Wieder ein paar Schritte weiter befinden wir uns in der schmalsten Straße von Berlin – mit nur 2,75 m. Hier steht das „Lessinghaus“, in dem sich heute eine Dauerausstellung der Gedenkbibliothek über zwei der bedeutendsten russischen Schriftsteller Alexander Solschenizyn und Alja Rachmanowa befindet. Eine kleine Ausstellung über Lessing krönt dieses Haus.

Allegorie der Wissenschaften

Eiergasse im Nikolaiviertel, in deren Mitte sich heute ein Brunnen mit Biergarten befindet

Gotthold Ephraim Lessing (1729–1791)

Gotthold Ephraim Lessing gehört zu den bedeutenden Dichtern der deutschen Aufklärung. Mit seinen Dramen, in denen es ihm vor allem um den Toleranzgedanken ging, wurde er zum Aufklärer und entwickelte gleichzeitig das Theater, womit die öffentliche Wirkung von Literatur nachhaltig beeinflusst werden konnte. Gotthold Ephraim Lessing ist der erste deutsche Schriftsteller und Dramatiker, dessen Werk bis heute ununterbrochen in den Theatern aufgeführt wird.

Berlins schmalste Straße ist die zwischen Lessinghaus und der Nikolaikirche

Gotthold Ephraim Lessing

Lessing besuchte in den Jahren 1752 bis 1775 dreimal Berlin und wohnte unter anderem auch im Nikolaikirchhof, wie man ihn damals nannte. Hier wurde Lessing zu dem Lustspiel Minna von Barnhelm inspiriert.

Lessinghaus 1810

Die Rekonstruierung von 1985 mit einer Gedenktafel zu Ehren Lessings an der Fassade des Hauses Ab 2017 präsentiert die Gedenkbibliothek eine Ausstellung mit dem Thema: Freiheit und Toleranzen zu Lessings „Ringparabeln“

Moses Mendelssohn (1729–1786)

Ein wichtiger Zeitgenosse war Moses Mendelssohn. Durch seinen Freund Lessing angeregt, schrieb er philosophische Werke, die ihn zum „Berliner Aufklärer“ machten. Seine Hochzeit mit Fromet Guggenheim war am 22. Juni 1762. Aus der Ehe gingen zehn Kinder hervor. Der bekannteste Enkelsohn war der Komponist Felix Mendelssohn Bartholdy (1809–1847). Moses Mendelssohn war dem Geist seiner Zeit weit voraus, sodass er als jüdischer Sokrates bezeichnet wurde. Ein Werk von ihm war „Phädon oder Über die Unsterblichkeit der Seele“.

Darüber gibt es eine nette Anekdote. Lessing traf sich gern mit seinen Freunden, dem Buchhändler und Verleger Friedrich Nicolai (1733–1811) und dem Dichter und Lehrer der Logik K. W. Ramler (1725–1798) in der „Baumannshöhle“, einem nach dem Küfer Baumann benannten altertümlich gewölbten Weinkeller in der Brüderstraße 27. Dort las der Philosoph eines Abends „Über die Unsterblichkeit der Seele“. Ein Berliner, der sich auch in dem Weinkeller befand, hörte aufmerksam zu und trat nach der Vorlesung an den Tisch, an dem Lessing und Nicolai saßen.
„Ick jloobe nich an ihr“, meinte er.
„Woran glauben Sie nicht?“ fragte Lessing. –
„Nu, an de Unsterblichkeit.“ –
„Warum denn nicht?“ –
„Ja sehn Se, wenn ick dran jloobte und se kommt nich, denn ärgere ick mir. Wenn ick dran jloobe und se kommt doch noch, so finde ick weita nischt dabei; wenn ick aber nich dran jloobe und se kommt, so freie ick mir. Merken se wat? Drum jloobe ick nich an de Unsterblichkeit.“

Theater im Nikolaiviertel mit dem Klassiker: Zille sein Milljöh

Das Theater im Nikolaiviertel befindet sich neben dem Lessinghaus. Im Programm gibt es als Renner „Zille sein Milljöh“, einen musikalisch-szenischen Spaziergang durch Zilles Berlin in den Räumen der Gedenkbibliothek.
In typischer Kleinkunst – und Brettlmanier führt Sie „Orje“, einen Typ „Hans Dampf“ in allen Berliner Gassen, der Zille beim Zeichnen immer über die Schulter guckt, durch das ganze Berlin um 1900 herum.
Er spaziert durch Zille sein Milljöh und entdeckt alle die Berliner Typen, die uns so bekannt erscheinen, die Berlin geprägt haben und die durch Berlin geprägt wurden. Wir weinen und wir lachen mit ihnen und über sie – und sie sind uns alles andere als fremd.
Die Vorstellungen finden freitags und samstags statt (10178 Berlin, Nikolaikirchplatz 6).

Gedenkbibliothek zu Ehren der Opfer des Kommunismus

Daneben unübersehbar die 1990 gegründete Spezialbibliothek mit über 13.000 z. T. in der DDR verbotener Bücher zur Aufklärung über den Kommunismus – ein Ort politischer Bildung mit 14-tägigen Lesungen und Vorträgen, sowie zwei Dauerausstellungen:

„UTOPIE UND TERROR“
(Solschenizyn und Rachmanowa)

„FREIHEIT UND TOLERANZ“
(Lessing: Ringparabel)

www.gedenkbibliothek.de

Gedenkbibliothek im Nikolaiviertel

Wir gehen weiter um die Nikolaikirche herum und sehen die zweite erhaltene Skulptur von Albert Wolf „Allegorie der Musen“.

Vor der Nikolaikirche finden wir einen Brunnen mit den alten Zunftzeichen Berliner Handwerksinnungen.

Bereits ab 1284 gründeten sich Handwerkerzünfte, jede mit eigenem Wappen: Bäcker, Kürschner, Schuster, Schneider, Tuchmacher und zuletzt die der Fleischer oder Knochenhauer.

Allegorie der Musen in dem neuerrichteten Nikolaiviertel mit historischem Flair.

Zunftbrunnen

*Altes Siegel der Schuhmacher-Innung.

*Altes Siegel der Fleischer-Innung.

*Altes Siegel der Bäcker-Innung.

Die Nikolaikirche

Weiter geht es zum bedeutendsten Bauwerk dieses Viertels, der Nikolaikirche. Wahrscheinlich geht der spätromanische Bau auf das Jahr 1223 zurück. Nach einer älteren Quelle von 1202 schreibt der Kardinal und päpstliche Legat Raimond, wer diese Kirche besucht, der soll einen hundertjährigen Ablass erteilt bekommen. Da aus dieser Zeit die Belege sehr dürftig sind, kann man aus der Besiedlungsgeschichte annehmen, dass dieser Handelsplatz um 1200 bereits einen Andachtsraum in Form einer Kirche haben musste.

Die Kirche wurde den Heiligen Nikolai und Martin und der Heiligen Katharina gewidmet. Sankt Nikolai war der Schutzherr der Kaufleute und der Schifffahrt.

Seit 2010 ist die Nikolaikirche ein Museum für Stadtgeschichte, in der auch Konzerte stattfinden. So kann man jeden Freitag 17:00 Uhr 30 Minuten Orgelmusik hören mit dem Motto: Zuhören – Entspannen – Nachdenken.

Die Nikolaikirche wurde um 1850 mit einem Turm und nach der Restaurierung 1890 mit zwei Türmen ausgestattet. Wenn Sie das nächste Mal vor dem Eingang der Nikolaikirche stehen, achten Sie bitte auf drei Hinweistafeln:

Das linke Schild informiert über den Dichter und Komponisten von Kirchenliedern Paul Gerhardt (1657–1676). Er war Diakon in der Nikolaikirche. Der Kurfürst Friedrich Wilhelm I. erließ 1664 ein Toleranzedikt. Er wollte den über hundertjährigen Streit der strengen lutherischen- und reformierten Kirche Einhalt gebieten. Er verbot, öffentlich von der Kanzel bösartige Kritik an Andersgläubigen zu üben.

Die Nikolaikirche mit einem Turm um 1850 und nach der Erweiterung 1890 mit den beiden 44 Meter hohen Türmen. Zur 750-Jahrfeier wurde die Nikolaikirche restaurierte und die von der Franziskaner Klosterkirche erhaltene Kanzel eingebaut.

Paul Gerhard weigerte sich, das Toleranzedikt zu unterschreiben. Er wurde 1666 aus dem Kirchendienst im Kurfürstentum Brandenburg entlassen.

Auf dem Schild in der Mitte finden wir den Hinweis, dass die Nikolaikirche das älteste Bauwerk von Berlin ist. Außerdem wurden hier 1809 in der ersten Stadtverordneten-Versammlung der Magistrat und der Oberbürgermeister vereidigt. Nach dem Ende der Teilung von Berlin 1989 konstituierte sich 1991 hier das erste frei gewählte Gesamtberliner Abgeordnetenhaus.

Liebe Leser, mit dem Namen auf dem dritten Schild an der Kirche werde ich Ihnen später in diesem Buch einen Überraschungsgast präsentieren. Haben Sie bitte noch etwas Geduld!

Markttag in Berlin um 1850, links sehen wir das Ephraimpalais, das Knoblauchhaus und dahinter die Nikolaikirche mit einem Turm, rechts im Bild Berliner Bürgerhäuser.

Museum Knoblauchhaus

Im Jahr 1761 erbaute der Nadlermeister Johann Knoblauch ein Bürgerhaus. Es ist das einzig erhalten gebliebene Bürgerhaus aus dem 18. Jahrhundert. Es wurde 1835 das letzte Mal umgebaut und erfreut heute durch seinen frühklassizistischen Stil. Nach umfassender Sanierung befindet sich in den Obergeschossen eine Dauerausstellung zum Thema „Berliner Wohnkultur in der Biedermeierzeit" mit Möbeln und Hausrat in fast authentisch ausgestatteten Wohnräumen.

Das einzig erhaltene Bürgerhaus in Berlin aus dem 18ten Jahrhundert ist das Knoblauchhaus als Museum, wo sie historische Wohnatmosphäre und dazu noch ohne Eintritt, bestaunen können.

Museum Ephraim-Palais

Weiter begeben wir uns zum Haus Poststraße 16. Hier wohnte der Hofjuwelier Veitel Ephraim (1703–1775). Ihm übertrug König Friedrich II. die Finanzierung des Siebenjährigen Krieges. Während dieser Zeit geriet der König in Geldnot. Er ließ heimlich bei Nacht den von seinem Vater geerbten Silberschatz aus dem Schloss holen und davon Silbermünzen mit minderem Silbergehalt prägen. Der Münzjude Ephraim half ihm dabei. Als der Krieg beendet war und der König die negativen Auswirkungen auf die Wirtschaft bemerkte, ließ er das minderwertige Geld schnell einziehen und gewann mit anderen Maßnahmen langsam wieder wirtschaftliche Stärke.

Heute gehören die Berliner Museen mit den Sammlungen des Märkischen Museums, der Nikolaikirche, des Ephraim-Palais, des Knoblauchhauses und des Museumsdorf Düppel zu den bedeutendsten Informationsquellen der Berliner Geschichte.

Für den Bau des Ephraim-Palais 1769 schenkte der „Alte Fritz“ ihm acht Säulen, die als Unterbau für den Balkon verwendet wurden. Seit der Rekonstruktion 1987 gilt das Rokokogebäude im alten Stil als eines der schönsten historischen Bürgerhäuser Berlins. Auf drei Etagen sind wechselnde Ausstellungen zur Berliner Kunst- und Kulturgeschichte zu sehen.

Der Mühlendamm mit dem Ephraim'schen Hause.

Das Ephraim-Palais

Heinrich Zille (1858–1929)

Auch die Zille-Stube im Nikolaiviertel erinnert an den „Pinselheinrich".

Jetzt kommen wir zu unserem Zille. Er war Grafiker, Maler, Fotograf und Schriftsteller. In seiner Kunst bevorzugte Heinrich Zille, mit Spitznamen „Pinselheinrich", Themen aus dem Berliner Milieu. Er wanderte durch die Arbeiter-Armen-Viertel, setzte sich in eine Destille und zeichnete die Menschen und das Leben, wie es sich vor ihm auftat. Im Jahr 1913 erschienen Zilles Bildbände „Mein Milljöh", die Zyklen „Berliner Luft" und „Hurengespräche". Als 80. Ehrenbürger Berlins und Akademie-Mitglied gehört er zu den bekanntesten Künstlern der Stadt.

Wenn Sie, lieber Leser, den Mühlendamm in Richtung Spree gehen, offenbart sich rechts ein wunderbarer Blick auf die Spree. Wir erblicken die Rathausbrücke und dahinter den majestätischen Berliner Dom. Kleine Cafés und Restaurants mit Berliner Küche laden zur Beschaulichkeit ein.

Beschaulichkeit an der Spree

Als Zille wieder mal eine überproportionale Frau skizierte, welche auf zwei Stühlen Platz nehmen musste, fragte der Maler die Frau: „Sage mal Jette, wie jeet denn des, mit dem villen Gewicht?" „Ach weste Pinselheinrich, et iss besser mit 70 geplatzt, als mit 80 vatrocknet!"

Im ehemaligen Marstall auf der anderen Seite der Spree befindet sich heute die Musikhochschule Hans Eisler. Hier können Musikinteressierte Konzerte der Studenten hören, die sich auf ihre Auftritte vorbereiten. Diese Konzerte sind verbilligt und oft auch gratis.

Weiter entlang der Spree stehen Sie vor dem Denkmal des Heiligen Georg als Drachentöter. Die Bronze-Plastik aus dem Jahr 1855 des Bildhauers August Kiß (1802–1865) stand ursprünglich im Hof des Berliner Schlosses. Wenn Sie weiter unter den Arkaden entlang gehen, kommen Sie wieder zum Platz vor der Nikolaikirche.

Rathausbrücke mit Berliner Dom

Heiliger Georg als Drachentöter

Rund um die Marienkirche

Die Marienkirche ist die zweitälteste Kirche von Berlin, erbaut etwa Mitte des 13ten Jahrhunderts. Nebenan entstand zur gleichen Zeit ein neuer Marktplatz. Erbaut wurde die im Stil der Gotik erbaute Kirche aus märkischem Backstein. Durch den Architekten Carl Gotthard Langhans (1732–1808, er entwarf auch das Sitzbild von Wilhelm von Humboldt vor der Humboldt-Universität) wurde die Marienkirche 1790 im neugotischen Stil restauriert.
Von hier aus begann im Mittelalter der Pilgerweg von Berlin nach Wilsnack im Norden von Brandenburg. Der Ort soll im August 1383 von Raubrittern gebrandschatzt worden sein. Priester fanden in dem verwüsteten Ort eine Hostie mit drei Blutflecken. Das war der Ausgangspunkt, dass bis zum 16ten Jahrhundert Wilsnack zu den fünf bedeutendsten Pilgerstätten Europas wurde. Selbst Kurfürst Friedrich II. (1413–1417) pilgerte sechs Mal nach Wilsnack. Als im Jahr 1651 ein protestantischer Prediger das Amt übernahm und die heilige

Die Marienkirche ist heute die älteste Kirche von Berlin, in der Gottesdienste stattfinden.

Hostie verbrannte, versiegte wie auch auf allen anderen Pilgerwegen der Gläubigerstrom. Heute erlebt der ca. 140 km lange Pilgerweg eine Renaissance.
Die schönste Orgel Berlins finden wir in der Marienkirche. Sie hatte alle schwierigen Zeiten der Stadt überstanden. Im Jahr 1996 entschied man sich jedoch, statt einer Restaurierung einen historischen Neubau zu wagen. Heute bietet die Marienkirche als besonderes Erlebnis Orgelführungen an.

Das Brauhaus Georgenbräu im Nikolaiviertel Spreeufer 4 bietet selbstgebrautes Bier an. Im Mai natürlich auch den berühmten Maibock. Natürlich gibt es den Berliner Klassiker: Berliner Eisbein mit Sauerkraut, Erbspüree und Kartoffeln, dazu ein kleines Bier und einen Korn für 12,20 EUR. Das Eisbein erhält erst im 19ten Jahrhundert seinen Namen, weil man aus den Eisknochen, die innen hohl waren, für das Eislaufen Schlittschuhe hergestellt hat.

Brauhaus Georgenbräu

Am Rand des Wasserbeckens sitzen vier Frauen, von denen der Berliner sagt: „Det sinn de schweigsamsten Frauen von de Welt, denn se können den Rand halten!"

Der Schlossbrunnen vom Bildhauer Reinhold Begas (1831–1911) wurde ehemals zwischen Schloss und Zeughaus aufgestellt. Er hat einen Durchmesser von 8,50 m und ist 10 Meter hoch. Heute steht er zwischen der Marienkirche und dem Roten Rathaus. Begas schuf auch das Bismarck-Denkmal an der Siegessäule. Der römische Meeresgott Neptun mit dem Dreizack thront erhöht auf einer riesigen Muschel.

Berlin/Cölln und die Hanse

Ein genaues Gründungsdatum für diesen Kaufmannsbund lässt sich schwer bestimmen. Man kann davon ausgehen, dass sich im 12ten Jahrhundert ein Bund zum Schutz von Handelsinteressen gegründet hatte. Ein Zweckbündnis deutscher Kaufleute gegen die Tücken der Reisen zu Wasser und Land. Sitz der Hanse war Lübeck.

Quelle: ... Die Geschichte der Deutschen Hanse B 1 S.173 v. 1909

„...Um die noch offene Lücke im nördlichen Deutschland von der Oder bis zur Spree und Havel mit deutschem Wesen zu erfüllen, schuf ein heldenmütiges Bruderpaar noch vor d-J. 1244 die nur durch einen Fluss getrennten Städte Berlin und Cölln mit so vorwaltender Richtung auf den Verkehr, dass Berlin gleich anfangs ein Niederlagsrecht empfing und bald imstande war, den Spreezoll bis Fürstenwalde aufwärts vom Landesherren zu kaufen. in der Brandenburgischen Region die Wollweberei und Bierbrauen gelangten zu einer Blüte.

In der Zollrolle des Herzogs Albrecht von Sachsen v.J. 1248 werden folgend Handelsgüter aufgeführt: Tuch, Kupfer, Zinn, Blei, Linnen, Felle und Häute, Wachs, Honig, Hopfen, lose Wolle, Fettwaren, Feigen, Spezereien und andere Gewürze zu ganzen Schiffslasten.“

Nun war die Verbindung auf dem Wasserweg bis Hamburg, Amsterdam und nach Skandinavien möglich. Berlin exportierte überwiegend Getreide und Holz. Begehrt war vor allem das Eichenholz aus den brandenburgischen Wäl-

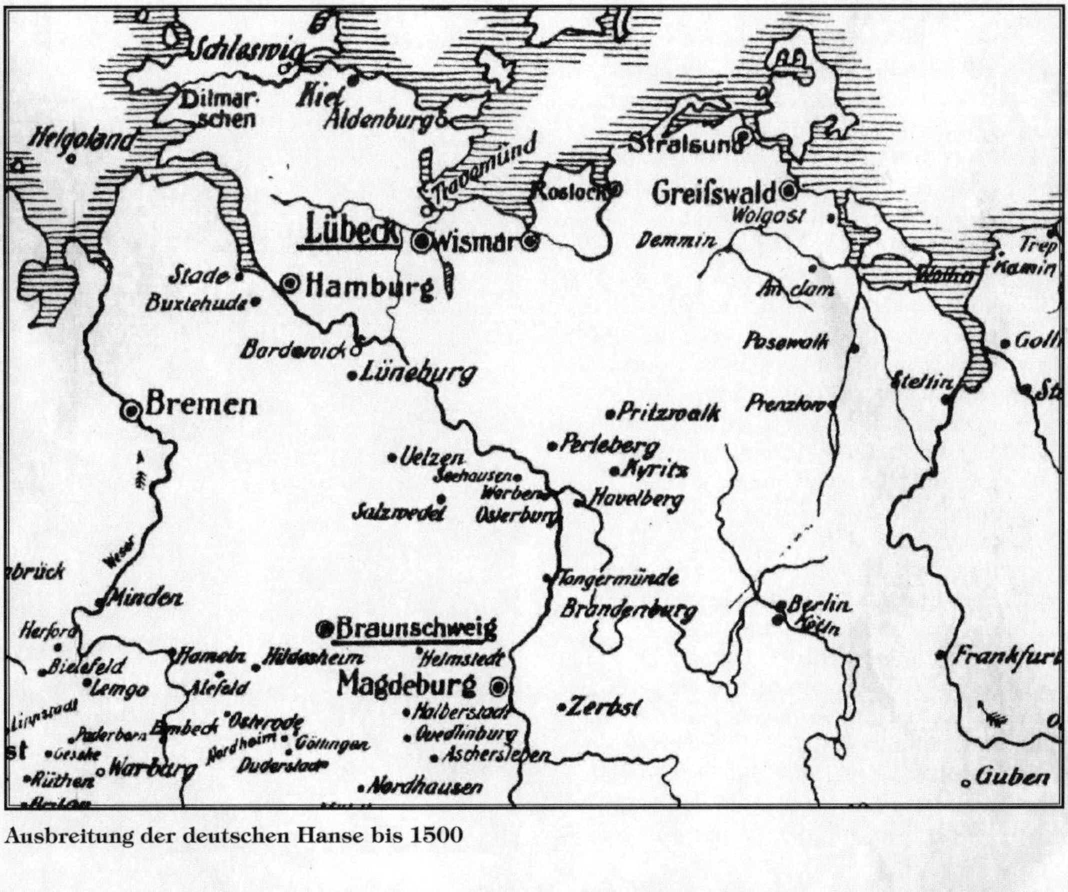

Ausbreitung der deutschen Hanse bis 1500

dern. Als das Rathaus von Hamburg abbrannte, wurden zum Wiederaufbau die Eichenstämme von Berlin/Cölln aus geliefert. Gehandelt wurde außerdem mit Tuchen, Metallwaren, Fellen, Töpferwaren, Mühl- und Schleifsteinen, Lebensmitteln wie Fisch, Salz, Olivenöl, und Wein. Diese Güter kamen über den Wasserweg, wurden umgeschlagen und zu Land weiter transportiert.
Die Hanse hatte feste Regeln für die Kaufleute. Der Aufschlag auf Waren war vorgeschrieben. Die Geschichte beschreibt den Verstoß eines Bremer Bürgermeisters. Dieser wurde von der Hanse wegen Wucher verurteilt und per Kopfabschlagen öffentlich hingerichtet.
Nachdem Kurfürst Friedrich II. von Berlin Besitz ergriffen hatte, regelte er alle Belange selbst und verlangte den Austritt aus allen Verträgen betreffs Berlin/Cölln. So wurde die Verbindung zur Hanse eingestellt.
Beim Hansetag in Lübeck im Jahr 1447 fehlte Berlin/Cölln ohne Entschuldigung. 1518 galt Berlin als abgedankt und abgeschnitten.

Das Steinkreuz vor der Marienkirche

Die Marienkirche ist die zweitälteste Kirche, aber die älteste, die heute noch Kirchendienste leistet. Wenn Sie vor dem Eingang stehen, sehen Sie ein kleines Steinkreuz mit fünf Löchern.
Hier die Geschichte dazu:
Im Jahre 1325 war Herzog Ludwig von Sachsen der Landesfürst von Brandenburg, ein Anhänger des Papstes. Aber von den Berlinern wurde er gehasst. Der Papst hatte bereits veranlasst, dass die unwilligen Brandenburger zur Raison gebracht werden sollten. Dies geschah durch Verwüstung und Brandschatzung ihrer Siedlungen nahe der Oder. So hatten sich viele Landbewohner rettend in die Stadt geflüchtet. Zusätzlich wurde der Propst Nikolaus von Bernau nach Berlin gesandt, um die unwilligen Untertanen zu mäßigen und anstehende Forderungen einzutreiben.
Es war gerade Markttag in Berlin auf dem Neuen Markt neben der Marienkirche. Es hatte sich eine große Menschenmenge versammelt, um zu kaufen und zu verkaufen. Man feilschte und trieb Possen trotz der etwas eigenartigen Stimmung, denn es waren viele Flüchtlinge in der Stadt, die nach Brandschatzung ihrer Dörfer in der Stadt Schutz suchten.
In der Marienkirche forderte der Propst Nikolaus von Bernau bei einer Messe, dass die Berliner und Cöllner Bürger ihrem Herrn huldigen und pünktlich ihre Abgaben erbringen sollten. Diese Forderung war für die freiheitsliebenden Einwohner der Stadt unannehmbar, und sie begehrten auf. Als der Propst unvorsichtigerweise von der Kanzel mit dem päpstlichen Bann drohte, waren die Menschen so aufgebracht, dass der Priester aus der Marienkirche durch die Sakristei fliehen musste. Draußen war die Wut noch schlimmer. Die Menge verfolgte den Propst, sie schlugen so lange mit Knüppeln und Steinen auf ihn ein, bis er

starb. Dies ist geschehen in der Spandauer Straße 70. Dem nicht genug: Man schleppte den blutenden Leichnam zum Neuen Markt zurück auf den Platz, auf dem die Verbrecher hingerichtet wurden, errichtete einen Scheiterhaufen, zündete ein Feuer an und verbrannte ihn, geschehen am 16. August 1325.

Ich zitiere Adolph Streckfuß Band 1:

„...Der Bischof von Brandenburg sprach den Bann über Berlin und Cölln aus. Der Bann! Ein einfaches Priesterwort und doch von welchen furchtbaren Folgen begleitet. – Jede geistliche Handlung war fortan in der gebannten Stadt eingestellt, keine Messe durfte mehr gelesen, kein Gottesdienst gehalten werden. Die Kirchenglocken waren verstummt, die Lampen in den Kapellen gelöscht, die Türen der Gotteshäuser geschlossen. Kein Kind durfte mehr getauft werden, keine Ehe wurde eingesegnet und selbst den Sterbenden durfte der letzte Trost nicht mehr gewährt werden...“

Erst 1345 wurden durch die Vermittlung des Priors vom Kloster der schwarzen Brüder, Gerhard von Königsberg, die beiden Schwesternstädte mit dem Klerus versöhnt. Der Bann wurde durch Zahlung einer beträchtlichen Summe wieder aufgehoben. Die Marienkirche erhielt von den Stadtvätern einen neuen Altar, und an der Stelle des Mordes wurde ein Steinkreuz errichtet, das mit dem ewigen Licht versehen wurde. Als die Reformation um 1600 Berlin erreichte, erlosch dieses Licht. 1726 wurde das Steinkreuz, links vor dem Eingang der Marienkirche, neu aufgestellt. Die Löcher für den Lichthalter sind noch immer deutlich zu erkennen.

Die Moral von der Geschicht‘: man erschlägt einen katholischen Priester nicht.

Wenn Sie nun glauben, dass die Bürger von Berlin/Cölln demütig wurden, so irren Sie. Das Gegenteil war der Fall. Wut und Groll gegen alle Obrigkeit nahmen noch zu.

Das Berliner Luther-Denkmal auf dem Neuen Markte.
Von Professor Otto.

Ehemaliges Lutherdenkmal neben der Marienkirche um 1900, umgeben von Berliner Bürgerhäusern, hinten das Rote Rathaus und die Türme der Nikolaikirche. Heute steht das verkleinerte Lutherdenkmal wieder an seinem historischen Ort.

Das weitere Geschehen im Jahr 1364 war die Folge: Der Bischof Dietrich von Brandenburg und der Herzog Rudolf von Sachsen weilten in Berlin. Der Schreiber des Bischofs sprach leichtfertig eine Bürgersfrau an, ob sie ihn zum Bad begleiten möchte. Diese Unzüchtigkeit wurde weitergetragen und so aufgebauscht, dass zum Schluss geredet wurde, der Pfaffenschreiber wollte der Frau Gewalt antun. Die Menge war so aufgebracht, dass sie zum Haus des Herzogs drängte, wo alle gemeinsam zu Tische saßen, den Schreiber aus dem Haus zerrten und ihn auf Geheiß des Rates sofort auf dem Neuen Markt hinrichten ließen. Man kann sich nun gut vorstellen, dass 200 Jahre später, als Martin Luther die gläubige Welt spaltete, die Berliner freudig ihren Glauben wechselten. Und nun folgt die Ironie der Geschichte! Genau auf diesem Neuen Markt sollte 1895 das Berliner Luther-Denkmal seinen Platz finden. Die Bildhauer Paul Otto (1846–1893) und Robert Toberentz (1849–1895) schufen diese dreieinhalb Meter hohe Standfigur.

Die Hohenzollern treten in die Geschichte der Mark-Brandenburg ein

Am 21. Oktober 1415 verlieh der römisch-deutsche König Sigismund (1368–1437) auf dem Konzil von Konstanz die erbliche Würde der Mark-Brandenburg an Kurfürst Friedrich I. (1371–1440). Es ist der Beginn der Herrschaft der Hohenzollern über die Mark und Brandenburg. Sein Sohn Kurfürst Friedrich II. (1413–1471), auch „der Eiserne“ genannt, wollte Berlin/Cölln zu seiner Residenzstadt erheben. Berlin und Cölln waren freie Städte, und zu ihren Privilegien gehörte auch, dass sie sich gegen äußere Feinde selbst verteidigen mussten. Das alles machte sie zu stolzen Bürgern, die ihre Städte, die sie 1307 vereinten, wie eine kleine Republik verwalteten. Trotz der ewigen Streitereien und Ränke wollten sie ihre Selbständigkeit um keinen Preis aufgeben.

Wie „Der Eiserne“ Kurfürst sein Ziel trotzdem erreicht hat, lesen Sie bitte selbst nach bei Adolf Streckfuß, 1. Band, von 1864, Seite 94: „Vom Fischerdorf zur Weltstadt“

„…An einem schönen Wintermorgen erschien der Kurfürst vor dem Spandauer Thore. 600 Reiter in glänzenden Harnischen begleiteten ihn. – Die Trompeten schmetterten, ein Herold forderte Einlass für den Kurfürsten, der gekommen sei, um

Kurfürst Friedrich II. „der Eiserne“ (1413–1474)

die Ordnung in den Städten Berlin und Cölln wieder herzustellen, den Wünschen der Bürgerschaft gerecht zu werden.
Ein jäher Schreck bemächtigte sich der Berliner. – Der Rath saß auf dem gemeinschaftlichen Rathaus, er berieth und konnte nicht einig werden. Das Volk wogte in den Straßen auf und nieder. Ein Theil der Bürger eilte bewaffnet auf die Wälle und nach den Thoren, um die Stadt zu vertheidigen, ein anderer Theil forderte, man solle die Thore öffnen, denn der Kurfürst komme im Interesse der Bürgerschaft, um den verhassten Rath abzusetzen.
Es war ein wildes, wirres Durcheinander. Niemand wusste Rath und ehe noch von den Behörden ein fester Entschluss gefasst werden konnte, erdröhnte schon der Hufschlag der Reiterschaar, klirrten schon die Harnische derselben in den Straßen Berlins. – Das Spandauer Thor war geöffnet worden. Auf Befehl eines verräterischen Bürgermeisters? Durch die Bürger selbst, welche in dem Kurfürsten den Befreier erhofften? Man weiß es nicht, die Chroniken geben über das ganze merkwürdige Ereignis nur abgerissene Andeutungen, welche die Phantasie ergänzen muss.
Auf den Flügeln des Gerüchts war die Nachricht, dass der Kurfürst in die Stadt eingeritten sei, nach dem Rathaus gedrungen, während der Rath noch beriet, ob die Thore zu öffnen seien. Da wurden plötzlich die Streitenden einig, und die vorher am lautesten geschrien hatten, waren mit einem Male die Stillsten.
An Widerstand war nicht mehr zu denken, ein Kampf unmöglich, selbst wenn der Rath ihn hätte wagen wollen, denn ein großer Theil der Bürgerschaft würde für den Kurfürsten Partei genommen haben: also Unterwerfung! –
Die Schlüssel der Stadt wurden auf ein samtenes Kissen gelegt und dem Kurfürsten entgegen getragen, der Rath brachte sie selbst dem Sieger. Zu spät! Friedrich bedurfte der Schlüssel nicht mehr, da er mit seinen geharnischten Reitern schon in der Stadt war.
Friedrich hielt strenges Gericht; indem er scheinbar den Wünschen der Bürger folgte, die Stadtverwaltung von Berlin und Cölln trennte, wusste er den errungenen Vorteil für sich auszubeuten, die Selbständigkeit der stolzen Städte zu vernichten.
Die ganze Verwaltung musste ihr Amt niederlegen, und am 26. Februar 1442 erklärte der Kurfürst: – Da zwischen den Bürgermeistern, Rathleuten, Viergewerken und der gesamten Bürgerschaft zu Berlin und Cölln Zwietracht und Spaltungen entstanden seien, besonders darum, weil die Gewerke und Bürgerschaft die Überzeugung hegten, als würde durch das Fortbestehen eines vereinigten Stadtregiments beider Städte nur Schaden herbeigeführt, – und da die Gewerke und die Gemeinden sich mit dem alten Rath nicht hätten verständigen können, sei der Letztere zur Verantwortung gezogen worden, habe seinen Ämtern entsagt und die Schlüssel zu den Thoren beider Städte in des Kurfürsten Hände niedergelegt. Auf die Bitten der Gewerke und Gemeinden ernenne der Kurfürst einen neuen Rath, für Berlin aus 2 Bürgermeistern und 10 Rathmannen, für Cölln aus 1 Bürgermeister und 5 Rathmannen bestehend. (Johannes Rathenow und August Bölcker wurden Bürgermeister von Berlin, Jacob Tydecke Bürgermeister von Cölln.) Jede Stadt solle fortan ihren besonderen Rath haben. Nach Ablauf eines Jahres solle jeder Rath aus der Gemeinde, besonders aus den Viergewerken, nicht mehr aus den Geschlechtern, neue Bürgermeister und Rathleute wählen, diese aber müssten vom Kurfürsten bestätigt werden. Der abtretende Rath müsse dem neuen, sowie den deputierten Viergewerksmeistern gehörig Rechtschaft legen.
Zugleich wurden alle Bündnisse Berlins und Cöllns mit anderen Städten aufgehoben und die Abschließung neuer Bündnisse verboten.
Die Selbständigkeit der Städte war hierdurch vernichtet, und dies sahen jetzt, aber zu spät, die Bürger von Berlin und Cölln ein. – Es war für sie keine Entschädigung, dass der Rath aus ihrer Mitte gewählt werden musste, da die Bestätigung desselben dem Kurfürsten anheim gestellt blieb. – Manche von denen, welche bisher am lautesten gegen die Tyrannei des Rathes in den Trinkstuben geeifert hatten, sehnten jetzt die frühere Zeit wieder herbei und bereuten es, dass sie, statt mit starker

Hand sich selbst gegen den Übermuth der Geschlechter zu helfen, einen Fürsten zum Schiedsrichter herbeigerufen hatten. Es kam zu unruhigen Auftritten in Berlin und Cölln, aber diese statt der Stadt zu nutzen, hatten nur neues Ungemach im Gefolge. Friedrichs Arm lag schwer auf Berlin und Cölln. Der Kurfürst war entschlossen, das stolze Selbstbewusstsein der Städte vollkommen zu brechen und er hatte die Macht dazu, seit die Thore von seinen Reisigen besetzt waren. – Durch seine Räthe und die zu Schiedsrichtern aufgerufenen Deputierten etlicher Städte wurde für die neuen Unruhen eine schwere Strafe über Berlin und Cölln verhängt und die früher so mächtigen Schwesterstädte mussten sich derselben fügen.
Am 29. August 1442 erklärten Bürgermeister, Rathleute, Biergewerke, Innungsmeister und die ganzen Gemeinheiten aller Bürger von Berlin und Cölln, dass sie dem Kurfürsten einen Platz abtreten wollten, um auf demselben eine Burg zu bauen. - Es war der Platz in Cölln zwischen der Klostermauer der schwarzen Brüder und der Spree, von der Klosterpforte bis zur Langen Brücke. Und damit nicht genug; sie mussten das Rathhaus auf der langen Brücke dem Kurfürsten überlassen, mussten auf die Gerichtsbarkeit verzichten und aufs Neue Unterthänigkeit und Gehorsam versprechen…“

Die Privilegien wurden abgeschafft und alle Bündnisse sowie die Mitgliedschaft in der Hanse untersagt.

Das „Hohe Haus“ in Berlin stand in der Klosterstraße 76. Es war das Wohnhaus der Markgrafen von Brandenburg in Berlin und diente auch als Tagungsort für den märkischen Landtag. Seit Kurfürst Friedrich I. war es auch Residenzsitz. Nachdem Kurfürst Friedrich II. das erste Burg-Schloss erbaut hatte, wurde im Jahr 1451 der Residenzsitz dorthin verlegt.

Das „Hohe Haus“ in Berlin war Tagungsort vom Märkischen Landtag

Berliner Unwillen von 1442

Das Berliner Wappen im 15ten Jahrhundert zeigt, dass der brandenburgische Adler den Berliner Bären bezwungen hat.

Ein Schlossbau sollte nun den Herrschaftssitz in der Mark befestigen. Die Berliner haben schon immer Spottverse über alles Ungereimte verfasst. Da der Kurfürst sie gezwungen hatte, ihre Selbständigkeit aufzugeben, nannte man den neuen Bau Zwingburg. Am 31. Juli 1443 wurde der Grundstein gelegt, direkt an der Spree, auf der heutigen Museumsinsel. Aber dies alles gefiel den Berlinern nun gar nicht mehr. Wenn die Bauarbeiter morgens auf die Schlossbaustelle kamen, fanden sie die am Vortag errichteten Mauern umgestürzt, oder mal die großen Steine in den sumpfigen Morast der Spree gewälzt, Baumaterial verschwand. Diese vielen Schabernacke erfreuten den geduldigen Friedrich keineswegs. Er hatte es bisher vermieden, mit Gewalt durchzugreifen. Als aber die kurfürstlichen Schleusen vom Werder aufgezogen wurden und der Schlossbau unter Wasser stand, rief er 1446 einen Landtag ein. Nichts half, die Rebellischen wollten ihre Rechte nicht wieder hergeben. Als der vom Kurfürsten eingesetzte Richter Balzer Haken die Schleusen wieder schließen und schützen lassen wollte, bewaffneten sich die Bürger, zogen zum Hause des Hofrichters, schlugen Fenster und Türen ein, verbrannten wichtige Dokumente und nahmen Balzer Haken gefangen.

Um das Ganze abzukürzen, der Kurfürst antwortete immer noch nicht mit Gewalt, sondern mit Diplomatie. Er setzte dazu Unterhändler ein, die es nach langwierigen Gesprächen am 25. Mai 1448 endlich schafften, einen Frieden zwischen dem Kurfürsten und den Aufständischen herzustellen. Alles wurde wieder auf den Stand von 1442 gesetzt. Die meisten Bürger wurden nach Ableistung eines Eides vom Kurfürsten begnadigt und erhielten ihre Besitzung zurück. Nur einige vom Adel, die besonders zur Aufwieglung beigetragen hatten, wurden des Landes verwiesen und ihre Besitzungen eingezogen. Im März 1451 konnte der Kurfürst seine neue Residenz beziehen. Als die kurfürstliche Ordnung wieder hergestellt war, trug dann das Wappen des Berliner Bären den Brandenburgischen Adler auf dem Rücken.

Auch im Berliner Schloss spukte eine weiße Frau. Darüber, lieber Leser, wird ein neues Büchlein erscheinen.

Diese Ereignisse sind unter dem Namen: „Berliner Unwillen" in die Stadt-Geschichte eingegangen. Und nun, lieber Leser, haben Sie erfahren, wie tief verwurzelt dieser „Berliner Unwille" ist, der verhindert, dass Bauvorhaben in Berlin frist- und kostengerecht vollendet werden können. Wie am Beispiel des Flughafens Schönefeld:

Und die Moral von der Geschicht',
ich weiß sie nicht! Ich weiß sie nicht!

Wie entstand der Name Tempelhof?

Zu jener Zeit hatten die Ritter des Templerordens westlich von Berlin/Cölln auf einer Anhöhe eine Komturei errichtet, die Siedlung Tempelhove, das heutige Tempelhof. In der Zeit der Gründung von Berlin/Cölln war Tempelhove eine von ca. 9.000 Komtureien. Der Jakobsweg der Pilgerreisenden nach Santiago de Compostela führte auch durch Berlin/Cölln. Der im Jahre 1119 in Jerusalem gegründete geistliche Ritterorden der Templer war der erste seiner Art. Ihre Aufgabe sahen die Ritter darin, die Pilger auf dem mühsamen und gefährlichen Weg zu heiligen Stätten zu beschützen. Keuschheit, Armut und Gehorsam waren ihre Gelübde. Ihre Verbreitung reichte von Europa bis nach Jerusalem, von Frankreich bis Spanien und Portugal, von England bis nach Brandenburg. Sie organisierten den Nachschub von Waren und den Geldhandel. Wollte jemand in das Heilige Land nach Jerusalem pilgern, so hinterlegte er in einer Komturei sein Geld und die Wertsachen, bekam dafür einen Wertbrief, gleichbedeutend dem heutigen Reisescheck, den er dann in einer anderen Komturei wieder einlösen konnte. So war es dank dieser ersten europäischen Organisation möglich, ziemlich unbeschadet zu den Pilgerorten nach Jerusalem, Rom oder Santiago de Compostela zu reisen. Dieser Geldhandel funktionierte! Durch Schenkungen, Spenden und ihren lukrativen Handel erlangten die Templer einen ungeheuren Reichtum. Der Schatz der Templer war sagenhaft.

Im Jahr 1307 war der Neid des französischen Königs Philipp des Schönen, der ständig mehr Geld ausgab, als er Einnahmen zu verzeichnen hatte, so groß, dass er beschloss, die Templer zu vernichten und sich deren Schatz anzueignen. Er schrieb am 14. September 1307 einen Geheimbefehl und ließ ihn in Frankreich versiegelt

Das Stadtwappen von Tempelhof mit dem Zeichen vom Templerorden: rotes Kreuz auf weißem Tuch.

an alle Präfekturen verteilen mit der Maßgabe, dass dieser am Freitag, dem 13. Oktober, morgens zu öffnen und sofort zu vollziehen sei. Der Befehl lautete: Die Templer sind zu verhaften und der Inquisition zuzuführen, um ihnen den Prozess zu machen wegen Sodomie, Gotteslästerung und anderer Delikte. So geschehen am schwarzen Freitag, dem 13ten. Jetzt wissen Sie, woher der Name Schwarzer Freitag und Freitag der 13. stammt.

Am 18. März 1314 widerrief der letzte Templer-Großmeister Jacques de Molière beim Schauprozess sein unter Folter gegebenes Geständnis. Daraufhin wurde er am gleichen Tag auf einer kleinen Seine-Insel in Paris verbrannt und der Orden endgültig verboten. Auch hatten die Templer das Patronatsrecht an den Kirchen zu Berlin. Der letzte Heermeister von Brandenburg, dem auch die Komturei Tempelhof unterstand, war Friedrich von Alvensleben.

Der letzte Ordensmeister hatte es noch geschafft, sämtliche Unterlagen seinem Nachfolger Jean-Marc Larmenius de Jerusalem zu übergeben. Dieser hat sie verschwinden lassen und ebenso einen Teil vom Schatz. Nach dem Verbot wurde der Orden aufgelöst, auch in Portugal und Nordengland, wo er anfangs noch Unterstützung fand. Die Besitzungen wurden zum Teil an den Johanniterorden übergeben. So ging 1318 auch die Besitzung Tempelhove in Brandenburg an die Johanniter über. Der Templerorden, der in ganz Europa verbreitet war, hörte auf zu existieren. Und nun folgt etwas Einmaliges in der Weltgeschichte: Trotz Verbot des Papstes existierte der Orden im Untergrund weiter. Die Namen aller Ordensmeister vom Templerorden liegen dem Verfasser vor. Erst als Jahrhunderte

DER BAER

Zeitschrift für vaterländische Geschichte und Alterthumskunde

V. Jahrgang. 1879. Nr. 1.

Unter Mitwirkung von
Dr. jur. **Beringuier**, **F. Brunold** in Joachimsthal,
Prof. Dr. **Paulus Cassel**, Stadt-Archivar **Fidicin**, **Theod. Fontane**, Dr. **Herm. Kletke**,
Ferd. Meyer, Oberlehrer Dr. **H. Pröhle**, Director **Wilhelm Schwartz** in Posen,
Archidiac. **Schwebel** in Cüstrin 2c. 2c.

herausgegeben von

Berlin. **E. Friedel** Stadtrath. und **R. Schillmann** Stadt-Schulinspector. 1. Januar.

Die Zeitschrift erscheint monatlich zweimal, Preis vierteljährlich 1 Mark 50 Pf., und ist durch alle Buchhandlungen und Postämter, sowie durch die Expedition (Brüderstr. 13) zu beziehen. — Literarische Beiträge sind an die Nicolaische Verlags-Buchhandlung, R. Stricker in Berlin zu senden. — Inserate, pro 3 gesp. Petitzeile 30 Pfg. werden von allen Buchhandlungen, sowie von der Verlagshandlung entgegengenommen.

Inhalt: An die Freunde vaterländischer Geschichte. — Brandenburgisch-Preußische Beutestücke. Von Ernst Friedel. — Malchow. Eine Weihnachtswanderung. Von Theodor Fontane. — Die Artillerie unserer Vorfahren. Von Franz Maurer. — Unser neues Titelbild. — Ultima Ratio Regis. Von E. Fr. — Das Prenzlauer Steinkreuz. Von Knoop. — Mittheilungen aus dem Verein für die Geschichte Berlins. — Mittheilungen aus dem Verein für Heimathskunde in Müncheberg. — Anzeigen.

später Kaiser Napoleon I. (Bonaparte) 1804 die Prozessunterlagen vom Papst anforderte und überprüfen ließ, wurde der Prozess gegen die Templer für rechtswidrig erklärt. Am 18. Juni 1853 erkannte der Kaiser Napoleon III. den Orden wieder offiziell an. In neuerer Zeit wurde am 27. April 1994 eine Delegation des „Ritterordens der Templer von Jerusalem" vom Papst Johannes Paul II. in Rom öffentlich gesegnet und damit rehabilitiert.

Zur Geschichte beschreibt Wilhelm Ferdinand Wilke in „Geschichte des Tempelherrenordens" von 1827 sehr detailliert seine Entstehung mit seiner inneren Verfassung und mit ihren Ritualen und Regularien. Das Wirken des Ordens waren der Schutz der heiligen Stätte Jerusalem und der Schutz der Pilger. Wilke beschreibt die Entstehung der inneren Machtstrukturen des Ordens, der nur dem Papst unterstellt war. Ebenfalls berichtete er über umfangreiche Besitzungen des Ordens in Europa mit dem unermesslichen Reichtum. Nach Verbot und Aufhebung des Ordens durch Papst Clemens V. am 22. März 1312 kam es zur Verteilung der Besitzungen. Übrig blieben immer noch Fragen nach dem eigentlichen Schatz, die bis heute zu Spekulationen ermuntern.

Das also zum sagenhaften Schatz der Templer und seinem Verbleib, der bis in die heutige Zeit Fragen aufgibt. Um 1820 gab es gegenüber dem Kreuzberg eine Wirtschaft „Dustere Keller" genannt, Bergmannstraße/Ecke Belle Alliance, heutige Kreuzbergstraße, in der Bier und Speisen verabreicht wurden.

Der Name „Dustere Keller" stammt schon aus der Zeit von König Friedrich Wilhelm I. Dort hatte sich um 1730 ein früherer Hofbedienter vom „Großen Kurfürsten", mit Namen Schneider, an einem wild bewachsenen Hang eine Höhle gegraben und lebte dort von milden Gaben, so wie einst ein Einsiedler oder Eremit im Mittelalter.

Man erzählte sich um 1800, dass die Kreuzritter von dort einen geheimen Gang bis nach Tempelhof angelegt hatten. Wo ist der legendäre Schatz der Tempelritter geblieben? Etwa irgendwo hier im Untergrund von Berlin? Vielleicht auch nur ein Teil davon? Haben Sie Lust auf eine Schatzsuche?

Ausflugslokal „Dustere Keller" um 1820

Berlin und Cölln vereinen sich am 20. März 1307

Aus „Berlin-Cölln. Älteste Geschichte der Reichshauptstadt und des märkischen Landes“ von Prof. Dr. J.W. Otto Richter 1902

„Es war am Montage nach Palmsonntag, dem 20. März 1307, als die verordneten Vertreter der beiden Schwesternstädte, von bewehrten Stadtknechten gefolgt, in früher Stunde durch das Spandauer Tor gen Westen ritten, und alle waren in bester Stimmung, im Bewusstsein, dass es sich um einen hochwichtigen Schritt handelte.

Dort in dem Residenzschlosse des Markgrafen zu Spandow wurden sie sogleich gütig empfangen. Wenn auch Fürst Hermann, wie allenthalben bestätigt wurde, noch immer ernstlich leidend war, so wollte er sich doch nicht nehmen lassen, seine „Lieben und Getreuen“ in einer so bedeutsamen Angelegenheit selbst zu bescheiden. Zunächst erklärte er, dass er ihren Entschluss vollauf billige, und leitete dann die kurze Beratung über die nähere Gestaltung der Beziehungen der Gemeinden zueinander. Bald wurden Formen gefunden, welche der Billigkeit entsprachen. Man einigte sich dahin, dass von den 18 auf 1 Jahr zu erwählenden Ratsherren 2/3 aus der Stadt Berlin, 1/8 aus der Stadt Cölln gewählt werden sollten, von den 7 auf 3 Jahren zu berufenden Schöppen 4 aus Berlin, 3 aus Cölln, – und zur Stärkung des gegenseitigen Vertrauens wurde die Wahl der Berliner den Cöllnern, die der Cöllner den Berlinern zugewiesen. Jede Stadt sollte aus den ihr zufließenden Einnahmen für die Förderung der Wohlfahrt ihrer eigenen Bürgerschaft und die Bestreitung der notwendigen Unkosten sorgen, namentlich für die Befestigung und Sicherung der Mauern und Tore, jedoch Berlin der Stadt Cölln und diese der Stadt Berlin hierbei frei und nachbarlich helfen. Aus den gemeinsamen Mitteln sollten die erforderlichen Abgaben an den Landesherrn und die sonstigen Untertanenpflichten geleistet werden.

Nachdem über diese Bestimmungen durch den obersten Schreiber des Fürsten, den Priester Slotekin, eine Urkunde aufgenommen, verlesen und von den Anwesenden gebilligt worden war, wurde dieselbe sofort auch vollzogen. Der Beichtvater des Markgrafen, Abt Johannes von Lehnin, sein Truchsess Busso von Grevelhut, sein Marschall Wiprecht von Barby sowie die Ritter und Knappen des fürstlichen Hofes, Albrecht von Lossow, Gerhard und Hermann von Riebede, Heinrich von der Groeben und Otto von Königsmarck, unterzeichneten sie als Zeugen; dann wurde die Kapsel mit dem großen Siegel des Landesherrn, das diesen in voller Rüstung mit der Fahne Brandenburgs in der Rechten, den Schild mit der Linken vor den Fuß stemmend, zur Darstellung brachte, angehängt.

An dem festlichen Rundtrunk, mit welchem die Verhandlungen ihren Abschluss fanden, beteiligte sich Markgraf Hermann mit Rücksicht auf seinen Gesundheitszustand nicht mehr.

Als die Ratsherren am Nachmittage ihren Rückweg antraten, waren sie in der besten Stimmung, und ihre Gespräche berührten nicht nur den glücklichen vollendeten Vereinigungsakt sondern schweiften voll Hoffnung und Vertrauen in die Zukunft.

Danken müssen wir es euch, - bemerkte einer der Cöllner - dass ihr uns in eure Gemeinschaft aufgenommen und dadurch auch eures besseren Stadtrechtes teilhaftig gemacht habt! Wohl dürfen wir nun erwarten, dass unsere kleinere Stadt an euerm Aufschwunge teilnehmen wird, und dafür werden wir emsig mit euch um die Wette das gemeinsame Beste zu fördern suchen!

Hans von Stettin, der Berliner, gab freundliche Worte zurück und bemerkte sodann:

„Da wir fortan gemeinsam über der beiden Städte Gedeihen zu Rate sitzen werden, so ist‘s wohl billig, dass wir die Vertreter des benachbarten Cölln getreulich einladen, hinüber auf unser Rathaus an der Mittel- und Georgenstraße zu kommen; vielleicht ziehen wir dann auch ein andermal zu ihnen nach Cölln, wenn das dortige Rathaus geräumig genug ist!“

So in etwa sah Berlin um 1560 aus.
Links im Bild liegt Berlin: Von links nach rechts: Klosterkirche, davor das Hohe Haus, vorn die Marienkirche und das Spandauer Tor, hinten die Nikolaikirche und das Wendenschloss.

Zwei Brücken verbanden beide Städte, die Lange Brücke und dahinter der Mühlendamm. Rechts im Bild liegt Cölln: die Petrikirche, das Schloss mit Lustgarten und der Dominikanerkirche, hinten die Getraudenbrücke, die zum Gertraudenplatz führte.

Der Ursprung des heutigen Stadtteils Neukölln

Berlin und Cölln brachten es durch Handel und Handwerk zu Wohlstand. So konnten sie am 23. September 1435 von dem Orden der Johanniter die Dörfer Rixdorf, Marienfelde, Mariendorf und Tempelhof käuflich erwerben zum Preis von 2.439 Schock und 40 Groschen böhmischer Währung. Umgerechnet auf die heutige Währung entspräche dies ca. 1,3 Millionen Euro. Da sich Berlin und Cölln nicht über den gemeinsamen Besitz einigen konnten, wurde am 24. August 1543 Rixdorf alleiniges Eigentum von Cölln. Damit war der Grundstein gelegt. Aus der Gemarkung Cölln und der Stadt Rixdorf entstand später der Stadtteil Neu-Kölln. Ab 1681 nannte man den Teil nahe dem Festungsgraben und Spittelmarkt Neukölln.

Die Gertraudenkirche, später die Spittelkirche um 1700. Zu dieser Zeit war dies noch ein ländlich geprägter Teil von Berlins Umgebung, die erst nach und nach sich zur Stadt ausweitete.

Rückseite eines Spiegels.
Anfang des 14. Jahrhunderts.

Kurfürst Joachim I. (1484–1535)

Kurfürst Joachim I.

Der Kurfürst Joachim I. war 15 Jahre alt, als er am 9. Januar 1499 ein schweres Erbe von seinem Vater Johann Cicero (1455–1499) antreten musste. Das Raubrittertum hatte sich wieder im Lande ausgebreitet. Sie lauerten friedlichen Kaufleuten auf den Landstraßen auf, um sie zu berauben oder gar zu ermorden. Die vornehmen Adligen trieben ihre Raublust, und einige von ihnen waren Hofbeamte beim jungen Kurfürsten, den sie als Herrscher nicht ernst nahmen.

„Morden und stehlen ist keine Schande,
es thun es ja die Besten im Lande!"

So sangen die Gassenbuben in Berlin auf den Straßen, wenn sie die reich geputzten Jagdjunker, von denen sie wussten, dass der prunkvolle Schmuck durch Straßenraub gewonnen war, hinter dem fürstlichen Herrn her reiten sahen. Alle außer dem Kurfürsten wussten davon.

Doch als der Kurfürst davon erfuhr, konnte er ohne Beweise keine Klage führen. Er war umso entrüsteter von der Frechheit der Adligen. Dann ereignete sich Folgendes, lesen wir bei Adolph Streckfuß: „Vom Fischerdorf zur Weltstadt. Berlin seit 500 Jahren" von 1846:

„Ein Berliner Kaufmann war in einer mondhellen Nacht von zwei adligen Herren beim Dorf Elsholß überfallen und beraubt worden. Die Räuber hatten den Unglücklichen nach schweren Misshandlungen gebunden in den tiefen Sumpf geworfen, in der sicheren Erwartung, er werde in demselben ertrinken. – Mit Beute beladen verließen sie lachend den Schauplatz ihres Verbrechens, ohne Furcht vor einer Strafe, denn der einzige Zeuge der Tat, der Beraubte selbst, war ja stumm gemacht.

Der Kaufmann blieb durch einen besonders glücklichen Zufall am Leben; es gelang ihm, sich der fesselnden Stricke zu entledigen, er wartete nur bis die Räuber weit genug entfernt waren, dann kroch er vorsichtig aus dem Sumpf, und als er sich nun in Sicherheit sah, eilte er nach Berlin, um Klage zu führen bei dem Kurfürsten, diesmal kein schwankendes allgemeines Schmerzenslied, sondern eine wirkliche Anklage gegen eine leicht zu ermittelnde Person; der Kaufmann hatte den einen Räuber als einen Hofherren erkannt, den er häufig im nächsten Gefolge Joachims I. durch die Straßen von Berlin und Cölln hatte reiten sehen. –

In jenen Zeiten waren die Fürsten noch nicht durch die eherne Mauer der Etikette abgeschlossen vom Volk. Jeder Bürger, der sich persönlich klagend an den Kurfürsten wenden wollte, erhielt leicht bei demselben Zutritt, so auch unser Kaufmann. –

Joachim I. hörte ihn ernst und gütig an, er ließ sich alle einzelnen Umstände des Verbrechens erzählen, dann versprach er ihm Gerechtigkeit, strenge Strafe gegen den Raubmörder, auch wenn dieser sein liebster Genosse sein sollte. –

Das Hofgesinde wurde gerufen, um im Zimmer des Kurfürsten zu erscheinen, der

Von der ersten Zwingburg der Hohenzollern in Berlin gibt es keine Ansichten, wie es ausgesehen haben könnte. Das Bild vom Rittersaal ist das einzige.

Kaufmann hielt sich hinter einem Teppich versteckt, doch so, dass er jeden Eintretenden mustern konnte. Einer der adligen Herren nach dem anderen erschien, keiner war der Rechte. Endlich kam auch der Herr von Lindenberg, ein Mann von hohem Talente, den Joachim I. seines ritterlichen Wesens vor allen anderen Hofherren liebte und ehrte. –
Kaum war der Lindenberg ins Zimmer getreten, da sprang der Kaufmann aus seinem Versteck hervor und rief: „Dieser ist's, der mich beraubt hat!"
Ein jäher Schreck durchzuckte den Lindenberg. Der, den er glaubte, gemordet zu haben, stand plötzlich lebend, sein Ankläger, vor ihm. Eine fahle Leichenblässe überflog sein sonst so blühendes Gesicht, er ließ die Arme sinken und stierte wortlos den todgeglaubten an. –
Auch Joachim I. war tief entsetzt. Dass gerade der, dem er so ganz vertraute, der Mörder sein musste!"

Im Rittersaal mit den alten Burgmauern der Zwingburg lässt der Kurfürst Joachim I. das Hofgesinde eintreten. Es erscheint von Lindenberg, der Berliner Kaufmann erkennt den Schuldigen, der ihn bestohlen und morden wollte. Lindenberg ist als Täter entlarvt, und Joachim spricht das Todesurteil über seinen Freund. Dieses Bild ist das einzige von der ersten Burgschlossanlage, was ich gefunden habe.

Um es kurz zu machen, der Kurfürst hielt sein Wort und verschaffte dem Kaufmann Gerechtigkeit, Lindenberg wurde zum Tode durch das Schwert verurteilt. Der Adel schrie auf und wollte mit aller Macht verhindern, dass adliges Blut durch den Henker fliesen sollte. Joachim I. ließ nicht von seinem Vorhaben ab, Gerechtigkeit in seinem Land wieder herzustellen:

„Es war geschehn; – das Blut des Lindenberg war geflossen! Der Adel der Mark Brandenburg hatte nicht vermocht, die Hinrichtung zu vereiteln, denn die Bürger von Berlin und Cölln, welche gehört hatten, die Genossen des Verbrechers wollten denselben noch auf dem Wege zur Richtstätte befreien, waren dem Verurteilten als Schutzwache in solcher Anzahl gefolgt, dass Befreiungsversuche ein Wahnsinn gewesen wären. Die Rettung des Freundes war unmöglich gewesen, nur die Rache für das geflossene Blut desselben blieb dem Adel noch. –
Auf den Schlössern im Lande herrschte wieder ein reges geheimnisvolles Treiben, eine Verschwörung wurde geplant. Die Herren vom Hof waren zum Teil in das Geheimnis der Verschwörung eingeweiht, einer von ihnen, ein Herr von Otterstedt war sogar das Haupt derselben. – Joachim I. sah wohl an den finsteren Mienen seiner früher so untertänigen Hofherrn, dass sie über irgend einen finsteren Racheplan brüteten, aber er ließ sich dadurch nicht schrecken, er fuhr fort, Gerechtigkeit zu üben, und wo ein Adliger des Raubes überführt wurde, da traf ihn ohne Gnade das Henkersschwert.
Der junge Kurfürst liebte die Jagd, und bei einem solchen Ausflug wollten die Verschworenen ihn überfallen und durch seinen Tod den des Lindenberg rächen.
Als sie erfuhren, dass der Kurfürst in den nächsten Tagen zur Jagd reiten wollte, schrieb der Ritter von Otterstedt voller Übermut nachts an die Schlafkammer von Joachim I.:

Joachimken, Joachimken hüte dy !
Wo wy dy kriegen, da henken wy dy !

Die Verschworenen hatten in Erfahrung gebracht, dass Joachim I. in den nächsten Tagen eine Jagd in dem sumpfigen Walde abhalten werde, der sich an der Spree zwischen Berlin und Köpenick erstreckte. Tag und Stunde der anberaumten Jagd waren ihnen verraten worden. –
Mit dem frühen Morgen versammelte der Ritter von Otterstedt seine Genossen und ritt zur Köpenicker Heide, dort versteckten sich die Verschwörer im Gebüsch, nicht fern von dem Wege, auf dem der Kurfürst nahen musste.
Es war ein nebliger Morgen; – kaum vermochte einer der Verschwörer den anderen zu erkennen und so sahen sie auch nicht, dass sich zwischen ihnen ein Bauersmann befand, den ein Zufall des Weges führte. Sie unterhielten sich, in der Überzeugung, in so früher Stunde ganz allein in dem öden

Wald zu sein, ohne Scheu über ihre Pläne. Der Bauer hörte mit Grausen von der Gefahr, welche dem Kurfürsten drohte. Die strenge Gerechtigkeit, durch welche Joachim I. die Rache des Adels herausforderte, hatte ihm die Liebe des Volkes eingebracht, sie rettete ihm jetzt das Leben. –

Der Bauer schaffte es, sich unbemerkt zu entfernen, eilte nach Berlin und konnte Joachim I. noch abfangen, als er gerade durch das Köpenicker Tor ritt. Als er von dem Frevel erfuhr, ließ er sofort seine Trabanten zusammenziehen und machte nun eine andere Jagd. In der Heide umzingelte er die Attentäter und konnte fast aller habhaft werden. Joachim I. übte furchtbare Gerechtigkeit. Der Otterstedt wurde grausam hingerichtet, gevierteilt! Sein blutendes Haupt wurde an einer eisernen Stange auf dem Köpenicker Tor aufgesteckt, und noch lange Jahre grinste der fleischlose Schädel von der Eisenstange herab. –
Auch die übrigen Verschworenen entgingen der gerechten Strafe nicht. Sie hatten auf der Folter manche Raubtaten eingestanden und ihre Verbrechensgenossen verraten.

Der Kurfürst sandte nach allen Straßen Reiterhaufen aus und ließ kurzen Prozess machen. Ein Scharfrichter begleitete die Reiter und vollstreckte sofort die Todesurteile. In kurzer Zeit fielen mehr als 70 Köpfe! –
Eine so fürchterliche Energie, eine so gnadenlose Strenge hatte der Adel dem bartlosen Jüngling nicht zugetraut. Jetzt saßen sie auf ihren Schlössern und erwarteten dort ihr Schicksal.

Joachim I. hatte glänzend gesiegt. Der Adel wagte für lange Zeit nicht mehr auf die Landstraße zu reiten; auch das übrige Raubgesindel, welches aus Pommern nach der Mark Brandenburg gekommen war, zog sich zurück."

Es war Ruhe in der Mark Brandenburg eingekehrt. So konnte er 1506 die Einrichtung der Universität in Frankfurt a. O. vollenden und reformierte den Obersten Gerichtshof, das Kammergericht zu Berlin.

Kurfürst Joachim II. (1505–1571)

Bevor wir weiter in die Geschichte von Brandenburg und ins Zeitgeschehen mit den handelnden Personen eintauchen, möchte ich Sie, lieber Leser, auf eine interessante Sichtweise über Kurfürst Joachim II. von Adolf Streckfuß hinweisen:

Er schreibt in Band I Seite 204:
„Die Geschichtsschreibung einer langen Zeitperiode ist bestrebt gewesen, durch Liebedienerei gegen den Kurfürsten, das Fürstentum überhaupt zu verherrlichen; – wir finden dieses Bestreben besonders ausgeprägt in der preußischen Geschichtsschreibung. Schenken wir jenen schmeichelnden Historikern Glauben, so sind sämtliche Fürsten aus dem Haus Hohenzollern wahre Halbgötter gewesen, Männer mit überschwänglichen Tugenden, welche entweder ganz fehlerfrei waren oder deren Fehler doch gegen ihre außerordentlichen Eigenschaften so vollkommen in den Hintergrund treten, dass man es kaum der Mühe wert hält, sie auch nur zu erwähnen. Durch eine derartige Geschichtsschreibung ist die Geschichte verfälscht worden, das Volk hat ein grundirriges Bild von den Männern erhalten, welche das Geschick an die Spitze des Staates gestellt hat und welche dadurch einen bedeutsamen Einfluss auf die Entwicklung unserer Städte gehabt haben.
Joachim der II., der Begründer der Reformation in der Mark Brandenburg, ist von den servilen Geschichtsschreibern der früheren Zeiten besonders bevorzugt worden; seine beispiellose Verschwendung nannte man Freigiebigkeit, seine Charakterschwä-

che Herzensgüte, seine Leichtfertigkeit Galanterie, sein furchtsames Schwanken weise Besonnenheit, seine Indifferenz Duldsamkeit, seine Schwäche gegen Mätressen und Günstlinge Großmut…"

Kommen Ihnen, lieber Leser, da einige Parallelen zur heutigen Zeit bekannt vor? Erleben wir nicht immer wieder, dass alle Parteien vor jeder Wahl die einzig richtige Wahrheit verkünden. Und nach der Wahl, sich alle als Gewinner bezeichnen?
Was war in dieser Zeit noch von Bedeutung? Das Wuchergesetz verbot auf den Handel der Kaufleute einen höheren Zins als 6 Prozent.

Kurfürst Joachim II.

No. 39. 1863.

Die Gartenlaube.

Illustrirtes Familienblatt. — Herausgeber Ernst Keil.

Wöchentlich 1½ bis 2 Bogen. Durch alle Buchhandlungen und Postämter vierteljährlich für 15 Ngr. zu beziehen.

Die Echte.

Eine Geschichte aus dem alten Lande.

Von Ernst Willkomm.

(Schluß.)

Das erste Schloss in Berlin

Für den prachtliebenden Joachim II. war die alte Burg zu eng. Er ließ sie bereits 1538 niederreißen, und ab 1540 begann der Umbau zum Schloss durch den Baumeister Kaspar Theyß (1510–1550) in ein dreistöckiges Renaissance-Schloss, das in der damaligen Welt großes Aufsehen erregte.

Drei Stockwerke mit goldglänzendem Kupferdach und prächtigen Zimmern und Sälen, deren bedeutendster Saal im dritten Stock lag über die ganze Länge des Gebäudes. Dort gab es eine Bildergalerie mit Gemälden des berühmten Lucas Cranach aus Wittenberg. Auf der äußeren Galerie zum Schlosshof hin standen aus Sandstein gehauene Brustbilder der damals lebenden deutschen Kurfürsten. Das besondere daran war die Farbbemalung, so dass sie fast aussahen, als wären sie lebendig.

Erstes Renaissance-Schloss von Cölln auf der jetzigen Museumsinsel

Stechbahn vor dem Schloss 1592 mit den Galerien zum Innenhof

Das Jagdschloss Grunewald

Bei Beginn eines Umbaus ließ Joachim II. 1537 eine Stechbahn für ein Turnier anlässlich der Taufe einer seiner Töchter errichten. Angelegt wurde sie an der Breiten Straße, bei der Langen Brücke. Sie war 90 Meter lang und 20 Meter breit. Hier wurden Ritterturniere veranstaltet.

Man kann sagen: die Formel 1 des Mittelalters.

Ebenfalls von Kaspar Theyß ließ der Kurfürst das Jagdschloss 1543 im grünen Wald errichten, das man dann so nannte. Daraus hat sich dann der Name Grunewald ergeben. Es ist heute das älteste noch erhaltene Schloss von Berlin und wird seit 1932 museal genutzt. Lucas Cranach der Ältere sowie niederländische und andere deutsche Maler des 15. bis 19. Jahrhunderts sind in der Ausstellung zu sehen.

Bereits 1595 wurde auf Betreiben der Kurfürstin eine Apotheke ans Schloss angebaut. Darüber richtete der Kurfürst im ersten Stock eine Bibliothek ein, die aber bald schon zu klein wurde..

Kurfürst Johann Georg (1525–1598)

Der Kurfürst verfügte zum Schutz der Fischbestände am 22. Februar 1574, dass in der Stralau und anderen Gewässern vom Donnerstag der Osterwoche bis Bartolomäus, dem 24. August, keine Netze ausgeworfen werden dürfen, da der Laich und die jungen Fische den Bestand sichern sollen.
Das feierliche Anfischen wurde nun von den Berlinern damals mit einer Festwoche begangen und ist unter dem Namen „Stralauer Fischzug“ in die Berliner-Festivitäten-Geschichte eingegangen.

Der Stralauer Fischzug war Jahrhunderte lang ein beliebtes Volksfest der Berliner. Als im 19ten Jahrhundert das Volksfest nur noch in Saufen und Prügeln ausartete, wurde es am 23. August 1873 von Amtswegen verboten.
Von Bedeutung sind noch die Kirche und der Tunnel, der von 1896 bis 1899 von Treptow unter der Spree nach Stralau gebaut wurde. Als der Verkehr mittels U-Bahn unter die Erde verlegt wurde, musste man in Berlin den sandigen Untergrund bedenken. So wurde eben dieser Tunnel als Testbau mit dem Schildvortrieb gebaut. Man errichtete Kammern, die unter Luftdruck gesetzt wurden, um so das einfließende Wasser der Spree zurückzuhalten. Vom Berliner Magistrat war ein Jahr Bauzeit geplant. Es wurden drei Jahre daraus, mit einer entsprechenden Kostenerhöhung.

Und die Moral von der Geschicht',
Auch Tunnel baut man in Berlin
ohne Mehrkosten nicht!

Heute ist der Tunnel noch ein Fußgängertunnel.

ILLUSTRIRTE + BERLINER WOCHENSCHRIFT

DER BÄR

EINE + CHRONIK FUERS + HAUS

VI. Jahrgang. Nr. 20.

Unter Mitwirkung von: L. Alfieri, F. Brunold, Prof. Dr. Georg Büchmann, Prof. Dr. Paulus Cassel, Stadtarchivar Fidicin, Theodor Fontane, Ludovica Hesekiel, Dr. Hermann Kletke, Ferd. Meyer, Baurath Orth, Dr. Ferd. Pflug, Dr. H. Pröhle, R. Schillmann, Direktor Wilhelm Schwartz in Posen, Archidiakonus Schwebel in Cüstrin, Stadtrath Adolf Streckfuß, Heinrich Wagener in Potsdam 2c.
herausgegeben von Ernst Friedel und Emil Dominik.

Berlin, den 15. Mai 1880.

Die Zeitschrift erscheint wöchentlich regelmäßig am Sonnabend, kostet vierteljährlich 2 Mark, und ist durch alle Buchhandlungen, Zeitungsspeditionen und Postämter, sowie durch die Expedition, Berlin W. Lützowstraße 7, zu beziehen. — Literarische Beiträge sind an die Redaction des „Bär“, Berlin W., Lützowstraße 7, zu senden. — Inserate, pro 2gesp. Petitzeile 40 Pfg., werden von allen Annoncenexpeditionen sowie von der Verlags-Buchhandlung entgegengenommen.

Kurfürst Joachim I.

(Zweiter Theil.)

Roman in historischen Bildern von Adolf Streckfuß. (Fortsetzung.)

Das Dorf Stralau lag auf einer Halbinsel. So war es der einfachere Weg, mit einem Fährboot über die Spree von Treptow nach Stralau zum beliebten Volksfest überzusetzen.

Buntes Markttreiben um die Stralauer Kirche

Die Reformation verändert die Geschichte, auch die von Berlin

Johann Gutenberg zeigt in seiner Werkstatt seinem Freund Johann Just und seiner Tochter die ersten Druckbögen

Um die weitreichenden Veränderungen zu Beginn des 15. Jahrhunderts in Europa zu verstehen, bedarf es eines weiteren kurzen Situationsberichts und des Einblicks in den Zeitgeist. Die Weltgeschichte beginnt langsam an Fahrt zu gewinnen.

Im Jahr 1450 erfindet Johann Gutenberg (1400–1468) den Buchdruck. Mit Hilfe beweglicher Lettern können nun Bücher, Schriften und Flugtexte schneller und in großen Stückzahlen hergestellt werden.
Es ist der Beginn des Informationszeitalters. In der Mark Brandenburg errichtete Joachim Westphal in Stendal 1488 die erste Buchdruckerei, in Berlin 1539. Infolge dieser Erfindung war es nun nicht nur dem Adel, sondern auch den Ständen und dem Bürgertum möglich, sich eine breitere Bildung anzueignen. 1700 legt Leibniz, Gründer der Akademie der Wissenschaften in Berlin, den nächsten Baustein zum Informationszeitalter mit der Erfindung des Dualsystems: 01010... Auf diesem System beruhend entwickelt 1941 Konrad Zuse (1910–1995) in Berlin den ersten Computer. Heute erinnert nur noch eine kleine Gedenktafel in der Methfesselstr. 7 in Berlin Kreuzberg an ihn, die sich an der Mauer seiner ehemaligen Wohnung befindet. Und nun dauerte es nur noch 50 Jahre, bis in jedem Wohnzimmer solch ein Informationsgerät, sprich Computer, die Menschen an der Informationsexplosion teilhaben lässt.
Also lieber Leser, wenn Sie das nächste Mal wieder an Ihrem Rechner sitzen und sich quälen, was von den vielen, auch wissenschaftlichen Informationen, nun wirklich wissenswert ist, erinnern Sie sich bitte daran, dass davon zwei Entdecker in Berlin gelebt haben.

Martin Bahaim (1459–1507, Tuchhändler von Beruf) erbaut 1492 in Nürnberg den ersten Erdapfel – sprich Globus. Christoph Columbus (1451–1506, Seefahrer) weiß nun, dass die Erde rund ist, und will Indien auf dem Seeweg entdecken. Dumm gelaufen, er entdeckt 1492 Amerika, zumindest erstmals eine der Inseln, die Bahamas. Die Ureinwohner nannten ihre Insel Guanahani.
Nikolaus Kopernikus (1473–1543, Astronom, Mathematiker und Kartograph) wurde in Thorn, im Deutschordensstaat geboren, der später zum Herzogtum Preußen und dann 1701 zum Königreich Preußen wurde. Er entdeckte das nach ihm benannte Sonnensystem, oder auch „Heliozentrisches Weltbild“ genannt. Noch ein Baustein vom Glaubensgebäude der Katholiken bricht zusammen, nach deren Vorstellung die Erde eine Scheibe sei. Nun ist klar, die Erde ist rund und nicht mehr der Mittelpunkt der Welt.

Martin Behaim erklärt seinen ersten Erdglobus

P. S. Kopernikus beschäftigte sich auch mit der Ökonomie des Münzwesens und stellte fest, dass Inflation durch Zunahme der Geldmenge entsteht. Na sowas!

Portugal hatte sich zur führenden Handels- und Seemacht entwickelt. Es besaß Kolonien in Amerika, Arabien, Afrika, Indien, Südostasien und China. Spanien sendete seine Flotten Richtung Amerika, und schon 1517 war es eines der größten Reiche der Geschichte mit Besitzungen in Afrika, Asien und Ozeanien. Frankreich richtete seine Erwerbungen auf die Mitte und den Norden von Amerika, das heutige Kanada. England hatte Ende 1600 mit der Kolonialisierung von Amerika begonnen und in den nächsten 200 Jahren sein Kolonialreich zu einem Empire, dem größten seiner Zeit, erweitert. Die Niederlande begannen erst im 17. Jahrhundert, eine bedeutende Kolonialmacht zu werden. Russland hatte sich verspätet und wuchs erst durch Zar Peter I. (1672–1725), auch „Peter der Große“ genannt.

In dieser langen Zeitepoche blieb das kleine Kurfürstentum Brandenburg unbeachtet vom Weltgeschehen, wie in einem Dornröschenschlaf, bis zum 17. Jahrhundert. Wie wir nachher sehen werden, begann das langsame Erwachen durch den „Großen Kurfürsten“.

Berlin und die Reformation

Vorgeschichte

Am 11. November 1417 wurde auf dem Konzil in Konstanz Papst Martin V. zum Kirchenoberhaupt erwählt. Der Name Martin stammt von dem heiligen Martin, der am 11. November 397 in Tours beigesetzt wurde. Dieses Datum gilt heute noch als Martinstag, an dem auch die Martinsgans verspeist wird.
Dieser Papst hatte keinen besonders guten Ruf. Er war ein unehelicher Sohn und trieb in seiner Amtszeit (1417–1431) den Nepotismus, sprich Vetternwirtschaft, zu einer sagenhaften Blüte. Und wie mit Zauberhand scheint diese Gepflogenheit die Jahrhunderte zu überdauern. In Köln nennt man es heute den Klüngel, in Bayern die Amigowirtschaft und in Berlin den Filz.

Freiherr von Pufendorf (1632–1694) schreibt im Monzambano von 1667 über den Sittenverfall der Kleriker in Rom:

„...Immer mehr verbreitetet sich die Meinung, dass der italienische Kleriker die deutschen am Narrenseil herum führe, und das Geld, welches der Ablasshandel einbringe, werde im Spiel und der Schwelgerei verprasst oder zur Sättigung der Habgier päpstlicher Repoten (den päpstlichen Begünstigten) verwandt."

Man erinnert sich auch des Spruches von Papst Martin V.:

„Er wolle gern ein Storch werden,
wenn nur alle Deutschen Frösche wären"

Der Ablassprediger Tetzel betreibt schamlos sein Handwerk

Martin Luther (1483–1546)

Kurfürst Friedrich III. von Sachsen (1463–1525)

Der Glaube an die Macht des Papsttums wurde durch die weltliche Politik erschüttert. Hinzu kam das unsittliche Treiben der Priester. Das Volk verschaffte sich durch Witz und Spott Luft. Am meisten verletzte viele Gläubige der schamlose Ablasshandel.
„Das Narrenschiff" von Sebastian Brant (1457–1521) ist eine Moralsatire, die den Sittenverfall aufs Korn nimmt. Ebenso sind uns „Till Eulenspiegel" aus dem Jahr 1515 und „Die Schildbürger" von 1597 aus der Literatur bekannt.

Und in dieser Zeit des moralischen Zerfalls wurde im Jahr 1513 Papst Leo X. (1475–1521) zum Oberhirten der Katholischen Kirche in Rom ernannt. Er wollte den größten Kirchenbau der Welt schaffen, den Petersdom. Die notwendigen finanziellen Mittel sollten mittels Sündenerlass beschafft werden. Mit der Aufgabe des Ablasshandels wurde der Dominikanermönch Johann Tetzel (1460–1519) beauftragt.

In Berlin regierte der streng gläubige Kurfürst Joachim I. (1484–1535) von Brandenburg. Er hatte aus Rücksicht auf seinen Bruder Albrecht, den Erzbischof von Mainz, den Ablasshandel im Land Brandenburg genehmigt.
So bezog im Frühjahr 1517 Tetzel im Dominikanerkloster in Cölln seine Wohnung. Von hier aus betrieb er sechs Monate einen ertragreichen Handel mit dem Fegefeuer und der Verdammnis.

Der Kurfürst Joachim I. lehnte dieses unsittliche Treiben von Tetzel ab und verbot seinen Hofangestellten diesen Ablass. Nach sechs Monaten hatten sich die Einnahmen in Berlin so reduziert, dass Tetzel nach Jüterbog weiterzog.

In Wittenberg lebte in dieser Zeit Martin Luther (1483–1546). Er wurde 1508 Professor der theologischen Fakultät an der neu gegründeten Universität in Wittenberg. Im Oktober 1510 pilgerte er von Nürnberg zu Fuß nach Rom. Nach seiner Reise zum Papst war Martin Luther von der Entartung des Klerus in der heiligen Stadt entsetzt.

Im Kurfürstentum Sachsen, wozu auch Wittenberg zählte, residierte in dieser Zeit Kurfürst Friedrich III., auch „Friedrich der Weise" genannt. Er hatte Tetzel keine Genehmigung

für seinen Ablasshandel in seinem Land erteilt. So versuchte er von Jüterbog aus über die Kanzeln in Wittenberg, die Gläubigen zu ermuntern, die Ablassbriefe jenseits der Grenze von Sachsen zu erwerben.
Die „veröffentlichte Meinung“, die von der Obrigkeit verbreitet wurde, hatte sich weit von der „öffentlichen Meinung“ entfernt. Vielen Kirchenvertretern war die Art des marktschreierischen Handels mit den Sünden der Menschen ein Gräuel. Auch für Martin Luther war das Maß übervoll. Er verfasste aus Protest 95 Thesen gegen den Ablasshandel und schlug sie an die Tür der Schlosskirche in Wittenberg.

Luther schlägt seine Thesen an der Schloßkirche zu Wittenberg an. (Text S. 210)
Nach einer Originalzeichnung von G. Spangenberg.

Gegen Mittag am 31. Oktober 1517 schlägt Martin Luther am Hauptportal der Schlosskirche in Wittenberg die 95 Thesen gegen die Ablasspraxis an.

Der Text war nicht wie üblich in Latein, sondern in Deutsch verfasst und somit für alle verständlich. In unzähligen Exemplaren verteilte sich sehr schnell das neue Gedankengut in Deutschland. Innerhalb eines Jahres war ein Fundament für die Veränderung der Weltgeschichte gelegt. Die Menschen vertrauten nicht mehr der Vergebung durch den bezahlten Ablass. Auch in Berlin/Cölln glaubte man diesen Humbug nicht mehr. Die Kirchen und Beichtstühle blieben leer.
Die Folge: Aufruhr in der Katholischen Kirche. Luther wird mit dem Kirchenbann belegt. Beim Reichstag zu Worms 1521soll er dann widerrufen, was er in seiner Schrift von 1520 „Die Freiheit eines Christenmenschen“ geschrieben hat.

Vor Kaiser Karl V. (1500–1558) zu Worms weigerte er sich, seine Schriften zu dementieren.

Ruhig und bedacht und mit fester Stimme sprach er zuerst in Latein und dann in deutscher Sprache seine Erklärung, warum es ihm unmöglich ist zu widerrufen: „…es sei denn, dass ich durch Zeugnisse der Schrift oder durch gute Gründe überwunden werd, denn ich glaube weder dem Papste noch den Konzilen allein, dieweil am Tage liegt, dass sie öfter geirrt und sich widersprochen haben…“ und endet mit dem Ausspruch: „Hier stehe ich und kann nicht anders, Gott helfe mir, Amen!“ (siehe Seite 85)

Der Kaiser sprach über Luther die Reichsacht aus, was bedeutete, dass Luther so was wie vogelfrei war. Sein Beschützer Kurfürst Friedrich der Weise ließ ihn zum Schein auf die Wartburg zu seinem Schutz entführen. Als Junker Jörg lebte er dort und nutzte die Zeit zur Übersetzung der Bibel ins Deutsche.

Kurfürst Friedrich III. von Sachsen unterstützte im Hintergrund Martin Luther. Durch seine beharrliche, im stillen kluge agierende Art hatte Kurfürst Friedrich der Weise maßgeblich an der Verbreitung des Protestantismus beigetragen. Er förderte auch den Maler Lucas Cranach (1472–1553) in Wittenberg, der für das neue Renaissance Schloss vom Kurfürsten Friedrich II. von Brandenburg viele Gemälde für seine Galerie geliefert hatte.

Innerhalb kurzer Zeit finden die Gedanken von Luther in der Bevölkerung breiten Anklang.

Mit großem Aufsehen zieht am Vormittag des 16. April 1521 Martin Luther in Worms ein, nachdem ein Trompetenstoß des Domtürmers seine Ankunft verkündet hatte. Voran ritt der Kaiserliche Herold Kaspar Sturm. Als Geleitschutz folgte Franz von Sickingen.

Dr. Martin Luther sprach am 18. März 1521 vor dem Kaiser Karl V. und dem Offizial des Erzbischofs von Trier zuerst in Latein und dann in deutscher Sprache seine Widerrede mit den berühmten Schlussworten: „Hier stehe ich und kann nicht anders! Gott helfe mir, Amen!“ (siehe Seite 83)

Martin Luther übersetzte 1521 auf der Wartburg die Bibel ins Deutsche und brach damit das Monopol des Klerus, allein über den Inhalt der Heiligen Schrift informiert zu sein. Das Wichtigste aber war, dass Luther die Bibel in ein volkstümliches, verständliches Deutsch übersetzte. 1522 wird die erste Auflage vom neuen Testament in 3000 Exemplaren gedruckt.

Martin Luther verfasste eine Reform des Gottesdienstes. 1529 schrieb er den großen und kleinen Katechismus. In den nächsten zehn Jahren breitete sich die neue Lehre schnell über Sachsen, Braunschweig Hessen und auch das Herzogtum Preußen aus. Aber nicht überall fanden diese neuen Gedanken Anklang. Im 1525 neu gegründeten Herzogtum Preußen klagten einige Ritter bei Kaiser Karl V. (1500–1558) gegen den Herzog Albrecht von Preußen (1490–1568). Sie wollten das Verbot der neuen Lehre. Gegen dieses Verbot protestierten auf dem Reichstag zu Speyer 1529 die Anhänger Luthers. Daher stammt der Name Protestanten.

In Berlin hielt der Kurfürst Joachim I. weiter am alten Glauben fest. Seine Gemahlin Elisabeth hatte sich dagegen Luthers Lehre zugewandt und heimlich von einem Prediger Lutherischen Glaubens das Abendmahl erhalten.

Die Kurfürstin Elisabeth lässt sich heimlich, ohne Wissen vom Kurfürst, nach Luthers Lehre taufen, ein Page hält hinter dem Vorhang nach unerwünschten Personen Ausschau.

Als der Kurfürst Joachim I. erfuhr, dass seine Gemahlin der von ihm verhassten Lehre anhänge und sich durch die Taufe von der alten Lehre losgesagt hatte, geriet er außer sich vor Wut. Er konnte eine Kurfürstin nicht öffentlich hinrichten lassen, aber einmauern wolle er sie. Er erließ den strengen Befehl, dass sie ihre Gemächer nicht mehr verlassen dürfe. Die Kurfürstin fühlte sich in ihrem Leben bedroht. In der Nacht des 25. März 1528 schlich Elisabeth heimlich, nachdem sie noch einmal die schlafenden Kinder zärtlich geküsst hatte, mit ihrer treuen Kammerfrau durch die langen Gänge des Schlosses in Cölln. Es war eine dunkle regnerische Nacht, als die Kurfürstin in Verkleidung einer Bäuerin mit einem offenen Bauernwagen Richtung sächsische Grenze fuhr. Ihr Onkel, der sächsische Kurfürst Johann, hatte ihr bei der Flucht Unterstützung gewährt. In der Nähe von Wittenberg stellte er ihr das Schloss Lichtenburg zur Verfügung.

Nach dem Tod von Joachim I. 1535 übernahm sein Sohn Kurfürst Joachim II. die Regentschaft.

Am 1. November 1539 ließ sich Kurfürst Joachim II. (1505–1571) in Spandau in der Nikolaikirche das Abendmahl durch Luther geben. Im Frühjahr darauf erließ er eine neue Kirchenverordnung nach evangelischem Sinne. Das Kurfürstentum Brandenburg war somit eines der ersten protestantischen Länder. Seine Mutter, Elisabeth, war zugegen und der glücklichste Mensch.

Martin Luther bricht ein weiteres Tabu der katholischen Kirche, das des Zölibats, und lässt sich am 25. Juni 1525 in Wittenberg mit der ehemaligen Nonne Katharina von Bora trauen. Sie war aus dem Kloster Nimbischen bei Grimma mit sechs weiteren Schwestern nach Wittenberg geflohen. Dann wurde sie eine gute Mutter, Hausfrau und Gärtnerin. Außerdem führte sie vorbildlich die Haushaltskasse, mit der Luther auf Kriegsfuß stand.

Die Schlosskirche zu Wittenberg

Der Raub des Tetzelkastens (Nacherzählung)

In einer moorigen Niederung am nördlichen Rand des Flämings liegt bei Jüterbog das kleine Dorf Stülpe, benannt nach der Burg gleichen Namens. 1517 lebte dort mehr schlecht als recht der Ritter Christoph Haake von Stülpe als Herr des Dorfes Stolpe und der umliegenden Ortschaften. Er war nicht Besitzer der Liegenschaften, sondern nur Lehnsmann des Erzbischofs von Magdeburg. Die Abgaben an das Stift waren von jeher sehr hoch, wodurch der Ritter in finanzielle Schwierigkeiten geriet. Sein Herrenhaus war verkommen. Wall und Mauern waren desolat, der Burggraben glich einem sumpfigen Tümpel, in welchem Schilf und Wasserpflanzen wucherten und man das Quaken der Frösche hörte. Den inneren Hof umgaben Scheunen, Ställe und Schuppen. Der Besitz machte den Eindruck einer heruntergekommenen Hofwirtschaft. Christoph von Hacke fiel es schwer, den hohen Zins an die Geistlichkeit zu zahlen.

Alles in allem benötigte er dringend Geld. Als er von Tetzels Sündenerlass erfuhr, kam ihm die Idee zur Lösung seiner Situation mittels Päpstlicher Absolution. Er suchte Tetzel auf und erbat sich Ablass für einen Straßenraub, den er noch nicht begangen habe, aber in Kürze tun wolle.

Tetzel witterte gute Einnahmen und erklärte, dass eine in die Zukunft gerichtete Tat einen erhöhten Preis verlange, 30 schöne Taler sollte ihm das wert sein. Nach einigem Feilschen stimmte Ritter Haake zu.

Einige Tage später befand sich Tetzel auf dem Weg von Trebbin nach Jüterbog, als ein halbes Dutzend bewaffneter Reiter den Wagen umringte. So sehr auch Tetzel schrie und fluchte, der Ritter Haake lachte nur hell auf und zeigte ihm seinen Ablasszettel, wo dieser Straßenraub bereits vergeben war. Mit der gefüllten Kiste zogen er und seine Kumpanen ab und ließen den fluchenden Tetzel im Wald zurück.

Johann Tetzels Ablasskasten.
Sein Werbespruch: „Wo das Geld im Kasten klingt, die Seele aus dem Fegefeuer springt!“

Hans Kohlhase (1500–1540, Kaufmann) und der Silberschatz

Auf der Insel Cölln in der Fischerstrasse 26 lebte zu dieser Zeit ein Rosshändler namens Hans Kohlhase, der unfreiwillig zu einer Art Robin Hood in der Mark Brandenburg wurde. Er war Rosshändler, und seine Geschäfte gingen gut.
Am 1. Oktober 1532 wollte Kohlhase nach Leipzig zur Messe fahren, denn er versprach sich dort ein gutes Geschäft. In der Dübener Heide wurde er von Landsknechten des „Junker Wenzel von Tronka“ angehalten und sollte an der Grenze Zoll zahlen, den er verweigerte. Zwei Pferde ließ er gezwungenermaßen als Pfand zurück. Als er auf dem Rückweg die Pferde abholen wollte, waren sie abgemagert und außerdem durch harte Feldarbeit zu Schaden gekommen. Die Forderung nach Schadenersatz wurde Kohlhase von dem Junker verweigert. Michael Kohlhaas (so genannt nach einer Novelle von Heinrich von Kleist 1777–1811) ging vor Gericht. Ohne Erfolg. Er schrieb an Martin Luther und bat, ihm zu seinem Recht zu verhelfen. Luther verweigerte ihm die Hilfe. Sein Gerechtigkeitssinn ließ ihn handeln. Er scharrte Gleichgesinnte um sich, griff zur Selbstjustiz und plünderte die Reichen. Zuerst trieb er sein Unwesen nur auf dem sächsischen Gebiet. So konnte er seinen Häschern immer wieder entkommen. Erst als er immer noch kein Recht erhielt, begann er auch im Brandenburgischen, den Adel anzugreifen. Nun wurde es dem Kurfürsten zu viel, und er ließ ihn ebenfalls verfolgen. Auch ein Transport mit Silberbarren fiel in seine Hände, den er in der Nähe von Berlin unter einer Brücke versteckt haben soll. Der Ort trägt heute noch seinen Namen Kohlhasenbrück. Auch dieser Schatz wurde bis heute noch nicht gefunden. Wie wäre es mit einer weiteren Schatzsuche?

Hans Kohlhase und seine Kumpanen wurden ergriffen. Sein Ende erlebte Hans Kohlhase wieder in Cölln, wo er am 22. Mai 1540 hingerichtet wurde. Der Berliner Dichter Heinrich von Kleist hat dieses Ereignis in einer Novelle: „Michael Kohlhaas“ für alle Zeiten festgehalten, an der sich heute noch die Abiturienten die Zähne ausbeißen dürfen.

Hans Kohlhase wird zur Richtstätte vor dem Georgentor geführt und auf's Rad geflochten.

Kurfürst Georg Wilhelm (1595-1640)

Zum Kurfürsten Georg Wilhelm von Brandenburg und seiner Frau Elisabeth Charlotte hat die Geschichte nicht viel zu berichten. Seine Neutralität im 30-jährigen Krieg brachte das Ergebnis, dass mal die Truppen der Schweden durch das Land zogen und es verwüsteten und mal die Truppen des Kaisers. Eine Vorliebe des Kurfürsten war die Jagd mit anschließenden Trinkgelagen.

Der Historiker Dr. Fr. Förster berichtet vom reichlichen Wildbestand im Herzogtum Preußen zu dieser Zeit. Bei den Jagden des Kurfürsten Johann Sigismund im Jahre 1612 wurden erlegt: 8 Auerochsen, 45 Stück Rentiere, 10 Bären, 79 Wölfe, 11 Eber, 32 Bachen, 77 Frischlinge, 76 Hirsche (darunter ein Sechsundzwanzigender).

Als er 1640 verstarb, tobte noch der 30-jährige Krieg. Er hinterließ seinem Sohn infolge des Glaubenskrieges ein zerstörtes Land. Dem Kronprinzen hatte er jedoch eine sehr gute Ausbildung in Pommern und den Niederlanden, welches damals eines der fortschrittlichsten Länder war, ermöglicht. Der begabte Kronprinz sprach inzwischen außer seiner Muttersprache noch lateinisch, französisch und polnisch. An der holländischen Universität Leyden studierte er klassische Literatur und Geschichte. Ebenso erhielt er Einsicht ins Militärwesen und in denFestungsbau.

Kurfürst Friedrich Wilhelm I. (1620-1688) „Der Große Kurfürst"

So liebe Leser, nun macht die deutsche Geschichte einen ersten großen Schwenk. Es werden die Weichen gestellt für ein Europa mit einem Deutschland, das heute auf 70 Jahre ohne Krieg und in Frieden und Wohlstand zurück blicken kann. Basierend auf einer soliden Wirtschaftskraft, die sich stabil in einer turbulenten und globalisierten Weltwirtschaft behauptet.

Berlin und Cölln zählten zu Beginn des 30-jährigen Krieges ca. 20.000 Einwohner.
Als er 1648 beendet war lagen Berlin und Cölln in Schutt und Asche, das Schloss und der Lustgarten waren zerstört. Seit 1640 war Friedrich Wilhelm I. Kurfürst der Mark Brandenburg. Beide Städte zusammen zählten nur noch 6.000 Einwohner. Aber genau diese Situation spornte den Kurfürsten an, Weichen zu stellen, die für die Zukunft Preußens und Deutschlands bestimmend wurden.

In den fünf Jahren, die er in den Niederlanden zubrachte, hatte er bei seinen Studien sehr viel gesehen und von dem vorbildlichen Land gelernt. Es sollte ihm als Vorbild dienen und sein kleines Kurfürstentum stärken, damit es nie wieder zum Spielball der großen europäischen Mächte werde.
Eine der ersten Verordnungen war eine Bauordnung vom 30. November 1641, wo er verfügte, dass die Sau- und Schweineställe auf den Straßen vor den Häusern nicht mehr geduldet seien und der Schweinekot von der Straße zu entfernen sei. Bei der Wiederherstellung des Lustgartens ließ er den Kot (Mist) aus den Straßen von Berlin und Cölln sammeln, um damit den Lustgarten aufzufüllen. Weiterhin verfügte er, wenn der Kot weiter auf den Straßen läge, dann solle man diesen demjenigen ins Haus schütten, zu dem er gehört. Später verfügte er noch, dass jeder Bauer, der mit einem Fuhrwerk nach Berlin kommt, mit

Kurfürst Friedrich Wilhelm I. und seine Gemahlin Luise Henriette von Oranien (1627–1667)

diesem auf dem Rückweg eine Fuhre Mist herauszubringen habe.

Am 14. August 1660 erließ er die „Brunnen- und Gassenordnung“. Beschädigungen und Verunreinigungen öffentlicher und privater Brunnen werden mit Gefängnis oder dem Pranger bestraft.
Ebenso verbot er, Unrat in die Spree zu schütten.

Adolph Streckfuß schreibt 1864:

„Der Kurfürst förderte Handel und Gewerbe, um die zerrütteten Finanzen nach dem 30-jährigen Krieg wieder zu ordnen. Er lockerte den Zunftzwang und half den Gewerben durch Erleichterungen bei Genehmigungen und durch Reduzierung von Abgaben. Bereits 1650 führte er eine Postverbindung in der Mark Brandenburg ein und ernannte einen tüchtigen Geschäftsmann, Michael Matthias, zum ersten Postdirektor von Berlin. Er verbesserte die Münze, um das Vertrauen im Verkehr wieder zu stärken. Die durch die betrügerische Falschmünzerei entwerteten Geldsorten wurden eingezogen und vollwichtige Münzen geprägt.

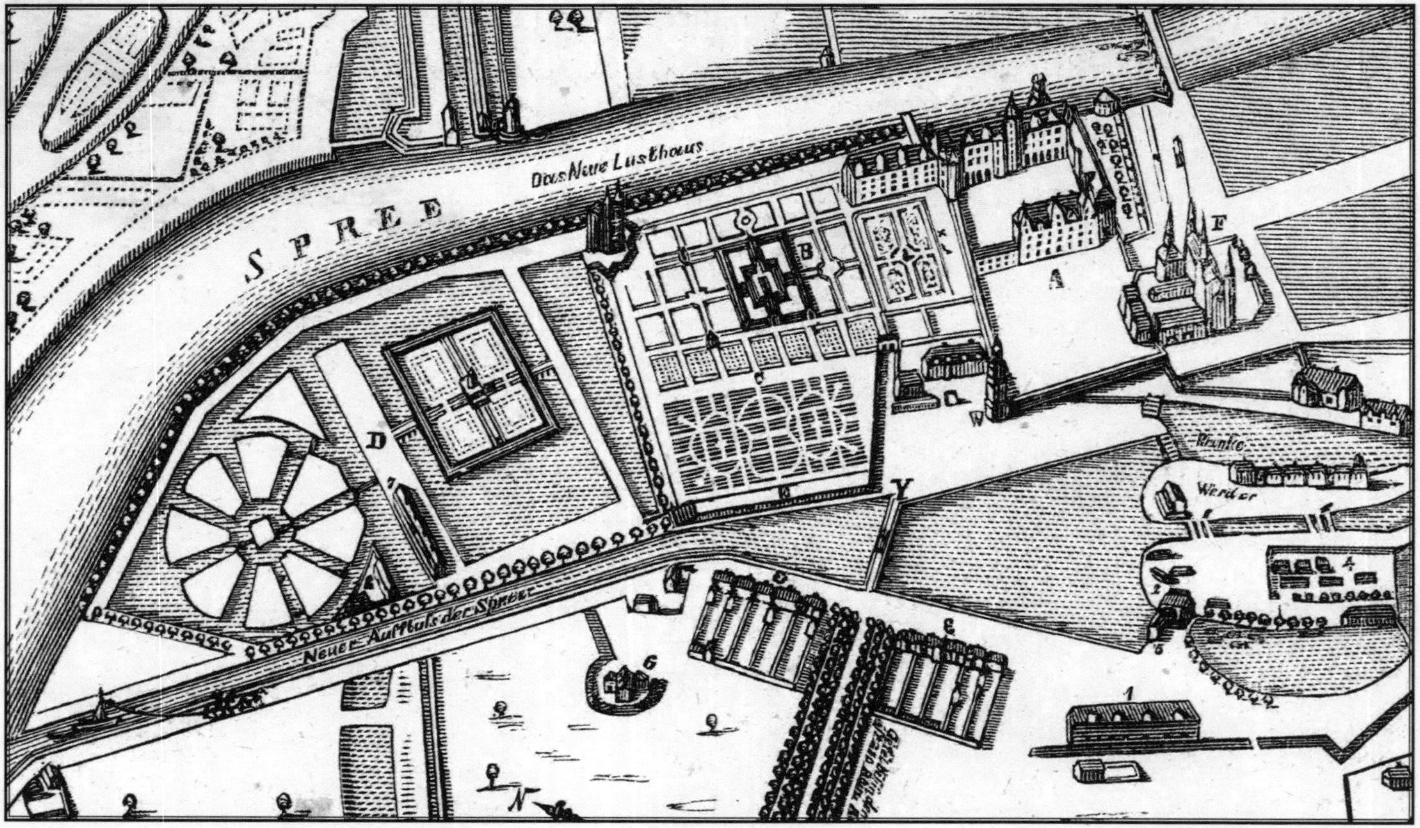

A. Das Schloss reicht bis zur Breitestrasse, links am Schloss die Schloss-Apotheke, der Turm der Wasserkunst, in welchen später der Kurfürst die Münze verlegen ließ. Dieser Turm ist es, der später Andreas Schlüter zum Problem wurde.
B. Lustgarten mit neuem Lusthaus
C. Wassergarten mit den Springbrunnen und Wasserspielen
D. Küchengarten mit dem daneben befindlichen Pomeranzenhaus und dem Gärtnerhaus, wo später das jetzige „Alte Museum" steht.
F. Domkirche, die König Friedrich II. abreißen ließ. Daneben befinden sich der Werder mit der Werderschen Kirche und die Scheid- und Walkmühle mit den Schleusen.
Nicht bezeichnet ist die Hundebrücke über den Spreelauf, die erst Schinkel zur Schlossbrücke umgebaut hat.

Das Kurfürstliche Paar zieht in Berlin/Cölln ein

Für seine Gemahlin Henriette Luise von Oranien ließ er das zerstörte Schloss und den Lustgarten wieder instandsetzen. Als am 10. April 1650 das Paar in Berlin einzog, waren die Berliner begeistert.

Der Lustgarten beim Berliner Schlosse.
Nach einem Kupferstich vom Jahre 1690.

Drei Frauen der Hohenzollern

So liebe Leserinnen, diesmal spreche ich Sie persönlich an, denn es geht um Frauen, Frauen, die von den Hohenzollern geheiratet wurden, die an der Seite ihrer Gemahle durch Klugheit, Einfühlungsvermögen und Liebe zum Land Persönlichkeiten waren, die geistvoll und tätig für ihr Land und die Menschen zum Vorbild wurden.

Kurfürstin Luise Henriette von Oranien, Königin Charlotte und Königin Luise

Den Reigen beginnen wir mit Luise Henriette von Oranien, die der Kurprinz während seines Aufenthalts in den fortschrittlichen Niederlanden kennengelernt hatte. Lassen wir wieder Adolph Streckfuß sprechen:

„Die Vermählung fand am 27. November 1646 statt. Es dürfte unsere freundlichen Leserinnen vielleicht interessieren, einige Nachrichten über die Kleidung des fürstlichen Brautpaares zu erhalten. Die Braut erschien in einem prächtigen Anzuge von silbergewirktem Brokat; künstlich gemusterte silberne Spitzen besetzten das Kleid, alle Nähte waren mit echten Perlen bedeckt; eine gewaltige Schleppe, welche 8 Ellen (9,15 m) lang war, wurde von sechs jungen Gräfinnen getragen; auf dem Haupte trug die Braut eine mit Perlen und Diamanten reich verzierte Krone.
Der Kurfürst war mit einem Gewande von weißem Atlas, welches ebenfalls mit silbernen Spitzen besetzt war, bekleidet, selbst

die Knöpfe waren mit denselben so reich geschmückt, dass man den Atlasüberzug derselben nicht sehen konnte; auch Weste und Beinkleid waren mit Spitzen von den feinsten Silberfäden besetzt.“

Obwohl überall im Lande große Geldnot herrschte, schien der Kurfürst mit der prachtvollen Hochzeit der Welt zeigen zu wollen, wir lassen uns nicht unterkriegen, was er denn auch aufs Vortrefflichste während seiner 48-jährigen Regierungszeit bewiesen hat.
Die junge Kurfürstin hatte einen bedeutenden Einfluss auf ihren Gatten, der sie zärtlich liebte, und dadurch auch auf die Entwicklung des gesellschaftlichen Lebens am Hofe zu Berlin. Das wilde Saufen, welches noch immer in den Hofkreisen herrschte, wurde durch die Kurfürstin eingedämmt, und auch durch ihre sittliche und moralische Vorbildfunktion veränderte sich merklich positiv das Klima am Hof und auch bei den Berlinern.

Die Kurfürstin kümmerte sich um die Viehwirtschaft, welche in den Niederlanden vorbildlich entwickelt war. Sie scheute sich nicht, in die Kuhställe und Milchhäuser zu gehen, um ihre Anordnungen zu treffen. Der Kurfürst schenkte ihr 1650 das nördlich von Berlin gelegene Schloss Bötzow. Luise Henriette ließ durch den Baumeister und Landschaftsplaner Johann Gregor Memhardt (1607–1678) ein neues Schloss im holländischen Stil erbauen. Sie holte aus ihrer Heimat Gärtner und Landwirte, ließ ihnen Häuser, Ställe und Scheunen errichten und baute eine Musterwirtschaft auf. Den Ort nannte sie nun Oranienburg. Auch vor dem Spandauer Thore bei Berlin baute sie eine Viehwirtschaft mit einer musterhaften Gartenanlage auf.
Das Beispiel der Kurfürstin wirkte sich auch auf die Berliner Ackerbauern aus.

Die lange Brücke und das Schloß in Berlin im Jahre 1690
von der jetzigen Burgstraße aus gesehen. (Siehe Seite 259.)

Das Schloss 1690: links sehen wir die Lange Brücke, dahinter den Marstall, die Domkirche, die von Friedrich dem Großen abgerissen wurde, das Schloss, die Orangerie, dahinter den Lustgarten. Wo hier noch das Wasser der Spree fließt, werden später das Alte Museum, das Neue Museum, die Alte Nationalgalerie, das Pergamonmuseum und das Bodemuseum erbaut.

Der 30jährige Glaubenskrieg und die Mark-Brandenburg

„Westfälischer Friede" Unterzeichnung des Vertrages nach sieben Jahren Verhandlungen zu Münster im Friedenssaal

Der 30-jährige Glaubenskrieg (1618–1648) findet am 6. August 1648 mit der Unterzeichnung des Friedensprotokolls sein Ende. Bis zum 24. Oktober 1648 sind die letzten Unterschriften eingeholt. Im Bischofssitz zu Münster im Friedenssaal fand er bei donnernden Geschützen seinen endgültigen Abschluss.

So vielfältig die Interessen waren, um die seit 1618 auf deutschem Territorium gekämpft wurde,so schwierig war es nun auch, sie auszugleichen. Die wechselnden Erfolge des Krieges ließen die Ansprüche der Parteien zu hoch wachsen, so dass es nötig wurde, erneut zu vermitteln. Das starke Schweden stimmte sich mit Brandenburg ab und bildete eine evangelische Mittelpartei unter den Reichsfürsten. Das gleiche taten Bayern und Frankreich für die katholischen Reichsstände. Als Spanien mit den Niederlanden den 80-jährigen Krieg beendete und sich einigte, konnten die Verhandlungen zum Abschluss gebracht werden.

Der Kurfürst von Brandenburg musste an Schweden einen Teil von Pommern, die Insel Rügen, Stettin und einige andere Städte abtreten. Im Gegenzug erhielt er das Bistum Minden, wodurch ihm der Zugang zur Nordsee als Handelsplatz ein Gewinn bedeutete. Der Glaubenskrieg wurde letztendlich zu einem Geschacher um Macht, Einfluss und Besitzungen.

Martin Luther hatte eine Neuordnung in Glaubensfragen eingeleitet. Lutherische und Reformierte waren in zwei Lager gespalten. Der Kurfürst Wilhelm setzte durch, dass nur noch ein Wort für die neue Glaubensrichtung gelten sollte: evangelisch. Dies wurde mit in das Friedensprotokoll geschrieben, wie auch Glaubensfreiheit und Toleranz anderen Religionen gegenüber. So wurden alle Rechte der Evangelischen in allen deutschen Reichsländern anerkannt. Gleichzeitig wurde ein Artikel eingebracht, der ihnen unbedingte Landeshoheit in geistlichen und weltlichen Sachen zusicherte. Weiter wurde ihnen das Recht zugestanden, unter sich und mit dem Auslande Bündnisse abzuschließen. Nur sollte dies nicht gegen den Kaiser und das Reich gerichtet sein.

Die Reichsländer hatten ihre Hoheit erreicht, aber damit war die Kleinstaaterei zementiert.

Noch ist Polen nicht verloren

Obwohl der Friedensschluss zu Münster ein Schlussstrich unter den kriegerischen Auseinandersetzungen in Europa sein sollte, zeigt die Geschichte bis heute, es gibt immer wieder an die Macht kommende Personen, die gern noch mehr Macht und Reichtum, mehr Einfluss oder Anerkennung durch Krieg erreichen möchten. König Gustav von Schweden war ein solcher Herrscher.

Spanien und Portugal hatten in Südamerika große Gebiete erobert und sich das Land und die Ureinwohner untertan gemacht. England und Frankreich begannen, sich Amerika aufzuteilen, und der Zar griff nach der Türkei.

Warschau wurde von den Schweden eingenommen und geplündert, der polnische König floh. Das hat die Nationalehre des polnischen Adels derart gekränkt, dass sich Widerstand regte. Bei einem Gelage 1655 in Posen, das den Aufruhr anfachen sollte, rief Graf Johann v. Lesno in die Runde: „Noch ist Polen nicht verloren! Der Feind kann uns besiegen, aber nicht für immer unterjochen!“

Das kleine Agrarland Brandenburg wurde von den großen Staaten nicht als wirklich gleichberechtigt anerkannt. Und dann war es auch noch protestantisch.

Erste Kartoffelernte im Lustgarten vom Königlichen Schloss 1649, von links nach rechts: Hofdame, Derfflinger (Feldmarschall), Der Große Kurfürst, Kurfürstin Henriette. Ein Knabe reicht dem Kurfürsten die ersten Kartoffeln, daneben Hofgärtner Michael Hauff.

Die wahre Geschichte der Kartoffel

Christoph Kolumbus (um 1451–1506) hatte sich auf seine Lebensfahne geschrieben, einen direkten Seeweg nach Indien zu entdecken. Gewürze waren das Zauberwort, das jedes Wagnis zu rechtfertigen schien. Schon in der Antike war bekannt, dass die Erde eine Kugel ist. Die Kirche glaubte bis dahin aber, dass die Erde eine Scheibe sei. Nun war dieses Wissen im katholischen Rom angelangt und akzeptiert, dass die Erde rund ist.
Kolumbus vertraute darauf und entdeckte am 12. Oktober 1492 eine Neue Welt. Nicht Indien mit seinen Gewürzen, sondern Amerika mit einer noch größeren Vielfalt an Bodenschätzen, neuartigen Pflanzen und Tieren. So kam in den Ladungen unter anderem ein Knollengewächs, die Kartoffel, nach Europa.

Kurfürst Friedrich Wilhelm ließ 1646 den Lustgarten nach holländischem Vorbild errichten. Ein Blumengarten, eingefasst von Hecken aus Kirsch- und Mandelsträuchern. Es befanden sich darin schöne Bildsäulen und Springbrunnen. Da, wo der heutige Berliner Dom steht, bezauberte ein Untergarten. Hier waren Gänge mit Ulmen und Liguster angelegt. Auf freien Plätzen verzückten marmorne- und bleierne Skulpturen. Weiter hinten befanden sich eine Lindenplantage und ein botanischer Garten mit vielen fremden Gewächsen. Hier hat der „Große Kurfürst" die ersten Kartoffeln gepflanzt und als exotische Delikatesse an seiner Tafel verspeist.

Schon zu Ende des 16ten Jahrhunderts hatte ein päpstlicher Gesandter in Holland die Kartoffel bekannt gemacht. Der Kurfürst kannte diese aus seiner Zeit in Holland. Er erteilte am 1. Februar 1649 dem Burckhardt Friedrich den Befehl, den Händler Gardinier zu Ryswick in Holland 80 Gulden zu bezahlen für etliche bulbische Gartengewächse (Kartoffeln) und Blumen.

Der kurfürstliche Leibarzt Dr. Elßholz schreibt in seinem Buch „Gartenbau oder Unterricht von der Gärtnerei" über die seit 6 Jahren im Lustgarten gezogenen Pflanzen und nennt darunter Personen, die nach dem Beispiele des Kurfürsten schöne Gärten in der Mark anlegten. So z. B. die „Tartuffeln aus Holland. Solanum tuberosum esculentum", und man weiß, dass 1648 der Große Kurfürst Gärtnergesellen nach Schöningen und Güstrow gesandt hatte, um allerlei Zwiebelgewächse und Ligustrum zu holen. Dr. Elßholz fügt dem obigen noch hinzu: „Nachtschatten mit knolligen Wurzeln, zur Speise dienlich (Grüblinge, Erdbirnen), die auch Tartuffeln genannt werden, sie gehören unter das Geschlecht der Nachtschatten."
So lernte der brandenburgische Adel die Kartoffeln kennen. Zunächst wurden nur die „rothen" Kartoffeln bekannt, die weißen erst viele Jahre später. Am Tische des „Großen Kurfürsten" lernten die eingeladenen Gäste vom Landadel diese neue Speise kennen. Der Kurfürst verschenkte diese seltenen Gewächse und ermunterte zum Weiterverbreiten. Aber die Kartoffel war immer noch ein Exot auf der Speisekarte.

Friedrich lernt pflügen

Die ältesten Rezepte zur Zubereitung der Kartoffeln von 1657

In den Küchen werden sie vornehmlich auf viererlei Art zubereitet.

„Erstlich siedet man sie im Wasser mürbe, und wenn sie erkaltet, so ziehet man ihnen die auswendige Haut ab, alsdann gießet man Wein darüber und läßt sie mit Butter, Salz, Muskatenblumen und dergleichen Gewürz von neuem kochen, so sind sie bereit. Darnach kann man sie mit Hühnern, Rind- oder Kalbfleischbrühe kochen und abwürzen, oder sie auch an Rind- oder Kalbfleischbrühe thun.
Oder man schneidet die abgekochten Tartuffeln in runde Scheiben und bratet sie in der Pfanne.
Oder viertens man schneidet Zwiebel und gibt Essig daran und lasset es also durchbraten."

Sie sehen liebe kartoffelessenden Leser, dass man bereits vor etwa 350 Jahren Bratkartoffeln aß.

König Friedrich Wilhelm I., der Soldatenkönig, hat 1727 beim Bau der Charité auch Land zugewiesen, damit sie Kartoffeln für die Ernährung der Kranken und Armen anbauen sollten. Erst der „Alte Fritz" wollte neben dem Getreide ein zweites Grundnahrungsmittel schaffen. Er ließ die Kartoffel in großem Stile anbauen. Aber: „Was der Bauer nicht kennt, frisst er nicht." So war es auch bei den Brandenburger Bauern, sie bockten. So ließ der „Alte Fritz" Kartoffeln anbauen und die Felder Tag und Nacht von seinen Soldaten bewachen. Nun dachten die Bauern, das muss ja etwas ganz Besonderes sein. So stahlen sie heimlich die Kartoffeln. Der „Alte Fritz" hatte den Soldaten aber die Order gegeben, wegzuschauen, wenn die Bauern aktiv wurden.

So und mit noch vielen anderen Interventionen hat es der König geschafft, dass nach 20 Jahren jeden Donnerstag auf dem Gendarmenmarkt Kartoffeln verkauft wurden. Ihm verdanken wir hauptsächlich, dass die Deutschen, außer den Schwaben, ein „Kartoffel essendes Volk" geworden sind. Der „Alte Fritz" war ein kleiner Mann. Deshalb nennt man heute die kleinen Kartoffelstücken ihm zu Ehren „Pomm-Fritz".

Auf seinen Reisen sprach König Friedrich II. immer wieder mit den Bauern, um sie zum Anbau von Kartoffeln zu ermuntern.

Bau der Berliner Befestigungsanlage

Nach den Erfahrungen aus dem 30-jährigen Krieg wollte der Kurfürst zum Schutz vor äußeren Bedrohungen die Stadt absichern. Er ließ ab 1658 eine Festungsanlage mit mehreren Bastionen nach modernsten Erkenntnissen errichten. Aber im Jahr 1683 erkannte man, dass diese Bauart von Festungen bereits überholt war. Es gab keine Ritter mit Lanzen mehr, dafür aber schwere Kanonen. So wurden die Arbeiten eingestellt und später, ab 1700, die Anlagen wieder abgerissen. Der Hausvogteiplatz zeigt heute noch, wie das dreieckige Areal einer Bastion ausgesehen hat.

Im Jahr 1659 richtete ein Brand in Berlin große Schäden an. Kurfürst Friedrich Wilhelm I. erließ daraufhin in einer Brandordnung, dass die aus Lehm und Holz gefertigten Schornsteine durch gemauerte Rauchfänge ersetzt und regelmäßig gereinigt werden sollten, was heute noch so geschieht. Zu seinen weiteren Maßnahmen gehörte auch eine feste Straßenbeleuchtung, verbunden mit der Anstellung von Nachtwächtern, um die Sicherheit seiner Bürger zu erhöhen. Die Verunreinigung der Spree wurde unter Strafe gestellt, fortschrittlich wie er war, ließ er auch einen Kanal zwischen Oder und Spree bauen. Er reformierte die Verwaltung und das Gesundheitswesen.

Auch die Straßenreinigung war ihm sehr wichtig, denn bis dahin landete der Kot noch auf der Straße vor dem Haus. Wie es damals in den Städten roch, kann man sich wohl kaum vorstellen.

Alles in allem wurde durch seine Verordnungen Handel und Verkehr sehr gefördert, und die Lebensqualität der Bürger stieg.

Von den vielen Malern, Künstlern und Baumeistern, die der Kurfürst nach Berlin holte, ist einer bis heute mit seinem Stadtplan von 1652 in Erinnerung: Baumeister Johannes Memhard (1607–1678).

1653 baute Memhard sein erstes Haus hinter dem Festungswall in der neuen Siedlung Friedrichswerder, die ab 1662 zur eigenen Stadt mit Magistrat erhoben wurde. Dieses Haus wurde später zur Kommandantur umgebaut, das heute noch an gleicher Stelle steht, von der Bertelsmann-Stiftung mit historischer Fassade aufgebaut: Unter den Linden 1.

Sehr segensreich war auch die unter Leitung des ersten Postdirektors Matthias eingerichtete Brandenburgische Post. So wurden durch Reitkuriere regelmäßig Briefe und Zeitungen durch das Brandenburgische Land befördert, sogar pünktlich, na sowas!

Am 18. Juni 1675 stand der Kurfürst mit seinem Heer bei Fehrbellin gegen die Schweden. Mit der darauffolgenden siegreichen Schlacht begann er, die übermächtige Besatzungsmacht Schweden aus Brandenburg zu vertreiben. Ab dieser Zeit wurde Kurfürst Friedrich Wilhelm I. der „Große Kurfürst“ genannt.

Jugendbild von Kurfürst Friedrich Wilhelm I.

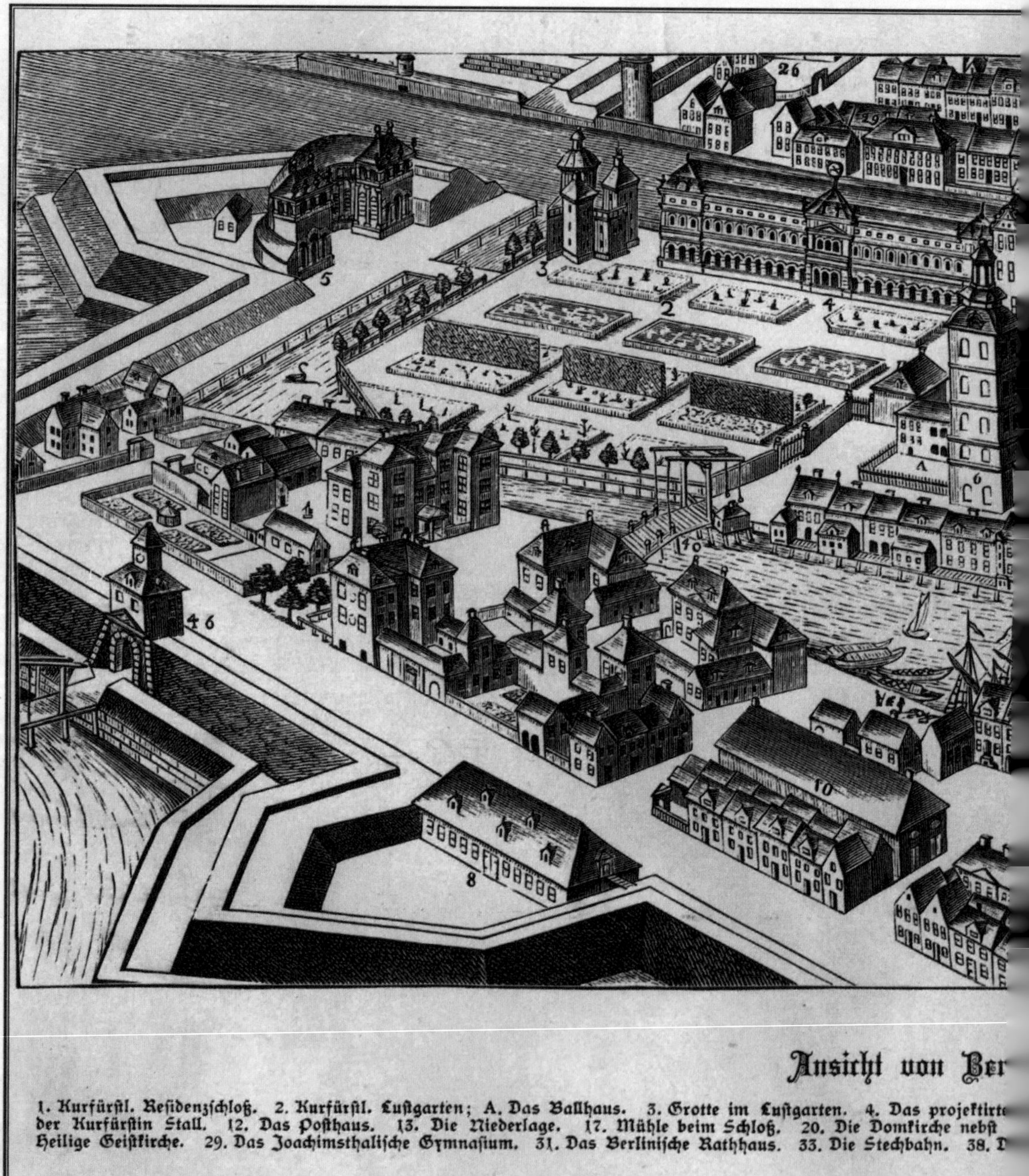

Ansicht aus der Vogelperspektive von Berlin aus dem Jahr 1688 mit der Festungsanlage

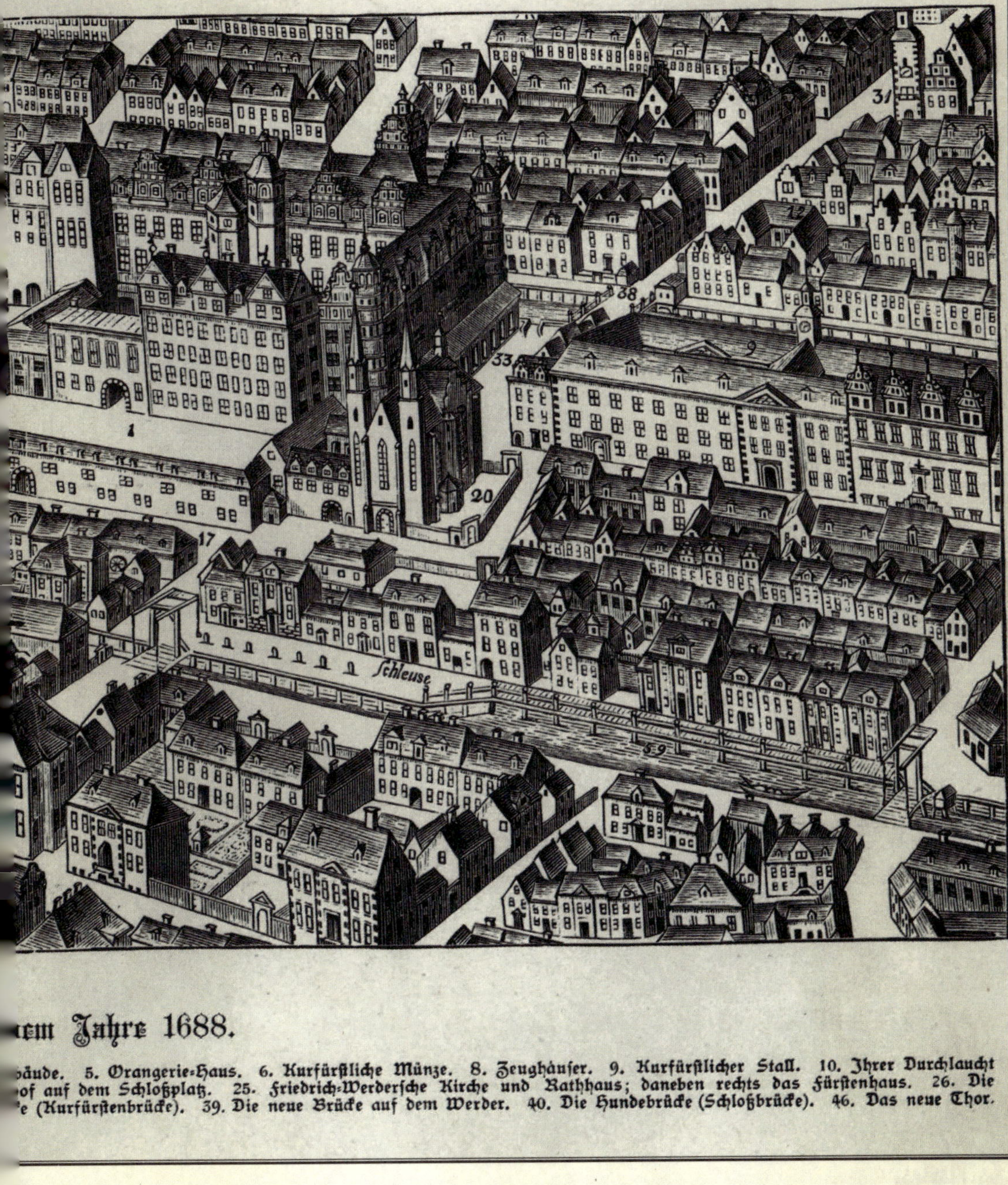

…em Jahre 1688.

…äude. 5. Orangerie-Haus. 6. Kurfürstliche Münze. 8. Zeughäuser. 9. Kurfürstlicher Stall. 10. Ihrer Durchlaucht
…of auf dem Schloßplatz. 25. Friedrich-Werdersche Kirche und Rathhaus; daneben rechts das Fürstenhaus. 26. Die
…e (Kurfürstenbrücke). 39. Die neue Brücke auf dem Werder. 40. Die Hundebrücke (Schloßbrücke). 46. Das neue Thor.

Kommandantur Unter den Linden 1 um 1800

Der Kurfürst mit Feldmarshall Georg von Derfflinger (1606–1695)
nach der gewonnenen Schlacht bei Fehrbellin gegen die Schweden.

Potsdamer Toleranzedikt von 1685

Im katholischen Frankreich herrschte König Ludwig XIV. Am 18. Oktober 1685 verfasste er das Edikt von Fontainebleau, was besagt, dass ab sofort „Katholisch“ Staatsreligion und die zugesicherte Glaubensfreiheit für die französischen Protestanten aufgehoben sei.
Die gewaltsame Verfolgung setzte sich im Land verstärkt fort, was zur Folge hatte, dass in den nächsten 50 Jahren etwa 200.000 Flüchtlinge Frankreich verließen. Darunter waren viele Angehörige des gebildeten Adels, Gewerbetreibende und Landwirte.

Der „Große Kurfürst“ reagierte sofort und erließ am 8. November 1685 das Potsdamer Edikt, was besagte, dass er den in Frankreich verfolgten Hugenotten, dies war der Name der französischen Protestanten, im Kurfürstentum Brandenburg und Herzogtum Preußen seinen Schutz anbot. Sie erhielten ihre eigene Gerichtsbarkeit, Schulen, Spitäler und Armenfürsorge. Unter dem Namen „Edikt von Potsdam“, das allen Menschen Glaubensfreiheit versprach, sind seine Verdienste in die Geschichte der Hohenzollern eingegangen. Stellen Sie sich heute mal vor, was es bedeuten würde, in einer solchen Welt der Toleranz zu leben. Wir sind hier aber im 17. Jahrhundert!

Etwa 20.000 Hugenotten kamen nach Brandenburg, davon ca. 5.000 in die Residenzstadt. Berlin/Cölln hatte zu dieser Zeit nun fast 30.000 Einwohner. Etwa jeder fünfte war ein Zugezogener. Die Einwanderer bauten Fabriken, brachten Gewerbe und Handwerkskunst mit, die in Brandenburg und Preußen unbekannt waren, Hut-, Spiegel- und Uhrmacher, Glasbläser, Gobelin- und Seidenweber und viele andere. Auch die ersten Konditoreien und Cafés wurden von Hugenotten eröffnet. Landwirtschaft und Gartenanbau brachten sie soweit in Schwung, dass in Brandenburg fortan sogar Gemüse exportiert werden konnte. Den so berühmten Beelitzer Spargel haben wir den Hugenotten zu verdanken.

Noch heute erinnern einige Namen an den französischen Einfluss in Preußen: Jalousie, Negligee, Portmonee, Boulette, Trottoir u.v.a. Die rauen Sitten der Berliner wurden durch den Einfluss der Hugenotten verfeinert. Die Berliner gewöhnten sich an Kaffee und Tee; tranken Schokolade und auch Branntwein, der bis dahin nur zu medizinischen Zwecken benutzt wurde.

Insgesamt hat dies alles eine sehr günstige Entwicklung nach dem 30-jährigen Krieg bewirkt. Für die damalige Zeit stellte die Residenzstadt Berlin nach außen hin ein großartiges Bild dar. 1676 schrieb ein Herr Musier Patin aus Frankreich folgenden Reisebericht:

Der Kurfürst empfängt eine Abordnung der Hugenotten

Reisebericht von 1676

„Man bedient sich auf diesem Wege der Postwagen, welche Tag und Nacht gehen und nur bei dem Wechsel der Pferde ausgeruht werden kann; aber ich hatte alle Fatiquen (Erschöpfung/Müdigkeit) vergessen, als ich Berlin zu sehen bekam. Alles schien mir so schön, dass ich mir eine Öffnung im Himmel dachte, von wo die Sonne ihre Wohltaten auf diese Erdstrecke ausbreitet.
Die Stadt besteht aus drei anderen (Städten), deren Gebäude sehr regelmäßig, der größere Teil im italienischen Geschmack. Der Lustgarten, welcher nur 500 Schritte hat, dient zur Erholung des Kurfürsten, der hier alle Gattungen Rotwild unterhält. Die Gärten sind von Orangerien, Jasmin und allen Arten Blumen angefüllt; mit allen Kostbarkeiten, welche Italien, die Könige der Länder, durch Schönheit des Bodens und Klimas darbietet. Das Schloss ist sehr alt, und sein Altertum flößt Bewunderung ein".

Auch wenn sich dies alles sehr schön liest, so hatte diese Zeit, wie jede andere auch, ihre eigenen Herausforderungen. Da gab es keinen rechten Frieden zwischen den Lutheranern und Reformierten, bösartige Worte und gottlose Beschimpfungen waren von den jeweiligen Kanzeln zu hören. Der Kurfürst wollte dies nicht dulden und erließ eine Verordnung:

„Uns ist es niemals in den Sinn gekommen, des Altars, des Messgewandes, der Oblaten und des Brotbrechens halber das Geringste zu ändern oder den Untertanen aufzudrängen, sondern wir haben den beharrlichen Willen gehabt und haben ihn noch, einem jeden die Freiheit seines Gewissens, wie genugsam versprochen, zu gönnen."

Der berühmte Liederdichter Paul Gerhard (1607–1676), der seit 1657 Diakonus der Nikolaikirche war, wollte dies nicht unterschreiben. Kurzerhand enthob ihn der Kurfürst seines Amtes. Heute erinnert eine Gedenktafel an der Nikolaikirche an den, neben Martin Luther, bedeutendsten deutschen Kirchenliederdichter.

Petrikirche von 1690, älteste Kirche von Cölln.

Die Steuerhochburg Preußen entsteht

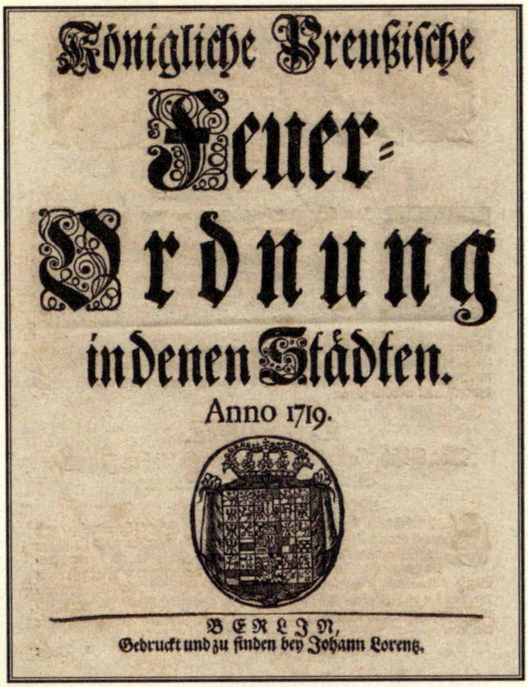

Königliche Preußische
Feuer-
Ordnung
in denen Städten.
Anno 1719.

BERLIN,
Gedruckt und zu finden bey Johann Lorentz.

Hier die neue Berliner Feuerordnung von 1719, nachdem die fünf Städte zu einer Stadt vereinigt wurden.

Verstöße gegen die Sittlichkeit seiner Untertanen belegte der Kurfürst mit hohen Geldstrafen. Das Geld verwendete er nur zur Pflasterung der Straßen oder zur Verschönerung der Stadt. Im Jahr 1667 führte er eine Konsumsteuer für drei Jahre ein.

Adolph Streckfuß schreibt:

„Auf nur drei Jahre war die Steuer eingeführt, aber es ging mit dieser Steuer wie mit den meisten anderen, welche, einmal eingeführt sind, nicht leicht zurückgenommen werden. Friedrich erkannte den wohltätigen Einfluss der Steuer für seine Kasse nur zu wohl…“.

Dies wurde im Jahr 1864 niedergeschrieben. Lieber Leser, kennen Sie heute eine Steuer, die je wieder zurückgenommen wurde? Entweder haben unsere Gesetzgeber die Geschichte vom Großen Kurfürsten studiert, oder es scheint eine Verselbstständigung der immer gleichen Geschichte zu geben.
Um den ewigen Geldmangel zu beheben, erließ der „Große Kurfürst“ eine General-Kopfsteuer, die alle gleichermaßen belastete. Da dies aber

In dieser Zeit reiste man mit Kutschen, im wahrsten Sinne des Wortes, über Stock und Stein.

immer noch nicht reichte, besteuerte er Tee, Kaffee, Kleidungstücke, Equipagen, Spielkarten und auch Lebensmittel. Sogar eine Jungfernsteuer, von vierteljährlich sechs Groschen für unverheiratete Frauen, führte er ein.

Alles in allem hat der „Große Kurfürst" den Grundstein dafür gelegt, dass heute von allen Steuergesetzen in der Welt die Hälfte in deutscher Sprache geschrieben ist. Das zweitgrößte Gebäude in Berlin, das ehemalige Reichsluftfahrtministerium und der größte Bürogebäudekomplex in Europa mit über 2.000 Büroräumen, haben gerade ausgereicht, um das jetzige Finanzministerium in der Leipziger/Ecke Wilhelmstraße unterzubringen. Es wird von den Berlinern als das Haus bezeichnet, in dem die „Christenverfolgung" legalisiert wurde.

Nach einem verheerenden Brand in Berlin verordnete Kurfürst Wilhelm, dass die Kamine über den Küchenherden alle schamottiert werden müssen, und ließ dies Jahr für Jahr kontrollieren. Also liebe Hausbesitzer, wenn wieder die jährliche Kontrolle ihrer Schornsteine oder Abzüge ansteht, wissen Sie jetzt, dass sie dies dem „Großen Kurfürsten" zu verdanken haben.

Der Boulevard „Unter den Linden" entsteht

Kurfürstin Dorothea

Die Kurfürstin Luise war im ganzen Land eine sehr beliebte Persönlichkeit. Nach ihrem Tod am 18. Juni 1667 trauerte nicht nur ihr Gemahl, sondern ganz Brandenburg fiel in tiefe Trauer.
Aber bereits ein Jahr später wurde eine Frau namens Dorothea die neue Kurfürstin, eine resolute und pragmatische Person. Sie hatte ein Stück Land geschenkt bekommen, das sich hinter der zweiten Festungsmauer befand, etwa dort beginnend, wo heute die Humboldt Universität steht, bis in Richtung Brandenburger Tor. Die Kurfürstin Dorothea parzellierte dieses Gelände und verkaufte es als Baugrund. Um diesem Bauland eine höhere Qualität zu verleihen, ließ sie eine Allee aus Linden und Nussbäumen anlegen, deren erste Linde sie selbst einpflanzte. Der Weg zum Brandenburger Tor wurde nun „Unter den Linden" genannt.

Unter den Linden im Jahre 1690.

Der Kurfürst unterstützt den Aufbau einer Eliteuniversität

Wie weit der Kurfürst die Zukunft seines Landes plante, zeigt die Unterstützung für ein Projekt, das erst in unserer Neuzeit realisiert wurde: Eliteuniversitäten.

Quelle: Friedrich Wilhelm von Forster Seite 195

Am 12. April 1677 unterschrieb der Kurfürst einen Stiftungsbrief zur Gründung einer Akademie mit dem Namen Universität als Brandenburger „Zier gentium Kit Arie um Erd Artium" und wies zu dem Bau die ersten 15.000 Taler an.
Leider unterblieb die Ausführung.

Liebe Leser, man stelle sich das heute einmal vor. Wenn so ein fortschrittliches Denken in Berlin herrschen würde, dann hätte der Geist des „Großen Kurfürsten" vielleicht auf dem stillgelegten Flughafengelände von Tempelhof als einem neutralen Areal eine Zukunfts-Universität errichten lassen. Hier hätten sich dann die klügsten Köpfe der Welt um die Zukunft von Mensch und Natur Gedanken machen können, wie sie eine umweltverträgliche Zukunft für die Menschen schaffen können, unabhängig von politischen und wirtschaftlichen Interessen. Und dieses Wissen hätte er allen Ländern und Wissenschaftlern der Welt zur Verfügung gestellt. Ja! So hätte es der „Große Kurfürst" gehandhabt.

Im Jahr 1658 wurde auf Bitten der damaligen Räthe, den vornehmen Hofbedienten, Räthen und allen Gelehrten die königliche Bibliothek zur Nutzung geöffnet. 1661 gestaltete der Kurfürst dann im Schloss einen 45 m langen und 12 m breiten Saal für die Kurfürstliche Bibliothek und erweiterte diese durch beträchtliche Zukäufe von bedeutenden Büchern.

Für die höhere Ausbildung und Vorbereitung zum Staatsdienste trugen bereits die Universitäten zu Königsberg, Frankfurt an der Oder und Duisburg bei. Die Gründung der Universität Halle wurde durch Friedrich Wilhelm vorbereitet. Durch die verschiedensten Anschaffungen neuer Bücher hatte diese bereits im Jahre 1686 20.600 gedruckte Bücher und 618 Handschriften. Außerdem kaufte er auch für sein Schloss Gemälde von Rafael, Tizian, Bassano und anderen italienischen Künstlern. Hierbei hatte er keine so glückliche Hand, es stellte sich später heraus, dass er Fälschungen erworben hatte.
Also alles nichts Neues.

Ehemalige Kommandantur Unter den Linden 1

Das „antiquarische Trüffelschwein“ ist wieder fündig geworden

Den Überraschungsgast in diesem Buch mit der absolut höchsten Bedeutung für unsere Demokratische Grundwerteordnung fand ich in der ältesten Kirche Berlins, der Nikolaikirche: Hier ist Freiherr von Pufendorf 1694 bestattet worden.

Gedanken
Es gibt Dinge, von denen ich weiß, dass ich sie weiß.
Es gibt Dinge, von denen ich weiß, dass ich sie nicht weiß.
Und es gibt Dinge, von denen ich nicht weiß,
dass ich sie nicht weiß!

Bei meiner umfangreichen Recherche zur Geschichte des alten Berlin bin ich immer wieder auf Erstaunliches und Überraschendes gestoßen. Wie zum Beispiel auf eine Person, die auf dem rechten Schild an der Nikolaikirche zu sehen ist. Hier fand eine der bedeutendsten Persönlichkeiten des 17ten Jahrhunderts in Europa seine letzte Ruhestätte:

Freiherr Samuel von Pufendorf kommt 1688 nach Berlin

„Der Große Kurfürst“ hatte Samuel von Pufendorf ein so lukratives Angebot gemacht, dass er es 1688 annahm und aus dem Dienst des schwedischen Königs Karl VI. schied. Er kam nach Berlin und wurde Hofhistoriograph.

Freiherr Samuel von Pufendorf (*08.01.1632 Dorfchemnitz – † 26.10.1694 Berlin)

Was machte diesen Mann so herausragend, dass er diesen Ehrenplatz für seine letzte Ruhestatt in der ältesten Kirche von Berlin erhielt?

Pufendorf besuchte von 1645 bis 1650 die Fürstenschule in Grimma, wo er als Primus abschloss. Im Anschluss ging er nach Leipzig und studierte Theologie, Rechtswissenschaften, Naturphilosophie, Finanz-, Wirtschaft- und Verwaltungslehre sowie Geschichte der Staatswissenschaften. Das starre Lehrsystem der Universität von Leipzig war dem Hochbegabten von Anfang an ein Ärgernis und ließ ihn zur Universität nach Jena wechseln. Dort schloss er 1658 sein Studium mit dem Magister ab.

Sein weiterer Schaffensweg führte ihn nach Kopenhagen, wo er als Hauslehrer des schwedischen Gesandten tätig wurde.1660 ging er nach Den Haag. 1661 bekam er in Heidelberg seine erste Professur am neu eingerichteten Lehrstuhl für Natur- und Völkerrechtslehre.

1667 nahm er das Angebot des schwedischen Königs zu einer Professur für Völkerrecht in

Lund an. Hier veröffentlichte er 1672 sein bedeutendstes Werk „Vom Natur- und Völkerrecht". Damit setzte Pufendorf neue Maßstäbe für das Verständnis vom Zusammenleben und Miteinander der Menschen. Er befürwortete ein einheitliches Völkerrecht, was zu einer Sensation unter den Gelehrten wurde, denn Gott und die Natur erklärte er zu zwei verschiedenen nicht zusammengehörigen Instanzen. Für den Kleriker war die Schrift Gotteslästerung und wurde verboten. Für Pufendorf bedeutete das Naturrecht ein universelles Grundrecht, zu dem auch die Menschenwürde zählte.

Die Menschenrechte erhalten durch ihn eine neue Definition. Jeder Bürger hat gleiche Rechte, aber auch Pflichten, die er zu erfüllen hat im Zusammenleben der Menschengemeinschaft. Er formulierte die Gleichheit von Mann und Frau. Pufendorf wurde in Europa schnell eine Berühmtheit. Seine Schriften wurden in viele Sprachen übersetzt – von Schottland bis Russland – und waren über hundert Jahre Bildungsgrundlage.

Sein Gedankengut wurde Baustein vieler europäischer Staatsgrundgesetze und hat auch 1787 in der Ausarbeitung der Verfassung der Vereinigten Staaten von Amerika seinen Niederschlag gefunden.

Noch einen Hinweis über die Wiege der Demokratie, die für manche im alten Griechenland stehen soll. Diese Griechen hielten sich aber Sklaven, und Frauen hatten keine Rechte.

Pufendorfs Kritik am Deutschen Reich „Monzambano": wird ein Bestseller in Europa

Pufendorf hatte seine umfangreiche Recherche zu einer Schrift unter dem Pseudonym: „Monzambano", verfasst. Es war ein „Gründlicher Bericht von dem Zustande des H.R. Reichs Teutscher Nation" nach dem 30-jährigen Krieg.

Der Verleger Johann Ludewig Gleditsch schreibt im Vorwort zu seiner 1715 erschienenen deutschen Auflage:

> *„Anno 1666 schickte der Autor das Manuskript nach Frankreich zu seinem Herrn Bruder, Königlich schwedischer Botschafter (Esaias von Pufendorf 1628–1689 Diplomat im dänischen und schwedischen Dienst), das er daselbest möchte drucken lassen. Der Verlag sendete das Manuskript zur Censur, der Historius Mezerai antwortete: dass das Manuskript ihm sonderlich gefallen hätte, allein missfiele ihm darinne, dass die französische Nation ein wenig losgezogen, absonderlich aber die Priester und Mönche sehr empfindlich angegriffen würden, welche ihm deswegen, wo er das Buch veröffentlicht, excommunicieren und auf dieser Welt verdammen würde."*

Der Bruder wollte das nicht durchgehen lassen und sendete das Manuskript kurzerhand zu einem Buchhändler in Haag. Die Niederlande waren zu dieser Zeit ein fortschrittliches Land. Dort wurden viele Tausend Exemplare dieses Buches gedruckt und nach Deutschland geliefert mit dem Titel: „Kurzer doch gründlicher Bericht von dem Zustande des H.R. Reichs Deutscher Nation" (Heiligen Römischen Reichs) von Severin Monzambano. und schreibt z. B.:

> *„…Das Reich sei unheilbar krank, es hatte nur noch zu sterben… die Schwerfälligkeit des alten Reiches… schon jetzt war das Reich eine Addition von Staaten, welche durch die hinschwindende, ‚kranke' Gemeinsamkeit vorläufig noch einigermaßen behindert wurden, in ein anderweitiges, logischeres, um nicht zu sagen ehrlicheres Verhältnis zu treten."*

Pufendorf verwendete ein Pseudonym, so als ob ein reisender Italiener seinem Bruder einen Reisebericht nach Italien geschrieben hätte. Er vermutete richtig, dass diese Lektüre den

DER TEUTSCHE MONZAMBANUS

LEIPZIG bey L. Gleditsch und M. Weidmann.

Samuels Freyherrn von Pufendorff kurtzer doch Gründlicher Bericht von dem Zustande des H. R. Reichs Teutscher Nation, vormahls in Lateinischer Sprache unter dem Titul SEVERIN von MONZAMBANO herausgegeben, anitzo aber ins Teutsche übersetzet und mit den auserlesensten Anmerckungen der berühmtesten Publicisten / so biß auf den Badenschen Friedens-Schluß gerichtet, nicht weniger mit gantz neuen Remarquen und nützlichem Register versehen. Deme noch beygefüget

1.) Die Historie von dem wunderlichen Lärmen und Tumult, welcher in der gelehrten Welt dieses Buchs wegen entstanden.

2.) Des Herrn Autoris Untersuchung von der Beschaffenheit eines irregulairen Staats.

3.) VITA, FAMA & FATA LITERARIA PUFENDORFIANA, oder denckwürdige Lebens-Historie des Welt-beruffenen Hn. Autoris, worinne dessen seltzame Fata und considerable Händel / welche er mit den Gelehrten gehabt / rc. vorgestellet werden.

LEIPZIG, bey Johann Ludewig Gleditsch und Moritz Georg Weidmannen. 1715.

katholischen Klerikern und Herrschern ihren Zorn heraufbeschwören würde. Wie Recht er damit hatte.

Das Buch wurde an den meisten Orten des Heiligen Römischen Reiches verboten und konfisziert. Die veröffentlichte Meinung vom Klerus tobte gegen dieses Werk. Aber genau dieses Verbot weckte in der öffentlichen Meinung die Neugier. Nun wollten viele wissen, was darin geschrieben stand, was die katholische Obrigkeit so in Wut brachte. Und so stiegen die Verkaufszahlen. Hinzu kam noch, dass niemand sagen konnte, wer der Verfasser war. Es grassierten die wildesten Gerüchte und Spekulationen über den Urheber. Im Heiligen Deutschen Reich spekulierte man in den Salons und an den Höfen, wer den Mut besessen hatte, gegen die bestehenden kirchlichen Glaubenswerte zu opponieren.

Kurfürst Wilhelm von Brandenburg holte Pufendorf 1688 als Hofhistoriographen und Geheimen Rat nach Berlin, wo dieser bis zu seinem Tode 1694 wirkte. Erst in Berlin offenbarte und bekannte er sich zu seinem Werk. Der Verfasser von 1715 schreibt, dass mehr als dreimal hunderttausend Exemplare gedruckt worden sein müssten. Pufendorfs „Monzambano“ war ein Bestseller.

Für einige Leser wird sich schon das Aha-Erlebnis eingestellt haben, die Geschichte der Verteufelung kommt mir bekannt vor. Das Buch „ Deutschland schafft sich ab“ von Thilo Sarrazin, erinnern Sie sich? Je mehr die „ver-

öffentlichte Meinung“ auf das Buch einschlug, um so mehr wollte die „öffentliche Meinung“ wissen, worum es wirklich ging. Die Verkaufszahlen von Sarrazins Buch erreichten eine Auflage von über 1,5 Millionen.
Nach 330 Jahren wiederholte sich also die gleiche Situation.

Am 9. Mai 1688 verstarb der „Große Kurfürst“. Der Wohlstand der Stadt war größer geworden und die Einwohnerzahl der Residenzstadt um das Fünffache gestiegen.

Freiherr von Pufendorf beschreibt die Europäischen Staaten in der Ausgabe von 1746: Spanien, Portugal, Großbritannien, Frankreich, Holland, Deutschland, Dänemark, Polen, Russland und das Papsttum.

Was fällt Ihnen dazu ein, wenn Sie den Namen Preußen hören?

Liebe Leser, nun kommen wir zu einem spannenden Kapitel deutscher Geschichtsmerkwürdigkeiten; zu Preußen!
Wenn Sie jetzt den Namen „Preußen“ lesen, woran denken Sie sofort, oder was fällt Ihnen dazu ein? Bevor Sie weiterlesen, halten Sie kurz inne und überlegen Sie:

???

Ich habe in den letzten drei Jahren eine Umfrage bei über tausend Personen durchgeführt und ihnen die gleiche Frage gestellt. Was fällt Ihnen spontan ein, wenn ich den Namen „Preußen“ nenne.
Das Ergebnis war interessant, sehr interessant, denn über 95% der Befragten wussten sehr wenig oder waren gar nicht informiert. Die meistgegebenen Antworten waren: Der Alte Fritz, der Soldatenkönig, Militär, Potsdam und die Lange Garde, ein Fußball- und Tennisverein wurden genannt. Nur sehr wenige Personen konnten über diesen bedeutenden Teil der deutschen Geschichte Auskunft geben. Deshalb biete ich hier einen kurzen Abriss der geschichtlichen Entwicklung von Preußen nach der mir vorliegenden Literatur. Ohne dieses Wissen unserer Vergangenheit ist es schwierig, unsere Identität von heute zu verstehen. Außerdem war Preußens Geschichte immer eng mit Berlin verknüpft. Zu meinem Bedauern muss ich gestehen, dass mein Kenntnisstand, bevor ich ein „antiquarisches Trüffelschwein“ wurde, genauso gering war, wie der der meisten Befragten. Also herzlich willkommen an Bord.

Vorgeschichte

Das Gebiet an der Ostsee zwischen den Flüssen Weichsel, Drewenz und Memel war bis zum 12ten Jahrhundert von den Pruzzen bewohnt. Durch den Handel mit Bernstein war diese Region schon weit über ihre Grenzen vor Christi Geburt bekannt. Ihre Bewohner waren Heiden, die mehrere Götter verehrten. Eine Schrift war ihnen nicht bekannt. Die Kleidung bestand aus einem kurzen Rock und langen Beinkleidern. Als Waffen hatten sie steinerne Streitäxte, Pfeil und Bogen und Keulen zum Werfen. Sie betrieben Ackerbau und jagten in den Wäldern. Sie waren ein streitbares, die Freiheit liebendes Volk. Im Jahr 997 unternahm der Bischof Adalbert aus Prag einen ersten Versuch, die Pruzzen zum Christentum zu bekehren. Er wurde erschlagen. Beim nächsten Versuch 1008 erlitt Bruno von Merseburg das gleiche Schicksal. Auch die Polen mussten schwere Verluste erleiden bei dem Versuch, dieses heidnische Volk unter ihre Gewalt zu bringen. Erst nachdem 1230 die Ritter vom deutschen Orden zu Hilfe gerufen wurden, begann ein 53-jähriger Kreuzzug, der zum totalen Verlust der pruzzischen Identität führte. Der Name blieb noch. In den eroberten Gebieten legte der Orden Burgen und Städte an, die meistens von deutschen Kreuzrittern bevölkert wurden. So entstand 1276 die Marienburg (gehört heute zu Polen und zu den bedeutendsten mittelalterlichen Baudenkmälern, eines der größten Backsteinbauten Europas). 1254 kam König Ottokar von Böhmen zur Unterstützung mit zahlreichen Kreuzrittern. Ihm zu Ehren wurde die neu erbaute Stadt Königsberg genannt.

Der Deutsche Orden

Der Deutsche Orden, auch „Deutscher Ritterorden“, wurde um 1190 im Heiligen Land während der Belagerung bei Akkon gegründet. Am 19. Februar 1199 anerkannte Papst Innozenz III. die Spitalgemeinschaft zum Ritterorden mit den Regeln der Johanniter und Templer.
Die zunächst karitativen Aufgaben im Mittelmeerbereich änderten sich, nachdem die

Kreuzzüge ausblieben. Nun bezogen sie sich auf die Christianisierung in den baltischen Gebieten an der Ostsee. 1230 wurde der Deutschordensstaat auf dem Gebiet der Pruzzen gegründet.
Im Jahre 1309 verlegte man den Hauptsitz des Deutschen Ordens von Venedig nach Marienburg. Damit wurde Preußen zu einem eigenständigen Kirchenstaat erhoben. In der Folgezeit entwickelte sich der Ordensstaat zu seiner Blüte. Viele Schulen hatten den Ruf von großer Gelehrsamkeit. Die Künste wurden gefördert, Ackerbau, Handel und Gewerbe brachten Wohlstand und Reichtum. Die Geschichtsschreiber berichten, dass sogar der Weinanbau vortrefflich gediehen sein soll. Der Versuch, das heidnische Litauen zu erobern und zu christianisieren, brachte nicht den gleichen Erfolg. Als es im Jahr 1386 der polnische König Wladislaus schaffte, die Litauer zum Christentum zu bekehren, und Polen erstarkte, waren die Kräfteverhältnisse verändert. Dies war gleichzeitig der Beginn vom Untergang des Ordensstaates. Es wechselten Zeiten des Friedens mit kriegerischen Auseinandersetzungen. Die entscheidendste Schlacht war am 15. Juli 1410 bei Tannenberg, als sich die Polen mit 160 000 Reitern gegen den Orden stellten. Dieser hatte nur 80 000 Streiter dagegen zu setzen. Der Orden erlitt große Verluste und wurde fast geschlagen. Nur Heinrich von Plauen hielt tapfer der Übermacht stand.

Er stellte sich mit Heldenmut der polnischen Übermacht und hielt die Marienburg, bis der König von Ungarn und ein Heer aus Deutschland zu Hilfe kamen. Die immensen Kosten des Krieges, Streitigkeiten und Zerwürfnisse innerhalb des Ordens und immer wieder Krieg mal mit Dänemark, mal mit Polen brachten den Orden in immer größere Bedrängnis. Durch die Zerstrittenheit des Ordens gründeten der Adel und die Städte 1440 einen Preußischen Schutzbund zur gegenseitigen Unterstützung. Eine Klage beim Papst, ob der Schutzbund rechtmäßig sei, wurde nicht beschieden und dem Urteil des Kaisers überlassen. Dieser übergab 1454 dem König Wladimir von Polen das Preußenland.

Heinrich von Plauen (1370–1429)
war 27ster Hochmeister in der Zeit von 1410 bis 1413.

Die gelebten Ordensregeln Keuschheit, Armut und Gehorsam brachten der Region Sicherheit und Wohlstand, was bei den Nachbarländern Neid hervorrief. Mal die Polen, dann die Litauer, auch die Schweden und Dänen wollten neue Machtverhältnisse schaffen. Wie immer brachte Wohlstand auch inneren Zerfall.

Als im Jahr 1510 der Hochmeister Friedrich verstarb, glaubten die Ritter, als eine geeignete Persönlichkeit den jungen Markgrafen Albrecht von Brandenburg aus dem Geschlecht der Hohenzollern zu wählen. Seine Tante war die Schwester von König Sigismund von Polen. So hoffte man den polnischen Streitigkeiten am besten beizukommen. Aber es kam trotzdem wieder zum Krieg mit Polen, der verlustreich für den Ordensstaat endete. Der Waffenstillstand im Jahre 1521 wurde auf vier Jahre begrenzt. Inzwischen hatte Martin Luther mit dem Thesenanschlag die gläubige Welt aus den Angeln gehoben.

Martin Luther empfiehlt das Herzogtum Preußen

Im September 1523 hatte Albrecht bei einer Durchreise durch Wittenberg den Reformator Martin Luther, mit dem er schon im Schriftverkehr stand, persönlich kennengelernt. Albrecht wollte von Luther Rat zur Reformierung des Ordensstaates.

Luther empfiehlt dem Hochmeister:

...die törichten und verkehrten Ordensregeln bei Seite zu werfen, sich eine Frau zu nehmen, in Preußen weltliches Regiment einführen und das Land zu einem Fürstentume oder Herzogtume zu erheben...

So kam es, daß nach Ablauf der Friedenszeit im März 1525 Albrechts Vermittler, sein Bruder Markgraf Georg und Schwager Herzog Friedrich von Liegnitz, die Verhandlungen mit Polen zum friedlichen Ende der Streitigkeiten brachten. Der Hochmeister Albrecht wurde zum erblichen Herzogtum erhoben, blieb aber unter polnischer Lehnsherrschaft.
Zwei Monate später hielt Albrecht einen glänzenden Einzug als Herzog von Preußen in Königsberg, und im Jahr darauf heiratete er die dänische Prinzessin Dorothea.

In dieser Zeit gab es im Großraum von Preußen, Polen und Litauen das größte Währungsgebiet im damaligen Europa.

Unter Kurfürst Sigismund (1572–1619) kam dann 1618 die Vereinigung vom Kurfürstentum Brandenburg und dem Herzogtum Preußen zustande, immer noch unter polnischer Lehnshoheit.
In Schweden wurde 1654 Karl Gustav als neuer König gekrönt. Auf diesen Thron glaubte auch der polnische König, Johann Kasimir, einen Anspruch erheben zu können. Um allem vorzubeugen, fiel der Schwedenkönig Gustav mit seinen kriegslustigen Schweden in Polen ein. Das Herzogtum Preußen kam so unter schwedische Lehnshoheit. Als nun in Polen ein allgemeiner Volksaufstand gegen die Schweden begann, gab der Kurfürst seine Neutralität auf und unterstützte die Schweden. Als Gegenleistung verzichtete Schweden auf die Belehnung von Preußen. Aber erst 1660, nach dem Friedensschluss von Wehlau, erhielt das Herzogtum Preußen die absolute Selbständigkeit und gehörte nun zum Kurfürstentum Brandenburg unter Kurfürst Friedrich Wilhelm.
Sein Sohn Kurfürst Friedrich III. strebte nach einer Königskrone. Dazu bedurfte es der Genehmigung vom Kaiser Leopold. Nach langen Verhandlungen und sehr teuren Zugeständnissen seitens Friedrich Wilhelms erteilte der Kaiser ihm die Genehmigung. Das Herzogtum Preußen lag außerhalb der Grenzen des Heiligen Römischen Reichs. So gestattete er dem Kurfürsten, den Titel „König in Preußen" zu tragen. Also zog dann im Januar 1701 Kurfürst Friedrich III. nach Königsberg, der Hauptstadt des Herzogtums Preußen, wo er sich zum König Friedrich I. und danach seine Frau zur Königin Charlotte krönte. Diese Bezeichnung „König in Preußen" änderte erst König Friedrich II. Er nannte sich nach der Teilung Polens König von Preußen.
Nach dem gewonnenen deutsch-französischen Krieg von 1870/1871 wurde König Wilhelm I. von Preußen zum Kaiser Wilhelm I. von Deutschland gekrönt. Damit wurde der erste protestantische Kaiser Oberhaupt für das gesamte deutsche Staatsgebiet. Somit endete faktisch die kurze Eigenständigkeit des preußischen Staates nach 170 Jahren. Wie der preußische Geist bis heute überlebt hat, ist eine andere Geschichte und wird demnächst ein eigenes spannendes Buch füllen.

Feierlicher Festzug von Kurfürst Joachim II. in Berlin, der anlässlich der Anwartschaft der Belehnung vom Herzogtum Preußen 1556 in die Domkirche zu Berlin zieht. Der Kurfürst musste jedoch noch die Hoheit des Polenkönigs anerkennen, was hohe Abgaben bedeutete.

Preußen 1655

Die Zeit König Friedrich I.
1688 „Kurfürst Friedrich III."

Mit dem Tod des Großen Kurfürsten beginnt für das Kurfürstentum Brandenburg eine neue Epoche. Sein Sohn Friedrich hatte eine ganz andere Vorstellung von seinem Regierungsstil. Sie war geprägt durch den mächtigen König von Frankreich, Ludwig XIV., den Sonnenkönig (1638–1715). Dieser Pracht und Prunk liebende König hatte Frankreich in seiner 72-jährigen Regentenzeit zur herrschenden Seemacht gemacht, außerdem die Wirtschaft, die Wissenschaft und die Künste derart gefördert, dass Frankreich die führende Stellung unter den europäischen Großmächten seiner Zeit einnahm. Es führte dazu, dass man an den europäischen Höfen das Französische nachahmte und auch französisch sprach und las.

Friedrich III. Markgraf von Brandenburg, Erzkämmerer und Kurfürst des Heiligen Römischen Reiches und souveräner Herzog in Preußen, 1701 erster König in Preußen als Friedrich I. (1657–1713)

Sophie Charlotte von Hannover, Herzogin von Braunschweig und Lüneburg, 1701 erste Königin in Preußen als Königin Charlotte (1668–1705)

Das Berliner Schloss vor dem Umbau durch Schlüter, von der Langen Brücke aus gesehen.

Krönung zum König Friedrich I.

Friedrich krönte sich selbst prunkvoll, am 18. Januar 1701 in Königsberg, zum König Friedrich I. und im Anschluss daran seine Frau zur Königin Sophie Charlotte. Nun schmunzelten die Monarchen der damaligen Welt, sie wussten, dass Friedrich einen hohen Preis für die Genehmigung zur Krönung an den Kaiser Leopold hatte bezahlen müssen. Brandenburg war für sie ein unbedeutendes Agrarland und ohne große wirtschaftliche Bedeutung für Europa.

Um Berlin prächtiger zu gestalten, schenkte der König seinen Beamten und Höflingen Baugrund. Es setzte dadurch eine rege Bautätigkeit in Berlin ein, denn die wohlhabenden Bürger wollten dem Prunk des Königs in nichts nachstehen, weshalb viele luxuriöse Bauten entstanden.

Feierliche, prachtvolle Selbstkrönung von Friedrich und Charlotte am 18. Januar 1701 in der Schlosskirche des Königsberger Schlosses im Herzogtum Preußen.

Spree-Athen

Der König wollte, dass sein Berlin im gleichen Glanz erstrahlt wie einst das antike Athen durch seine berühmten Philosophen. So ist der Name „Spree-Athen“ entstanden.

Bereits am 11. Juli 1696 hatte der „noch“ Kurfürst eine Akademie für Maler, Bildhauer und Architekten gegründet. Diese besteht in ihrer Fortführung heute als „Akademie der Künste“ am Pariser Platz 4.

Der prachtliebende Friedrich hatte am 14. August 1696 zu seinem persönlichen Schutz eine Schweizer Garde anwerben lassen. Am 20. April 1697 hielten die prächtig gekleideten 100 Männer Einzug in Berlin.

Andreas Schlüter

Andreas Schlüter (1659–1714), Bildhauer und Architekt, entwarf im Auftrag von König Friedrich I. das berühmte Bernsteinzimmer, welches König Wilhelm I. 1716 dem russischen Zaren, Peter dem Großen (1672–1725), schenkte. Im Gegenzug erhielt er vom Zaren für seine Leibgarde Soldaten mit dem Gardemaß, sprich Lange Kerls. Das Bernsteinzimmer fand seinen Platz im Winterpalast in Petersburg. Dort wurde es 1941 Kriegsbeute und fand im Königsberger Schloss einen neuen Platz, aber nicht lange, denn bei den Kriegswirren nach 1945 verschwand es unter mysteriösen Umständen, welche bis in die heutige Zeit nicht aufgeklärt werden konnten.

Schon 1694 rief Kurfürst Friedrich III. Andreas Schlüter als Hofbildhauer nach Berlin. Um seiner königlichen Würde das entsprechende Gewicht zu verleihen, ließ König Friedrich I. durch den damaligen „Michelangelo von Preußen", Andreas Schlüter, das Schloss im Barockstil umbauen und erweitern.

Zum Schloss gehörte vor dem Umbau ein Münzturm. Dieser mittelalterliche Turm wurde zuerst für die Vorratshaltung von Wasser verwendet und hatte eine Höhe von ca. 30 Metern. Von hier aus wurden die Wasserspiele im Lustgarten betrieben. Ab 1630 wurde die Münzprägeanstalt in den Turm verlegt, die mithilfe des alten Wasserades die Prägemaschinen der Münze betrieben, weshalb man den Turm nun den Münzturm nannte. Er sollte von Schlüter auf 94 Meter aufgestockt werden und ein Glockenspiel erhalten. Das Fundament aus dem Mittelalter reichte jedoch für diese Aufstockung nicht aus. Durch eine unglückliche Planung und den sandigen Untergrund bekam der Turm eine Schieflage und musste letztendlich abgetragen werden. Dieses Unglück führte dazu, dass Schlüter die Leitung der Schlosserweiterung abgeben musste. Er blieb aber weiter königlicher Hofbildhauer. Johann Friedrich von Eosander (1669–1728) übernahm die weitere Schlossbauleitung. Er hatte bereits den Ausbau des Schlosses in Charlottenburg übernommen.

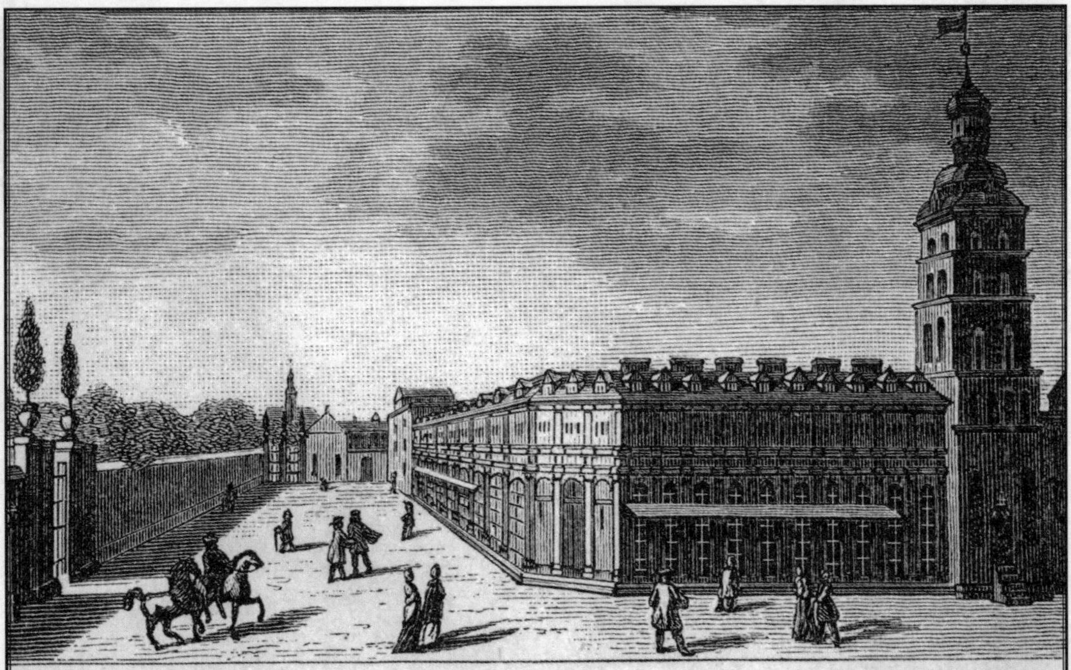

Der Münzthurm und der Eingang zum Lustgarten bei der Schloßfreiheit.

Die Geschichte von Schlüter und dem Münzturm

Zur Vervollständigung zeigen wir Schlüters Gesamtentwurf zur Umgestaltung des Berliner Stadtschlosses mit Schlossplatz, der so nicht umgesetzt wurde.

Schon der „Große Kurfürst" plante die Errichtung eines Zeughauses. Sein Sohn, Kurfürst Friedrich III. (1657–1713), setzte diese Idee seines Vaters mit der Grundsteinlegung am 28. Mai 1695 um. Der Bau sollte dem Souveränitätsanspruch des aufstrebenden Kurfürstentums Ausdruck verleihen.
Heute beherbergt das Zeughaus das „Deutsche Historische Museum". Es stellt die deutsche Geschichte von Jesus bis in die Neuzeit dar.

J. J. Weber X. A.

Fig. 8. Schlüter's Entwurf zur Umgestaltung des Schlossplatzes.
(Nach einem Kupferstiche von Bröbes.)

Für die Freunde der Architektur klassischer Moderne steht heute der Erweiterungsbau vom Zeughaus, der vom Architekten Leoh Ming Pei 2003 fertig gestellt wurde. Bekannt wurde er bereits durch die Glaspyramide im Innenhof des Louvre in Paris von 1989.

Beim Pei-Museumsbau wurde auf hohe Qualität der Materialien Wert gelegt. Es gelang Leoh Ming Pei ein technisches und optisches Wunderwerk aus Sichtbeton, französischem Kalkstein, nordamerikanischem Granit und gebogenen Gläsern, mit denen sich das Gebäude zum Zeughaus öffnet.

Ein Tipp für Sie als Besucher: Wenn Sie vor dem neuen Anbau des Zeughauses stehen und die Komposition aus Stahl, Beton und Glas betrachten, sehen Sie eine faszinierende Spiegelung der Figuren, der Fassade und Stuckelemente vom Zeughaus. Beim langsamen Weitergehen verändert sich dieses Bild langsam und lässt einen Moment erleben, in dem Realität und Phantasie verschwimmen. Wenn Sie diese Besichtigungsreise mit einer Rikscha machen, können Sie Berlin so im wahrsten Sinne des Wortes mit seinen besonderen Momenten erfahren.

Ein weiteres Glanzstück von Schlüters hervorragenden Fähigkeiten können wir heute noch vor dem Schloss Charlottenburg bewundern: Das Reiterstandbild vom „Großen Kurfürsten“. Es wurde in einem Stück in Bronze gegossen und gilt als bedeutendste Barockplastik. Im Jahr 1703 fand es auf der Langen Brücke, nahe dem Schloss, seinen Standort. Ende des Zweiten Weltkrieges wurde es glücklicherweise von beherzten Berlinern vor den anrückenden russischen Truppen versteckt und im Tegeler See versenkt. Erst 1949 wieder geborgen, hat es seit 1952 seinen festen Platz vor dem Schloss Charlottenburg.

Das Zeughaus gehört zu den bedeutendsten Bauten des Barocks. Der Hauptentwurf stammt von Johann Arnold Nering (1659–1695). Ihm folgten Martin Grünberg (1655–1706) und Jean de Bodt (1670–1745) als entwerfende Architekten. Von Andreas Schlüter (1659–1714) stammen die 22 Masken sterbender Krieger.

König Friedrich I. bei der Besprechung mit Andreas Schlüter zum Reiterstandbild des „Großen Kurfürsten“

Andreas Schlüter (1659–1714)

Reiterstandbild des „Großen Kurfürsten“

Schlüters Denkmal des „Großen Kurfürsten" (siehe Seite 122) hat eine Höhe von 5,60 Metern. Dargestellt ist er sitzend auf seinem schreitenden Pferd. Er trägt einen Plattenpanzer und auf dem Haupt eine Allongeperücke. In der rechten Hand hält er einen Kommandostab, in der linken die Zügel. Erhaben blickt der Kurfürst in die Zukunft seines Landes. Von den vier Sklaven an den Ecken des Sockels geht eine starke Unruhe aus, die das Leben des Großen Kurfürsten ausmachte, in ihm tobte und ihn immer wieder neu herausforderte.

Links das barocke Stadtschloss mit Schlossplatz 1780, hinten die Lange Brücke über die Spree, die zum Nikolaiviertel führt.

Das Königliche Schloss vom Lustgarten aus gesehen mit dem Reiterstandbild von König Friedrich Wilhelm III., das eingeschmolzen wurde, außer zwei Allegorien, die heute links und rechts neben der Nikolaikirche platziert sind.

Weißer Saal im Königlichen Schloss

Zweiter Hof des Königlichen Schlosses

Königin Charlotte – eine philosophische Königin

Sie hatte dank ihrer Mutter, der Ehefrau von Ernst August von Braunschweig und Lüneburg (1668–1705), eine umfangreiche Bildung erhalten. Als sie mit dem Kurfürsten von Brandenburg vermählt wurde, sprach sie fließend französisch, englisch und italienisch. Auch hatte sie frühzeitig durch die Freundschaft mit Leibniz diesen schätzen gelernt. Als Frau von Geist führte sie am Preußischen Hof ein eigenständiges Leben. Der König Friedrich I. ließ seiner Gemahlin große Freiheiten.

Das Schloss in Charlottenburg

König Friedrich I. hatte seiner Gemahlin, Königin Sophie Charlotte, das Lustschloss Lützenburg bauen lassen. Nach ihrem Tod nannte man es nur noch Schloss Charlottenburg und das Dorf Lietzendorf oder auch Charlottenburg. Königin Sophie Charlotte versammelte dort die bedeutendsten Männer ihrer Zeit. Ihr Charme, Geist und Witz gaben ihr den Namen „Philosophische Königin".

Wie fortschrittlich und modern Schinkel war, zeigt sich hier im Schloss Charlottenburg, wo Sie das Schlafzimmer der Königin Luise (gestorben 1810) besichtigen können, welches der Architekt 1810 für Königin Luise mit einem Bidet entworfen hatte.

Königin Sophie Charlotte trifft sich im Charlottenburger Schloss mit Gelehrten. Sie übte auf die damalige Zeit einen großen Einfluss aus.

Gottfried Wilhelm Leibniz gründet die Akademie der Wissenschaften

Gottfried Wilhelm Leibniz gilt als letzter Universalgelehrter: Physiker, Mathematiker, Philosoph, Historiker der Wissenschaften vom weltlichen und kirchlichem Recht usw. Von sich selbst sagte Leibniz einmal: „Beim Erwachen hatte ich schon so viele Einfälle, dass der Tag nicht ausreichte, um sie niederzuschreiben." Einer seiner Gedanken war auch, "...unsere Welt ist die beste aller möglichen Welten..."

Gottfried Wilhelm Leibniz (1646–1716)

Leibniz war ein gern gesehener Gast der Königin. Sie liebte es, über alle Fragen des Lebens und der Welt ausgiebig zu diskutieren.
Leibniz sagte einmal zur wissenshungrigen Königin: „Es gibt keine Möglichkeit, Madame, Sie zufrieden zu stellen. Sie wollen das Warum vom Warum wissen."
Leibniz hatte die Idee zu einer Akademie der Wissenschaften für Preußen. Ermutigt durch das Königspaar, gründete er 1700 in Berlin nach englischem und französischem Vorbild eine „Akademie der Wissenschaften", die heute in der Fortführung als „Berlin Brandenburgische Akademie der Wissenschaften" am Gendarmenmarkt ihren festen Platz in der wissenschaftlichen Welt hat. Sie brachte im Laufe ihrer Geschichte 79 Nobelpreisträger hervor.

Als die lebenslustige Königin Sophie Charlotte am 1. Februar 1705 auf dem Sterbebett lag, sagte sie lächelnd zu ihrer weinenden Freundin und Hofdame Frau Pöllnitz: „Warum weinen Sie denn so, glauben Sie etwa, ich sei unsterblich?" Und zu dem Geistlichen meinte sie dann: „Sie kommen, um mir Ihre Dienste anzubieten zu einer Zeit, wo ich nichts für Sie tun kann. Ich danke Ihnen dafür."
Der König hat seine Frau so sehr geliebt, dass er ihr nie untreu wurde. Er ehrte sie mit einem prachtvollen Begräbnis. Der König heiratete bald wieder. Seine neue Gemahlin Prinzessin Sophie Luise war das ganze Gegenteil von lebenslustig, sie war tief religiös und sehr fromm. Ihr baute der König in der Spandauer Vorstadt eine Kirche, die noch heute ihren Namen trägt, die Sophienkirche. Sie steht im Scheunenviertel: Große Hamburger Str. 31.

Königin Sophie Charlotte veranstaltet Revuen und Theater im Schloss Charlottenburg

Kirchenbau unter König Friedrich I.

Weiterhin genehmigte er 1701 den Juden den Bau einer Synagoge. Es war die erste in Berlin und wurde in der Heidereutergasse 4 errichtet. Heute erinnert noch eine Gedenktafel daran. Als sie zu klein wurde, konnte 1866 die „Neue Synagoge“ an der Oranienburger Straße eingeweiht werden. Die Architekten waren Friedrich August Stüler und Eduard Knoblauch. Bei der feierlichen Einweihung war Reichskanzler Otto von Bismarck (1815-1898) anwesend. Heute beherbergt sie ein Dokumentationszentrum und wechselnde Ausstellungen.

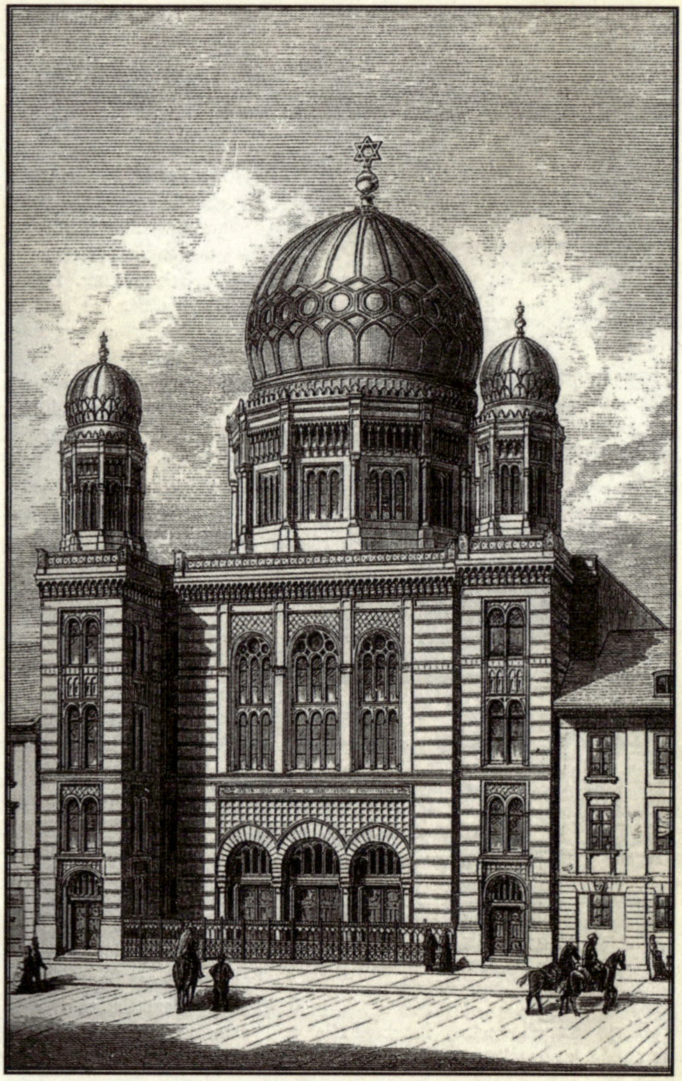

Die Neue Synagoge in der Oranienburger Straße

Zwischen der heutigen Oranienburger Straße und der Spree ließ der König das Landhaus von Graf Wartenberg 1706 von Eosander von Göthe im Stil des Spätbarock zu einem Lustschloss umbauen und nannte es „Monbijou“. Heute erinnert nur noch der Park Monbijou an dieses Schloss. Auf der Spreeseite befindet sich das Bode-Museum.

Am 25. Februar 1713 verstarb der erste preußische König in Berlin. Die Stadt war auf 60.000 Einwohner angewachsen.

Wußten Sie, dass die Oranienburger Straße die sicherste in Berlin ist?
Man kann sich jarnich verlofen, alle zwanzig Meter steht ne junge Frau, die se nach dem Weg fragen können!

Schloß Monbijou, von der Stadtbahn gesehen.
Originalzeichnung von H. Lüders.

Ehemaliges Schloss Monbijou

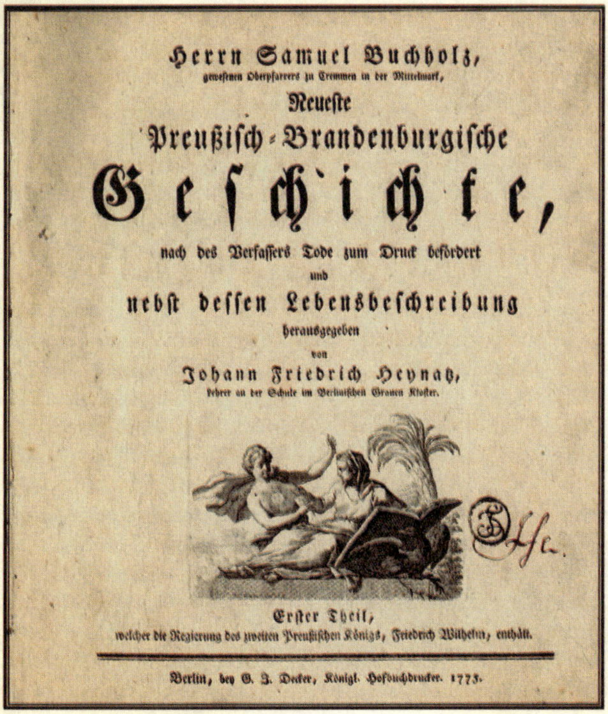

Herrn Samuel Buchholz,
gewesenen Oberpfarrers zu Cremmen in der Mittelmark,
Neueste
Preußisch-Brandenburgische
Geschichte,
nach des Verfassers Tode zum Druck befördert
und
nebst dessen Lebensbeschreibung
herausgegeben
von
Johann Friedrich Heynatz,
Lehrer an der Schule im Berlinischen Grauen Kloster.

Erster Theil,
welcher die Regierung des zweiten Preußischen Königs, Friedrich Wilhelm, enthält.

Berlin, bey G. J. Decker, Königl. Hofbuchdrucker. 1775.

„Neuste Preußisch/Brandenburgische Geschichte“ von Johann Friedrich Heynaß, Lehrer an der Schule im Berlinischen Grauen Kloster. Berlin, bey G.J. Decker, Königlicher Hofdrucker. 1775

König Friedrich Wilhelm I. (1688-1740)

König Friedrich Wilhelm I.

Königin Sophie Dorothea

Wer an den Spruch glaubt, „der Apfel fällt nicht weit vom Stamm“, den lehrt das Geschlecht der Hohenzollern eines Besseren. Und nicht nur dann, wenn es über Menschen Vorurteile gibt. So gehört Friedrich Wilhelm I. zu den am meisten verkannten Persönlichkeiten. Um ihn zu verstehen, gehen wir zu seinen schwäbischen Wurzeln nach Württemberg zurück, der Hohenzollernburg bei Hechingen. Die schwäbische Wesensart der Sparsamkeit und des manchmal bis an Schmerz grenzenden Geizes ist diesem herzlichen Menschenschlag in die Wiege gelegt. Mit König Friedrich Wilhelm I. finden wir einen besonders ausgeprägten Typ. Schon als Kronprinz beschäftigte er sich sehr intensiv mit der Staats- und Militärführung.
Am 25. Februar 1713 verstarb König Friedrich I. Damit wurde Friedrich Wilhelm I. König. Er verließ das Sterbezimmer und zog sich gleich in seine Gemächer zurück, nicht lange, dann ließ er den Oberhofmarshall, Herrn von Printzen, bitten, ihm den Etat des Hauses zu bringen. Als dieser ihm die lange Liste der Hofbeamten vorlegte, las er sie flüchtig durch, nahm dann eine Feder und machte einen dicken Strich durch den ganzen Etat.

Er hatte damit den Hofstaat entlassen. Dann gab er den Befehl, dass keiner dieser Herren sich vom Hof entfernen solle, bis das Leichenbegräbnis des verstorbenen Königs in seiner ganzen Prachtliebe gehalten worden sei. Sein Augenmerk fiel nun auf die Neuorganisation des Staates, der Verwaltung, der Finanzen und des Heeres. Friedrich Wilhelm begann nun zügig, das gesamte Hof- und Staatswesen umzubauen. Seine bis zum Geiz ausartende Sparsamkeit veranlasste ihn, alle weiteren unnötigen Hof- und Staatsdiener zu entlassen oder übermäßige Besoldung zu kürzen. Von den unzähligen Pagen blieben nur 16 im Dienst, von denen der König für seine Person zwei behielt und die übrigen dem Hofstaat der Königin zuteilen ließ.. Auch von den Lakaien blieben nur sechs im Dienst und wurden nun nicht mehr mit glänzenden Livreen ausgestattet, sondern

mit geringer versehener Goldstickerei. In den Jahren schrumpfte sein Hofstaat so, dass er eher einem kleinen Fürstentum als dem eines Königshauses glich. Die 100 Mann Schweizer Garde wurde aufgelöst und verabschiedet. Usw… usw…
Auch der mit über 1000 reich bestückte Pferdebestand wurde gleich nach der Thronbesteigung verkauft, ebenso das viele Jahre gesammelte kostbare Hausgerät. Diese Erlöse verwendete der König zum Ausgleich der Schulden seines verstorbenen Vaters König Friedrich I.
Das Einzige, was er nicht antastete, war das Silbergeschirr, was er im Laufe seiner Regierungszeit noch erweiterte. So stieg der Silberschatz bis auf 1½ Millionen Thaler an, was seinem Sohn Friedrich später sehr von Nutzen wurde.
Neben dieser Sammelleidenschaft stand sein eigenartiger Geiz, der darin gipfelte, dass er sich täglich den Küchenzettel kommen ließ. Er las jeden Posten genau durch, kannte die Marktpreise und strich z. B. bei einer Zitrone, die mit 9 Pfennigen in der Rechnung aufgeführt war, einen Pfennig. Seine Sparsamkeit kannte nur eine Ausnahme, wenn Hohe Staatsgäste kamen. Und auch dann war er findig. Als im Jahr 1717 der Zar „Peter der Große" durch Europa reiste, wies er dem Finanzdirektorium an, 6000 Thaler bereitzustellen. Es soll mit diesen Mitteln der Zar bei seiner Durchreise von der Weser bis zur Memel frei gehalten werden. Aber, fügte König Friedrich Wilhelm hinzu: man solle vor der Welt so ein Geschrei machen, als wenn dieser Aufwand den König 30–40 000 Thaler gekostet hätte.
Sein Finanzdirektorium war schon so auf seiner Linie der Sparsamkeit, dass die tatsächlichen Kosten für den Aufwand bei der Durchreise des Zaren nur 3127 Thaler betrugen.
Die erfreuliche Seite dieser Sparsamkeit war, dass am Ende seiner Regierungszeit der Staatshaushalt ausgeglichen und sogar ein Überschuss von über 8 Millionen Thalern zu verzeichnen war. **Das stelle man sich heute mal vor!**

König Friedrich Wilhelm I. entlässt mit einem Federstrich den gesamten Hofstaat seines Vaters König Friedrich I.

Zum Schluss noch eine Begebenheit beim König, die seine Vorliebe auch für einfache deftige Hausmannskost belegt. Er kehrte bei seinen Jagd-Partien auch gern in einfache Häuser der Bauern ein. Einmal war er bei einem Gärtner, der ihm Hammelkaldaune mit Weißkohl servierte. Es schmeckte dem König so köstlich, dass er sich das Kochrezept geben ließ. Er war so entzückt, dass diese ganze Mahlzeit nicht mehr als zehn Dreier gekostet hatte. Am folgenden Tag musste der Koch ihm ein Gericht Hammelkaldaune mit Weißkohl machen. Als er sich wie gewohnt die Abrechnung kommen ließ, musste er erstaunt und zu seinem großen Ärger feststellen, dass sein Koch ihm für das Gericht, was beim Gärtner nur zehn Dreier kostete, nun drei Thaler berechnete. Er ließ den Koch kommen, prügelte ihn tüchtig durch und strich ihm die „gestohlene“ Summe.

Schwabenwitz: Eine Berlinerin verheiratet sich in den Schwarzwald. Der Seniorchef konnte das nicht akzeptieren, dass sie keine Reigeschmäckte (keine Einheimische) war. Als sie dann verstirbt, wird der Seniorchef gefragt: Wie soll denn die Beerdigung sein? Antwort: „Is doch ganz klar, sie wird verbrannt, die Asche kommt in die Eieruhr, damit se endlich mal was Rechtes schaffen kann!“

Charakter von König Friedrich Wilhelm I.

Und hier sind wir bei der unvorteilhaften Seite von König Friedrich Wilhelm. Er war jähzornig, ein Despot, unduldsam, prügelte mal schnell drauflos und machte auch vor seiner Familie nicht halt. Selbst der alt eingesessene Adel war vor seinem Zorn nicht sicher und musste sich seinen despotischen Anordnungen fügen. Also kurz gefaßt, Sie, lieber Leser, würden ihn nicht zum Kaffee einladen wollen.

Das berühmte Tabakskollegium von König Friedrich Wilhelm I., hier versammelte er sich mit seinen Generälen und Ministern. Er liebte derbe Späße und besprach dabei auch die Tagesgeschäfte.

Aus der Zeit von König Friedrich Wilhelm I.

Am 13. Dezember 1714 erließ der König eine Anweisung gegen Hexenprozesse.
Am 28. Oktober 1717 war die Einführung der Schulpflicht.

Bis zum Jahre 1727 gab es, so wie heute noch in Bayern üblich, traditionelle Schützenfeste, unter anderem das berühmte Königsschießen zu Pfingsten. Dem König missfiel das unnütze Scheibenschießen seiner Bürger, und er verbot alles, was damit im Zusammenhang stand. So ging die Schützengilde ein, und die drei Schützenplätze lösten sich auf. Die silberne Kette, mit der man den Schützenkönig krönte, wurde eingeschmolzen.
Im Dezember 1739 ließ er auf seine Kosten 12 Fiaker für den öffentlichen Verkehr herstellen und überließ sie Berliner Fuhrwerksunternehmern.

König Friedrich Wilhelm I. besucht eine Schule.

König Friedrich Wilhelm I. schafft das Preußische Beamtentum

Schon 1713 beginnt der König, eine Zentralbehörde für die bessere Steuerverwaltung einzurichten. Ab 1722 führt er die große Verwaltungsreform in Preußen ein. Es ist der Beginn der Zentralverwaltung. Er nennt sie das Generaldirektorium. Seine Mitarbeiter sind jetzt im Staatsdienst und fest besoldet. Die „Beamten" sind geschaffen.

Charité von Berlin

Im Jahre 1710 hatte König Friedrich I. vor dem Spandauer Stadttor ein Hospital während der Zeit der Pest errichten lassen. Dieses wandelte König Friedrich Wilhelm I. am 18. November 1726 in ein Krankenhaus mit 300 Betten um, was er Charité nannte. Er schenkte dieser Charité Ackerland zur Anlegung eines Küchengartens und einer Obstplantage. Dort wurde auch schon die Kartoffel zur Speisung für die Kranken und Armen angebaut. Heute ist diese Charité Europas größtes Universitätsklinikum.

Seit 1727 begann er, die dritte Stadtmauer zu errichten. Vor dem Brandenburger Tor ließ er zwischen 1732–1734 einen viereckigen Platz (Quarre) anlegen, der später, nachdem der französische Kaiser Napoleon 1814 besiegt wurde, in Französischen Platz umbenannt wurde. Am Potsdamer Tor entstand ein Platz in Form eines Achtecks (Oktogon), der nach Napoleons Niederlage in der Völkerschlacht bei Leipzig den Namen Leipziger Platz erhielt.
In der Regierungszeit hat der König zwei Kriege geführt, zu denen er sich vertragsgemäß verpflichtet hatte. Seine Sparsamkeit war der Grund, das kostete Geld, und er wollte außerdem seine schönen Soldaten nicht totschießen lassen. Er baute in Europa ein starkes und schlagkräftiges Heer auf, was sein Land am besten vor Übergriffen der großen Mächte Europas schützte, denn Preußen war immer noch ein kleines unbedeutendes Agrarland.

In der Nähe vom Spandauer Tor stand ein alter Pulverturm, der abgerissen werden sollte. Trotz Vorsichtsmaßregeln, nicht zu rauchen und nur in Filzpantoffeln den Raum zu betreten, explodierte am 12. August 1720 beim Ausräumen der Pulvervorräte der Turm und flog in die Luft. Viele Häuser wurden zerstört, und sogar im entfernten Schloss und Zeughaus krachten die Fensterscheiben. Die Explosion hatte verheerende Auswirkungen. 76 Personen fanden den Tod, teils durch herumfliegende Steine, teils wurden sie verschüttet.
Aber auch hier passierte, was wir heute bei ähnlichen Katastrophen erleben. 24 Stunden später zog man ein Kind von sechs Jahren unter einer Schulbank hervor, es hatte unbeschadet überlebt. Und ein Fremder, der sich in einer Herberge aufhielt, wurde nach drei Tagen unversehrt geborgen. Der König selbst hatte sich an dem Tag zur Aufsicht der Arbeiten angekündigt. Gegen seine Gewohnheit hatte er seinen Spaziergang verzögert und entkam so dem sicheren Tod. Als er an der Unglücksstätte ankam, schockierte ihn das Bild derart, dass er auf seine Kosten alle Häuser wieder in kürzester Zeit aufbauen ließ.

König Friedrich Wilhelm I. besichtigt eine Baustelle seiner Bürger

— Die Geschichte der Salzburger Glaubensflüchtlinge —

Im katholischen Salzburger Land hatte man wenig Verständnis für Andersgläubige. Es hatte sich zwar über lange Zeit unbemerkt eine lutherische Gemeinde gehalten, was aber der Erzbischof nicht beweisen konnte. So wurde durch die Jesuiten angeregt, dass der Gruß der Bauern „Gelobt sei Jesus Christus" eingeführt werde. Bei Weigerung sollten Prügel und Geldstrafen verhängt werden. Trotz allem wollten die Strenggläubigen diesen Gruß nicht aussprechen.

Der Erzbischof ließ nun Nachforschungen anstellen mit dem Ergebnis: ca. 25.000 Protestanten lebten in seinem Land. Er war so wütend darüber, dass er ausrief: „Ich will die Ketzer aus dem Lande haben, und wenn künftig nur Dornen und Disteln in Salzburg wachsen sollten!"

Um es kurz zu machen. Als nichts half, um die Protestanten zu bekehren, befahl er am 31. Oktober 1731, dass alle Ketzer das Land verlassen müssen, die Armen binnen 8 Tagen, die Wohlhabenden in 14 Tagen, nur den Reichen wurden 2–3 Monate gewährt.

Alle europäischen Protestanten waren damals entrüstet. Nur einer ging über diese bloße Bekundung hinaus. König Friedrich Wilhelm I. erließ am 2. Februar 1732 das „Preußische Einladungspatent" für die Salzburger, welches anbot, sich in Ostpreußen anzusiedeln. Außerdem forderte er den Erzbischof auf, alle Protestanten aus der Haft zu entlassen, und kündigte an: „...wenn er den protestantischen Auswanderern ihr Hab und Gut vorenthalten sollte, er dann den Katholiken im Magdeburgischen und Halberstädtischen das Vermögen konfiszieren werde, um die Auswanderer mit demselben schadlos zu halten..."

Das zeigte Wirkung, und der Erzbischof ließ auch alle Kinder unter zwölf Jahren wieder zu ihren Familien zurückkehren. Fast 20.000 Auswanderer kamen nach Preußen, vom König und auch in der Bevölkerung unterstützt. Durch den Beistand des Königs konnten die Bauern und Handwerker schnell überall Fuß fassen.

König Friedrich Wilhelm I. erweiterte während seiner Regierung das Heer auf 80.000 Mann. Berlin wurde Garnisonsstadt. Mit Zucht und Ordnung brachte er seine Armee und sein Preußen zur Raison. Sein Hobby war die „Lange Potsdamer Garde" mit Soldaten ab 1,88 m Größe. Dieses Hobby brachte ihm den Namen „Soldatenkönig" ein.

König Friedrich Wilhelm I. und der Kronprinz Friedrich

Sein ältester Sohn, der spätere „Friedrich der Große", wollte so gar nicht nach des Vaters Art geraten. Er spielte lieber Flöte, las philosophische Bücher und beschäftigte sich mit schöngeistigen Dingen. Sein Erzieher, Jacques Egide Duhan de Jandun (1685–1746) war der Sohn eines Hugenotten, der nach dem Potsdamer Edikt vom „Großen Kurfürst" nach Berlin gekommen war. Duhan setzte sich über die Anweisung des Vaters hinweg und begeisterte Friedrich für philosophische und literarische Werke.

Über den Verleger Ambrosius Haude (1690–1748), der nahe dem Berliner Stadtschloss eine Buchhandlung betrieb, legte er heimlich hinter verschlossener Tür eine Bibliothek für Friedrich an, die rund 4 000 Bände umfasste, vorwiegend französische Autoren.

Der Vater empfand seinen Sohn als verweichlicht und reagierte darauf mit äußerster Strenge und despotischer Erziehung. Er verordnete einen Tagesablauf, der durch einen Erzieher durchgesetzt wurde. Trotz Verbot ließ sich der jugendliche Kronprinz von seinen Hobbys nicht abbringen, es setzte immer wieder Schläge.

In seiner Jugend befasste sich Friedrich mit vielen Dingen, so auch, wie das Leben so funktioniert. So unternahm er mit einigen jungen Leuten einen Selbstversuch, gar nicht zu schlafen und immer geschäftig zu sein. Der Gedanke dahinter war, wenn dies gelänge, er doppelt solange leben könnte wie alle anderen Menschen. Er hat dies auch mithilfe des vielen Kaffees, den er trank, vier Tage ausgehalten, alsdann ist er am Tisch eingeschlafen, und sein Blut war so sehr erhitzet... Das Zerwürfnis zwischen Vater und Sohn eskalierte derart, dass Friedrich sich dem allen entziehen wollte und heimlich eine Flucht zu seinem Verwandten, zum König Georg nach England, plante.

Kronprinz Friedrichs Flucht – berichtet vom Zeitzeugen Büsching 1788

Hier möchte ich einen Zeitzeugen zu Wort kommen lassen, Anton Friedrich Büsching, der über 20 Jahre zur Zeit König Friedrich II. lebte.

„Charakter Friedrich des Zweiten, König von Preußen" von 1788:

„...Der König war der Meinung, dass der Kronprinz nicht der geeignete Nachfolger sei, und der nächste Bruder, Prinz Heinrich besser geeignet. Friedrich wollte dem nicht zustimmen und schrieb seinem Vater: Dass, wenn der König in einem öffentlichen Manifest zur Ursache seiner Ausschließung von der Thronfolge, angeben wolle, das er kein leiblicher und ehrlicher Sohn von ihm sei, so möge er den Prinzen August Wilhelm zu seinem Nachfolgèr ernennen. Das wollte der König nicht. Also beschloss der Kronprinz 1730, sich von seinem Vater heimlich zu entfernen und sich in den Schutz des Königs Georg II von Großbritannien nach London zu begeben. Diesen Zufluchtsort erwählte er desto lieber, da seine Mutter mit ihrem Bruder, dem König von Großbritannien, verabredet hatte, dass der Kronprinz von Preußen sich mit einer Tochter des Königs von Großbritannien vermählen sollte und gleichzeitig der Kronprinz von Großbritannien mit einer preußischen Prinzessin.

Der Kronprinz ließ durch die jungen Offiziere von Katt und von Keith, zu denen er freundschaftliches Vertrauen hatte, heimliche Anstalten zu seiner Flucht machen, es wusste auch seine ältere Schwester, die Prinzessin Friederike Sophie, die nachmalige Markgräfin von Bayreuth, um dieses Geheimnis. Es wurde aber verraten; der König ließ den Kronprinzen und den jungen Katt, Leutnant bei den Gens d'armes gefangen nehmen, Keith aber entfloh. Der Kronprinz wurde nach Cüstrin auf die Festung gebracht, woselbst er ein schlechtes Wohnzimmer bekam, und anfänglich ohne alle Bequemlichkeit war. Die erste verschaffte ihm der damalige Präsident von Münchow, der durch den Boden über dem Arrest ein Loch machen ließ, durch welches er mit dem Kronprinzen sprach, ihm sein Mitleiden bezeigte, und seine Dienste anbot. Friedrich klagte über das schlechte Essen, Geschirr und Tischzeug, usw.

Der Präsident versprach ihm, besseres zu beschaffen, ließ das letzte ihm auch, ohne dass es die Schildwache bemerkte, in einem Nachtstuhl zubringen. ...

...Die Gefangenschaft des Kronprinzen machte in ganz Europa großes Aufsehen und bewog insbesondere die protestantischen Staaten und Höfe, an den König zu schreiben und Fürbitte für den Kronprinzen einzulegen.
Der König ließ dem Kronprinzen eben sowohl als Katt den Prozess machen.
... Den Leutnant Katt verdammte das Kriegsgericht nicht zum Tode, womit der König sehr unzufrieden war, und am ersten November 1730 das Urteil dahin veränderte,...
...wegen des begangenen Verbrechens der beleidigten Majestät, mit glühenden Zangen zerrissen und ausgehangen zu werden verdienet hätte, er doch, in Rücksicht auf seine Familie (der Vater war Generalfeldmarschall von Katt), geköpft werden solle...
...Am vierten November wurde er nach Küstrin geführet, woselbst der Kronprinz aus der Festung seine Hinrichtung ansehen solle. Er kam daselbst am fünften November in Begleitung des Feldpredigers des Regiments Ernst Müller an, und am sechsten ward er auf dem Wall der Festung enthauptet. Der Kronprinz ward an ein Fenster geführet, aus welchem er auf den Wall sehen konnte, Als Katt nach dem Kreis geführet und hingerichtet wurde, überfiel den Kronprinzen Ohnmacht, und er konnte sich vormittags von dem Schrecken nicht erholen.

Es dauerte lange, bis Friedrich sich nach dem Schock gefasst hatte. Erst die langen Gespräche mit dem Feldprediger Müller waren hilfreich, und im Laufe der Zeit begann Friedrich, seinen Vater um Vergebung zu bitten.
Erst als der König von der Redlichkeit der Reue seines Sohnes überzeugt war, lockerte er die Festungshaft.
Er solle in der ganzen Stadt Küstrin umher, aber nicht aus derselben, gehen dürfen. Er werde ihm auch Geschäfte geben, mit welchen er vom Morgen bis Abend zu tun haben solle. Er solle bei der Kriegs- und Domänen Kammer, und bei der Regierung zu Küstrin in Ökonomischen Sachen arbeiten, Rechnungen annehmen, Akten nachlesen und Auszüge (aus denselben) machen...
...Er musste noch den Eid schwören, dass er seinem Willen und Befehlen in vollkommenem Gehorsam nachleben wolle...“

Am 11. April 1731 ließ der Kronprinz den Kammerdirektor Hille Cüstrin rufen und offenbarte ihm, dass er seines Vaters Wunsch gemäß bereit wäre, sich mit einer österreichischen Erzherzogin zu vermählen. Den Thron würde er dann an seinen Bruder Heinrich abgeben. Seine einzige Bedingung war, er wolle aber in jedem Fall evangelischen Glaubens bleiben.
Die Habsburger dachten nicht im Geringsten daran, einen widerspenstigen Thronerben, der dazu noch in Festungshaft verwahrt wurde, an die Seite der zukünftigen Kaiserin von Österreich zu stellen.
Welch ein anderes Schicksal hätten Deutschland und die Welt erfahren, wenn der hier

Leutnant Katt vor der Hinrichtung, er bittet den Kronprinzen um Vergebung.

ausgesprochene Gedanke Friedrichs, sich mit Maria Theresia, der Erbin von Österreich und Königin von Ungarn, zur Ausführung gekommen wäre.
Der Kaiserliche Hof war weit davon entfernt, diesem Ansinnen Rechnung zu tragen.
In Berlin diskutierte man sehr offen über dieses Thema und war der Meinung, dass allein Friedrichs Weigerung, den katholischen Glauben anzunehmen, dieser Heirat im Wege stand.
Der König verschonte seinen Sohn letztendlich wohl auch aus politischen Gründen, nachdem Kaiser Karl VI. sich für den Kornprinzen eingesetzt hatte. In der Einsamkeit vollzog sich in Friedrich ein Wandel, er bat seinen Vater um Vergebung.

Nach zwei Jahren berief der König den Kronprinzen zurück nach Berlin. Der Anlass war die Vermählung der ältesten Tochter Friederike Sophie mit dem Erbprinzen Friedrich von Bayreuth. Der Hausfrieden war wieder hergestellt. Als Friedrich dann noch der Heirat mit Elisabeth Christine von Braunschweig-Bevern zustimmte, war der Konflikt mit dem Vater, zumindest nach außen hin, beigelegt. Die Hochzeit fand am 12. Juni 1733 im Schloss Salzdahlum statt.
Kurz darauf kaufte der König das Gut Rheinsberg und schenkte es seinem Sohn. Er durfte alle seine Bücher mitnehmen, sich mit seinen französischen Hofleuten umgeben und ließ ihn machen was er wollte.

Schloss Rheinsberg, hier erlebt der Kronprinz seine schönste Zeit

Kronprinz Friedrich pflanzt Bäume

König Friedrich II. und die Frauen

Um die Leser, die sich für Friedrichs Verhältnis zu Frauen interessieren, nicht weiter auf die Folter zu spannen, lasse ich wieder Büsching sprechen:

> *„... In seiner Jugend soll er nicht so gleichgültig gegen das andere Geschlecht gewesen sein, als in der nachmaligen und größeren Zeit seines Lebens. Er hat aber, ich weiß nicht gewiss, um welcher Ursache Willen, früh angefangen, einen Widerwillen wider das Frauenzimmer zu fassen, und den Umgang mit denselben zu fliehen. Erforderten es Zeit und Umstände, so wusste er es mündlich und schriftlich auf eine artige und angenehme Weise zu unterhalten; es musste aber nicht lange währen, weil seine Höflichkeit gegen dasselbe erzwungen war, und er im Reden sich nicht so lange einschränken konnte, als die Wohlanständigkeit in Gegenwart des Frauenzimmers es erforderte. Auf solche Weise verlor er viel sinnliches Vergnügen. Er verschaffte sichs aber durch Umgang mit Mannspersonen wieder, und hatte aus der Geschichte der Philosophie wohl behalten, dass man dem Sokrates nachgesagt, er habe den Umgang mit dem Alkibiades geliebt."*

Ergänzung aus Wikipedia:

> *...Alkibiades (griechischer Staatsmann, Redner und Feldherr 450–404 v.Chr.) hatte ein intimes, aber (idealisierten altertümlichen Berichten zufolge) keusches Verhältnis zu Sokrates (griechischer Philosoph 469–399 v.Chr.), den er bewunderte und respektierte. Dieser wiederum wurde von Alkibiades' Schönheit angezogen, beschloss jedoch, den jugendlichen Reizen nicht zu erliegen...*

Als im Jahre 1740 König Friedrich Wilhelm I. verstarb, hinterließ er seinem Sohn einen durch Sparsamkeit und Ordnung vermögenden Staatshaushalt und ein schlagkräftiges Heer. Berlin hatte inzwischen 90.000 Einwohner und 5.796 Häuser.

DER BAER

Zeitschrift für vaterländische Geschichte und Alterthumskunde.

V. Jahrgang. 1879. Nr. 1.

Unter Mitwirkung von
Dr. jur. **Beringuier**, **F. Brunold** in Joachimsthal,
Prof. Dr. **Paulus Cassel**, Stadt-Archivar **Fidicin**, **Theod. Fontane**, Dr. **Herm. Kletke**,
Ferd. Meyer, Oberlehrer Dr. **H. Pröhle**, Director **Wilhelm Schwartz** in Posen,
Archidiac. **Schwebel** in Cüstrin ꝛc. ꝛc.

herausgegeben von

Berlin. **E. Friedel** Stadtrath. und **R. Schillmann** Stadt-Schulinspector. 1. Januar.

Die Zeitschrift erscheint monatlich zweimal, Preis vierteljährlich 1 Mark 50 Pf., und ist durch alle Buchhandlungen und Postämter, sowie durch die Expedition (Brüderstr. 13) zu beziehen. — Literarische Beiträge sind an die Nicolaische Verlags-Buchhandlung, R. Stricker in Berlin zu senden. — Inserate, pro 3 gesp. Petitzeile 30 Pfg. werden von allen Buchhandlungen, sowie von der Verlagshandlung entgegengenommen.

König Friedrich II. (1713–1786)

Der junge König Friedrich II. 1741

Über den König von Preußen, Friedrich II., später „Friedrich der Große" oder der „Alte Fritz" genannt, ist viel Widersprüchliches geschrieben und diskutiert worden. Ich habe das Glück und die große Freude, zwei Bücher zu besitzen, deren Autoren in der Zeit des Königs gelebt haben.
Das erste von 1788: „Charakter Friedrich des Zweiten, Königs von Preußen", geschrieben von D. Anton Friedrich Büsching, Zweite Ausgabe, Halle, verlegt von Joh. Jac. Curts Witwe.

Mit König Friedrich II. zog ein neuer Geist im Königreich Preußen ein. Sein Vater war am 31. Mai 1740 verstorben. Sein erstes Edikt, so nannte man königliche Befehle, war die Anweisung, dass Majestätsbeleidigung nicht mehr unter Strafe zu stellen sei, und er wollte nicht mit „von Gottes Gnaden" angesprochen werden. Das zweite Edikt erteilte er am 3. Juni 1740 mit der Abschaffung der Tortur (Folter) zur Geständniserzwingung.
Noch aus der Zeit des Mittelalters stammend, war die Folter eine gebräuchliche Methode um ein Geständnis zu erzwingen. Die Delinquenten wurden oft grausam zur Wahrheitsfindung gefoltert und anschließend barbarische Urteile gesprochen. Zum Beispiel wurden verführte Mädchen, die um der Schande zu entgehen, sich der schauderhaften Tat des Kindemordes schuldig gemacht hatten, in einem Ledersack ersäuft. Zur Gesellschaft wurden noch ein Hund, Hahn oder eine Katze mit in den Sack gesteckt.

Anton Friedrich Büsching (1724–1793) war ordentlicher Professor der Philosophie und Histograph. 1766 kam er nach Berlin und wurde Direktor des Gymnasiums zum Grauen Kloster und später königlich preußischer Oberkonsistorialrat und Direktor der vereinigten berlinischen und cöllnischen Gymnasien und Schulen. Mit seinem Dienstherren, König Friedrich, hatte er des Öfteren regen Schriftwechsel. Über 20 Jahre dokumentierte er alles, wovon er persönlich Kenntnis erhielt und von Dritten erfuhr.

Am 31.7.1740 schaffte er diese grausame Hinrichtungsart ab, ebenso bei der Todesstrafe das Sterben unter dem Rad.
Zur Volksbelustigung gehörten in alter Zeit Hinrichtungen dazu. Ob mittels Hängen, Köpfen durch das Schwert, Gliedmaßen Brechen durch das Rad oder anderswie, was ich nicht weiter beschreiben möchte. Das Volk aber liebte diese Art der „Volksbelustigung", also zuzuschauen, wenn Menschen zu Tode gebracht wurden. Auch im alten Rom gab es Veranstaltungen mit Gladiatoren, die bis zum Tode kämpfen mussten. Da gab es die Sitte, wenn ein Gladiator in der Arena besiegt war, zeigte das Volk in der Arena mit dem Daumen, ob der besiegte Krieger getötet werden sollte. Zeigte der Daumen nach unten, bedeutete es töten, sollte er leben, dann zeigte der Daumen nach oben. Die Sitte gibt es heute noch, wenn etwas gut oder OK ist, zeigt man mit dem Daumen nach oben. So liebe Leser, jetzt kennen Sie den Ursprung vom Daumen Zeigen und auch, wie tief verwurzelt es ist, dass die Menschen Krimis und Horrorfilme so lieben.

Hintergrund zur Abschaffung der Folter

Quelle: Biographie „Friedrich der Große", A. E. Fern 1848, S 407, Originaltext:

Die Abschaffung der Tortur soll durch eine Begebenheit jener Zeit veranlasst sein, die von Diesen glaubwürdig erzählt, von Andern bestritten ist. Man erzählt sie so:

„Den ehemaligen Stelzenkrug am Alexanderplatz zu Berlin besaß eine kinderlose Witwe, und in demselben wohnte außer ihr Niemand, als ein armer Kandidat, der sich davon notdürftig ernährte, dass er vom Morgen bis zum Abend Kindern wohlhabender Bürger Unterricht in den Elementen der lateinischen Sprache, der Erdbeschreibung, Geschichte, im Rechnen und Schreiben gab.

Eines Morgens kam die Witwe nicht, wie gewöhnlich, aus ihrer Schlafkammer zum Vorschein; dies erregte endlich Besorgnisse, und als man die Tür öffnete, fand man sie todt in ihrem Bette. Ein um ihren Hals befindlicher Strick ließ keinen Zweifel, dass sie erdrosselt sein musste.

Auf die Anzeige an die obrigkeitliche Behörde veranlasste diese sogleich, den einzigen Hausgenossen der Ermordeten, den Kandidaten, vorfordern zu lassen, um ihn zu vernehmen, ob er über diesen Mord seine nähere Auskunft zur Ausmittelung und Habhaftwerdung des Täters angeben könnte. Des Kandidaten Zimmer war ebenfalls verschlossen und er nicht aufzufinden. Nach Verlauf von einigen Stunden kehrte er in seine Wohnung zurück. Er wurde sogleich vor den Richter geführt und über die Mordtat vernommen. Er versicherte, dass er hierüber nicht die mindeste Auskunft geben könne, indem er die Nacht über nicht in seinem Quartier gewesen sei. – Auf Befragen, wo er solche denn zugebracht? antwortete er, er habe gestern einen Freund, einen Landgeistlichen, einige Meilen von Berlin wohnhaft, besucht, solchen jedoch, um bei guter Zeit wieder in Berlin zu sein, am Abend verlassen, um den Rückweg zu Fuß zu machen. Bei der eingetretenen Dunkelheit habe er sich verirrt und die Nacht auf dem Felde zubringen müssen.

Diese Aussage, und da er Schlechterdings nicht im Stande war, an welchem Orte er die Nacht außer dem Hause zugebracht, gehörig zu beweisen, machten ihn des Mordes verdächtig, er wurde daher sogleich verhaftet und der Tat beschuldigt. Er leugnete solche standhaft; indessen achtete man darauf nicht und trug sein Bedenken, um ihn zum Geständnis zu bringen, an ihm die Tortur vollziehen zu lassen. Bei dem ersten Grade derselben flehte er, den Schmerzen erliegend, inne zu halten und bekannte sich als Mörder.

Das Gerücht davon verbreitete sich schnell durch die ganze Stadt.

Am meisten erstaunten und erschraken aber diejenigen, die den Kandidaten als Hauslehrer kannten und ihn, wegen seines frommen stillen Wesens und der liebreichen Behandlung seiner Schüler, sehr lieb gewonnen hatten. Sie hielten ihn eines solchen Frevels ganz unfähig und beschlossen, in einer Deputation sich deshalb an den damaligen Großkanzler von Socceji zu wenden, um ihn darauf aufmerksam zu machen, wie es höchst wahrscheinlich sei, dass dem Kandidaten, bei einem so lange unbescholtenen Lebenswandel, nur durch die Schmerzen der Folter ein Geständnis erpresst worden, das keineswegs auf Wahrheit beruhen könne. Socceji hörte die Abgeordneten ruhig an und entließ solche sehr human mit dem Troste, dass er ihre Winke gewiss berücksichtigen werde. Er ließ es auch nicht bei dieser leeren Versicherung bewenden, sondern forderte sogleich die über diesen Mord und über den Kandidaten verhandelten Untersuchungsakten ein. Bei genauer Durchsicht fand er, dass man noch nicht gehörig untersucht, ob nicht etwa die Witwe sich selbst erdrosselt habe, und er verfügte zu diesem Ende eine Besichtigung der Leiche, die man – nach einem damals herrschenden Vorurtheile – nicht zu berühren gewagt. Zu dieser Besichtigung wurde der Scharfrichter von Berlin zugezogen, um über die Erdrosselung sein Gutachten abzugeben. Er erklärte,, die Ermordete sei durch einen kunstgerechten Knoten erwürgt worden. Socceji fiel dies Beiwort auf. Er ließ den Scharfrichter zu sich bescheiden, und fragte ihn, was er unter dem Worte „kunstgerecht“ verstände?

Es ist eine eigene Art, in einen Strick einen Knoten zu schürzen (herzustellen), wenn ein Dieb von uns gehenkt werden soll, wodurch dessen gewaltsamer Tod beschleunigt und erleichtert wird.

„Ist denn das so etwas Künstliches?“ fragt Socceji. „Dies wohl nicht“, versetzte der Scharfrichter; „aber es ist doch ein besonderer Kunstgriff, der nur denjenigen bekannt sein kann, welche zum Metier gehören.“

Diesen Umstand beachtend, ließ nun der Großkanzler Erkundigungen einziehen, ob etwa fremde Scharfrichter oder ihre Knechte in dieser Zeit in Berlin gewesen wären. Es wurde auch bald ermittelt, dass zwei Scharfrichterknechte aus Spandau an dem Abend, wo in der darauf folgenden Nacht der Mord geschehen war, nach Berlin gekommen. Es waren die leiblichen Brüder der Ermordeten. Sie wurden auf seinen Befehl verhaftet und bekannten die Tat. Sie hatten die Schwester erdrosselt, um als die nächsten Erben ihres Vermögens, desto früher zu dessen Besitz zu gelangen.

Man fügt hinzu, dass auf Soccejis Bericht hin Friedrich die Anwendung der Tortur streng untersagt habe.

Verkündet die Religions- und Pressefreiheit

Wenige Tage nach seiner Thronbesteigung erklärte der König nach einer aufgehobenen Tafel einigen Ministern, dass der Buchhändler Ambrosius Haude von ihm das Privileg erhalten habe zur Herausgabe einer Zeitung „Berlinische Nachrichten von Staats- und gelehrten Sachen“. Diese neue Zeitung soll ohne Zensur gedruckt werden.

PS. Ambrosius Haude (1690–1748 Buchhändler und Verleger) hatte seine Buchhandlung gegenüber dem Königlichen Schloss. Er hatte über den Erzieher vom Kronprinzen, Duhan, mitgeholfen, heimlich Bücher zu besorgen, die sein Vater verboten hatte. Diese waren in Haudes Buchhandlung hinter einer verschlossenen Tür versteckt. Sie hatte einen Umfang von über 4.000 Bänden und wurde nach dem missglückten Fluchtversuch in Holland versteigert.

Die Religionsfreiheit wurde seit 1532, als Kurfürst Joachim II. dem protestantischen Glauben beitrat, von allen Hohenzollern als Staatsgrundlage verteidigt und gelebt. Auch der junge König verkündete gleich am Anfang seiner Schaffenszeit in einem Brief:

> *„Die Religionen müssen alle tolerieret werden und muss der Fiskale nur das Auge darauf haben, das keine der anderen Abtrug tuhe, denn hier muss ein jeder nach seiner Facon selig werden.“*

Auf eine Bittschrift von Geistlichen, ob der König nicht das Deputationskorn, welches König Wilhelm I. in barem Gelde hat auszahlen lassen, nicht wieder in Natura verabfolgen zu lassen, da er für das Geld nicht genügend

Korn erwerben könne, wo bei den schlechten Zeiten sie ihren Lebensunterhalt nicht mehr bestreiten könnten.
(S228) Der König schrieb an den Rand des Schreibens: Es bleibt dabei, auch wenn morgen 100 Priester den Abschied nähmen, so könnte man Morgen 1000 neu wieder bekommen. Soldaten bekommen Brodt, aber Priester leben von das Himmlische Manna, was von da oben kommt ist ihr Reich nicht von dieser Welt. Weder Petrus noch Paulus haben Brodtkorn bekommen und im neuen Testament ist kein Apostelmagazin zu finden.

Maria Theresia

Eigentlich hätten sie ein gutes Gespann als Lenker einer neuen Epoche abgeben können. Auch Maria Theresia leitete Reformen in ihrem großen Kaiserreich ein.

Quelle: Maria Theresia, von Eugen Euglia, Seite 46

...Zur gleichen Zeit lebte am Wiener Hofe Maria Theresia, sie war schwanger. Nach drei Töchtern sollte nun endlich der Kronprinz geboren werden. Kaiser Karl der VI. sollte ihn jedoch nicht mehr zu Gesicht bekommen. Er war am 20. Oktober 1740 verstorben. Seine Idee war das große Habsburger Reich zu schaffen. Seine Minister hatten ihm 1720 ein Votum formuliert: Es sei „so viel als möglich ein totum aus Ew. Maj. weitläufigen und herrlichen Monarchie zu machen." In seiner 30-jährigen Regierung ist es ihm nicht gelungen, das Gefühl der Zusammengehörigkeit in seinen Ländern zu einem klaren tatkräftigen Bewusstsein zu entwickeln. Die einzelnen Kronländer wollten beisammen bleiben aber eine Verpflichtung gegenseitiger Unterstützung lehnten sie ab. Tirol, Kärnten, Steiermark pochten auf alte Privilegien. So war die Finanzlage nach Ableben von Karl d. VI. sehr traurig. Die Armee stand am Ende der Regierung ziemlich schlecht, wenn auch nicht weniger schlechter als in anderen europäischen Staaten da. Maria Theresia traf der Tod ihres Vaters unvorbereitet. Er hatte sie in keiner Weise in die Aufgaben einer Staatsführung eingeweiht. Bei der Prüfung ihres Standes der Habsburger Monarchie in Europa kam sie zu dem Schluss, dass ihr keine direkten Gefahren drohten. Am wenigsten von dem König Friedrich dem II. von Preußen. Was sollte doch der unbedeutende Staat mit seinen 2,5 Millionen Einwohnern gegen die große Habsburger Macht mit ihren 13 Mio. Einwohnern anrichten können...

Maria Theresia Königin von Ungarn, Kaiserin von Österreich (1717–1780)

Der Schlesische Krieg

Dem jungen König Friedrich II. wollte es nicht gefallen, dass Preußen so ein unbedeutendes kleines Land war und immer wieder ein Spielball der Großmächte sein würde.
Von seinem Urgroßvater, dem „Großen Kurfürst“ wusste König Friedrich II., dass nach den Friedensverträgen mit Österreich eigentlich Schlesien an Preußen gegeben werden sollte. Dies war jedoch nicht geschehen. Kurzerhand entschied sich König Friedrich II. für eine Korrektur, und in zwei Schlesischen Kriegen (1740–1742 und 1744–1745) nahm er fast problemlos Schlesien in den Besitz von Preußen.

Lesen wir nun, wie die Verfasser von „Darstellung der denkwürdigsten europäischen Ereignisse vom 1789 bis auf unsere gegenwärtigen Tage“ von 1824 die Zeit beschrieben haben:

Memmingen 1824, in der Christopher Müllerrischen Kunst und Buchhandlung:

…Nur einen schwachen wenig ausgebreiteten Staat erbte er von seinem Vater, kaum 2.200.000 Millionen Einwohner enthielten alle Provinzen der Monarchie, dagegen aber fand er eine schlagfertige Armee von 76.000 Mann und einen Schatz von 8 Millionen und 700.000 Thalern… Friedrich fasste plötzlich den Plan, Preußen zu einer Macht zu machen, und zum Erstaunen von Europa führte der Jüngling das riesenhafte Unternehmen aus. Schlesien, ein Land mit anderthalb Millionen Einwohnern, einem fleißigen und betriebsamen Volke, hatte er zu erobern beschlossen. Mit Mühe wurden einige kaum scheinbare Vorwände zur Beschönigung der Gewalttat ausgesucht, veraltete Ansprüche auf die schlesischen Fürstentümer Liegnitz, Brieg, Molau und Jägerndorf geltend gemacht. Er versprach der Maria Theresia für diese Abtretung Unterstützung gegen alle ihre Feinde, ihren Gemahl, seine Stimme zur Kaiserwürde und drei Millionen Thaler…

Als Maria Theresia das Angebot erhielt, hatte Friedrich seine Soldaten bereits in Marsch gesetzt.

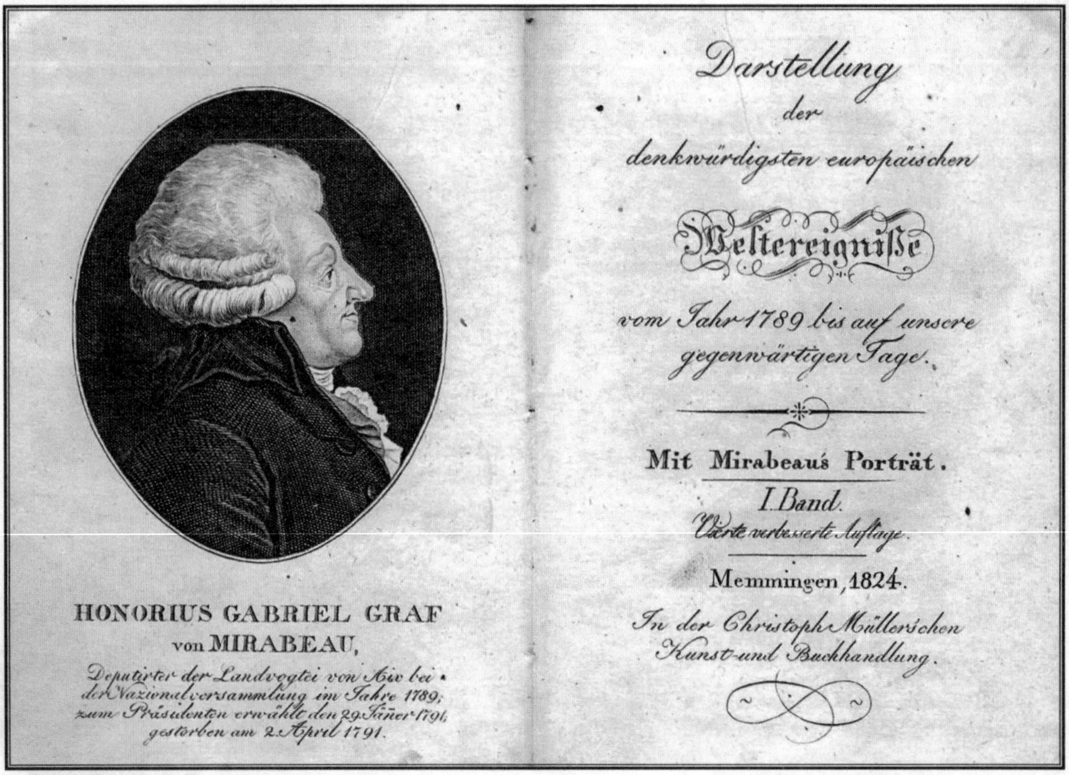
HONORIUS GABRIEL GRAF
von MIRABEAU,
Deputirter der Landvogtei von Aix bei der Nazionalversammlung im Jahre 1789; zum Präsidenten erwählt den 29. Jäner 1791, gestorben am 2. April 1791.

Darstellung
der
denkwürdigsten europäischen
Weltereigniße
vom Jahr 1789 bis auf unsere
gegenwärtigen Tage.

Mit Mirabeau's Porträt.
I. Band.
Vierte verbesserte Auflage.

Memmingen, 1824.
In der Christoph Müllerschen
Kunst- und Buchhandlung.

Der Siebjährige Krieg von 1756–1763

Maria Theresia fand diese Entnahme von Schlesien aus ihren Besitzungen gar nicht witzig.
Nachdem sie den Erbfolgekrieg mit Italien beendet hatte, schmiedete sie ein Bündnis mit Russland, Frankreich, dem Deutschen Reich und Schweden. Die Verträge waren unterschrieben, und im Frühjahr 1757 sollte Preußen eingenommen und unter den Siegermächten aufgeteilt werden. König Friedrich hatte so etwas kommen sehen und seine Informanten an allen europäischen Höfen. So erhielt er eine Kopie von den Aufteilungsplänen von Maria Theresia. Danach gäbe es Preußen als eigenständigen Staat nicht mehr.
Der König wusste, wenn seine Feinde genug Zeit haben würden, um sich ausreichend vorzubereiten, wäre sein Preußen verloren. Es standen die großen Mächte der damaligen Welt in mindestens zwei bis dreifacher Truppenstärke dem kleinen Preußen gegenüber.
Angriff ist die beste Verteidigung, sagte er sich und fiel schon im August 1756 in Sachsen ein, was schnell zur Kapitulation gezwungen wurde.
Ich möchte an dieser Stelle nicht auf den weiteren Verlauf des Krieges eingehen. Es würde den Rahmen des Buches sprengen.
Um es kurz zu machen, nach sieben Jahren Krieg hatte „Friedrich der Große“, so nannte ihn nun die Welt, mit seinem Geschick als Feldherr seine Feinde immer wieder zurückdrängen können. Er hatte erreicht, dass am 15. Februar 1763 beim Frieden von Hubertusburg der Status Quo festgesetzt wurde. Es bedeutete, die Grenzen blieben wie vor dem Krieg.
Anders als andere Herrscher war er immer an der Front an erster Stelle, oft unter Einsatz seines Lebens mitkämpfend. Unter den Soldaten wurde er „Der Alte Fritz“ genannt.

Von den bedeutenden Generälen, ohne die es König Friedrich II. nicht geschafft hätte, dass nach sieben Jahren Krieg Preußen nicht unterging, möchte ich einen vorstellen.

König Friedrich II. im Feld, er hatte während der Feldzüge immer seine Flöte, eine kleine Handbibliothek und Bedienstete, die seine Korrespondenzen besorgten, bei sich.

Der Alte Dessauer

Der Fürst Leopold I. diente unter drei preußischen Königen mit rühmlicher Auszeichnung. Schon in seiner Jugend verachtete er in ungebändigter Leidenschaft jeder Art wissenschaftlicher Bildung, welche sich nicht unmittelbar auf den Soldaten und den Krieg bezog. Schon als Knabe zeigte Leopold einen ungetümen, jede Schranke der Erziehung durchbrechenden Sinn. Von der Mutter verzärtelt, vom Vater allzu früh zur Jagd mitgenommen. War jede Bemühung der Erziehung vergebens, ihm auch nur die gewöhnlichsten Schulkenntnisse beizubringen, so dass er mit neun Jahren weder lesen oder noch schreiben konnte.

Aber er zeichnete sich schon von Jugend an durch Tapferkeit, Ausdauer und soldatische Unerschrockenheit aus, was ihm die Aufmerksamkeit seiner Generäle einbrachte und er bereits 1688 von Kaiser Leopold zum Obersten und Inhaber eines Regiments gemacht wurde.

Wie trotzig und ungestüm der fürstliche Knabe auch war, so gab es eine Gewalt, welche diesen jungen Löwen seit seinem zehnten Jahre an seinem Bande zu zähmen wusste. Es war dies das schöne Annalieschen, die siebenjährige Tochter des Apothekers Föse in Dessau. Anfänglich hatte die Fürstin Gefallen an dieser Neigung, durch welche sie der Rohheit des Fürsten Zügel angelegt sah. Die Kinderliebe entwickelte sich zu heftiger Leidenschaft. Die unveränderte Neigung der Geliebten führte dazu, dass Leopold in seinem 18. Jahre den Entschluss ankün-

Fürst Leopold I. von Dessau; genannt: der Alte Dessauer (1676–1747)

„Die groben Scherze, welche er sich in dieser Hinsicht erlaubte, überschritten jede Grenze des Anstandes. In einer Damengesellschaft, wo er mehrere seiner geschworenen Feindinnen anwesend wusste, behauptete er eines Abends, er habe einen Grenadier, welcher die Kunst verstehe, sich unsichtbar zu machen. Die Damen, welche durch Thomasius und Wolff über den Gespensterglauben längst aufgeklärt worden waren, verlachten den Fürsten und behaupteten, dass der Grenadier mit Ober- und Untergewehr sich schwerlich in ihrer Gegenwart würde unsichtbar machen können.

Der Grenadier ist vor der Thür, rief Leopold, Sie dürfen nun commandieren: Marsch! und er tritt ein. Die Damen riefen, wie der Fürst es ihnen gesagt, die Thür that sich auf und ein Grenadier mit Degen, Patronentasche und Gewehr, trat außer Hut, Schuhe und Gamaschen, ohne ein Stück Bekleidung, herein. Die Damen schrien auf, verbargen ihr Gesicht in ihre Hände und der Grenadier marschierte an ihnen vorüber zur anderen Thür hinaus. Sämtliche anwesenden Damen betheuerten, dass der Grenadier in der That die geheime Kunst verstehe, sich unsichtbar zu machen."

digte, die schöne Annaliese zu heiraten. Der Kurfürst wollte nicht zulassen, dass sein Sohn eine Bürgerliche heiratet und schickte ihn auf Reisen durch ganz Europa bis nach Venedig, Rom und Neapel. Um es kurz zu machen. Alles half nichts, und nach dem Tod seines Vaters heiratete er zum Trotze aller das schöne Annalieschen. Er diente dann später König Friedrich Wilhelm I. und zum Schluss Friedrich dem Großen. Sein raues und derbes Wesen legte er nie ab, und er war berühmt für seine groben Späße.

König Friedrich und Voltaire (1694–1778)

Über das Verhältnis von Friedrich zu Voltaire ist viel Widersprüchliches berichtet worden. Richtig ist, dass schon Friedrich als Kronprinz den geistvollen Voltaire verehrte und auch, dass sie ein Leben lang im Briefwechsel standen. In der Zeit, als er in Sanssouci und Berlin verweilte, sorgte Voltaire immer wieder für Ärgernisse durch seine Eitelkeit und Habsucht. Als er sich dann ganz vom König zurückziehen wollte, versäumte er, dem König Geschenke zurückzugeben. Der König schickte kurzerhand Boten nach Frankfurt und setzte Voltaire fest bis zum Eintreffen des Gepäcks. Nach Herausgabe der Stücke konnte Voltaire seinen Weg fortsetzen.

„Friedrich der Große und Voltaire" von J. Venedey Verlag von Heinrich Hübner 1859

...Das Jahr 1757 war das Härteste für Friedrich II. und wurde gleichzeitig auch das Glänzende für ihn. Nach vier verlorenen Schlachten schien der Stern Friedrichs

Im Jahr 1750 nahm Voltaire die Einladung vom König Friedrich II. an und kam nach Schloss Sanssouci bei Potsdam.

sich dem Untergange zu wenden. Friedrich wusste, dass Voltaire der Pompadour und dem Herzog von Richelieu, der die französische Armee gegen Friedrich befehligte, immer Berichte vom preußischen Hofe gesandt habe. König Friedrich hatte an D'Argend einen Brief geschrieben, dass der Gedanke, dass er seine vollkommene Niederlage und Demütigung nicht überleben wolle. Dieser Entschluss lieber zu sterben als seine Schmach zu überleben, kam zufällig oder absichtlich in Voltaires Hände. Auch schrieb Friedrich in ähnlichem Sinne an Voltaire selbst. Voltaire war sich sicher, dass der König sich selbst töten wolle, falls diese Niederlage eintrete und spielte das dem Herzog von Richelieu zu. Die französische Politik konnte den Untergang Friedrichs und die Vernichtung der preußischen Monarchie nicht wollen.

Verhaftung von Voltaire in Frankfurt

Der bevorstehende Fall derselben musste den Franzosen eher gefährlich als gewünscht erscheinen. Diese Ansicht teilten außer Herzog von Richelieu auch einzelne Mitglieder im Kabinett. So konnte also die Nachricht, dass Friedrich auf dem Punkte stehe, sich selbst zu töten, im französischen Ministerium wie im französischen Lager eher ein Zaudern als ein rasches Fortschreiten zur Folge haben.

Ob vorher berechnet durch Friedrichs Scharfblick, ob in Folge von Voltaires Verrat und dem Vertrauen, das Friedrich in ihn setzte, so hat Voltaires Brief an Richelieu, eine hohe, welthistorische Bedeutung dadurch erlangt, dass er die Schlacht bei Rossbach möglich machen half…

Zur Information: Am 5. November 1757 besiegte Friedrichs Armee die französische und leitete den Wendepunkt im Siebenjährigen Krieg ein. Die französische Armee und die mit ihr verbündete Reichsarmee hatten fast ¼ ihrer Truppen eingebüßt.

Die Tafelrunde in Sanssouci, Gemälde von Adolf Menzel.

Die berühmte Potsdamer Tafelrunde im Schloss Sanssouci, in der nur Männer von Geist auf Einladung des Königs zugelassen wurden.

König Friedrich als Baumeister

Schon im Jahr 1741 ließ König Friedrich II. durch den Architekten Georg Wenzelaus von Knobelsdorff (1699–1753) das erste freistehende und gleichzeitig das größte Opernhaus in Europa erbauen.

Nach neun Jahren Planungsstreit wurde 2010 mit der Sanierung des historischen Gebäudes begonnen. Geplante Fertigstellung war Saisonbeginn im Herbst 2013 bei 239 Millionen geplanten Baukosten. Und nun, lieber Leser, ahnen Sie schon was kommt. Geplante Eröffnung 2017? Baukosten über 400 Millionen. Natürlich war's der „Berliner Unwillen", der erblich belastet, wieder zugeschlagen hat!

Und die Moral von der Geschicht',
ohne Kostenerhöhung baut man
in Berlin halt nicht!

Am 30. März 1763 kehrte der König nach sieben Jahren Krieg nach Berlin zurück. Schon ein Jahr später beauftragte er den damals besten Architekten Knobelsdorf, den Plan für einen groß angelegten Platz nach römischer Art zu entwerfen: „Forum Fridericianum".

Der Prinz Heinrich Palast wurde 1810 zur Humboldt-Universität

Von dem großen Vorhaben verwirklicht wurde das Prinz Heinrich Palais. Es war ein Palast für seinen Bruder, der aber kinderlos blieb. Deshalb wurde dieses Palais 1810 von Wilhelm von Humboldt zur ersten Preußischen Universität in Berlin umgebaut. Aus dieser Universität sind im Laufe der Geschichte 29 Nobelpreisträger hervorgegangen.

Wenn Sie heute vor der Universität stehen, sehen Sie links hinten einen Ginkgobaum mit ca. 2,86 m Umfang. Ob den die Gebrüder Humboldt gepflanzt haben, ist nicht gesichert, aber Goethe soll darunter gesessen und über den Ginkgo geschrieben haben. Auch wenn es vielleicht nicht so war, es hört sich zumindest gut an, dass unser berühmter Dichter unter einem

Baum, einer heute ausgestorbenen Pflanzenfamilie, in Berlin gedichtet haben soll!

Von den Architekten Michael Philipp Boumann (1747–1803) und Georg Christian Unger (1743–1799) ließ er 1780 die Königliche Bibliothek im barocken Stil erbauen.
Der König hatte einen streng geordneten Tagesablauf: um 4:00 Uhr begann er im Sommer seine Arbeit mit der Bearbeitung der geschäftlichen Post. Gegen 7:00 Uhr beorderte er seine Minister, um ihnen Anweisungen zu erteilen. Er las jeden wichtigen Brief selbst und machte oft Randnotizen. Über alles wusste König Friedreich II Bescheid und entschied darüber. So kam der Architekt zu ihm, um nachzufragen, wie er denn die Bibliothek bauen solle. Der „Alte Fritz“ hatte immer seinen Spazierstock bei sich. Er ging im Zimmer auf und ab, hielt inne, zeigte dann auf eine Kommode im Barockstil: „Mache er so wie diese da“. Und so ist dann auch diese Bibliothek entstanden. Daher der Name, den die Berliner für die Bibliothek gaben: „Kommode“. Friedrich wollte, dass allen diese Bibliothek offen stand. So ließ er über den Eingang einen Sinnspruch auf Latein anbringen: „nutrimentum spiritus“, was übersetzt heißt „geistige Nahrung“. Die Berliner haben den Spruch frei übersetzt: „Spiritus is ooch ‘n Nahrungsmittel“.
Diese Bibliothek entwickelte sich nach 18hundert zur größten deutschsprachigen Bibliothek. Um 19hundert hatte sie bereits über 1 Million Bände und erforderte einen Neubau. Die Staatsbibliothek „Unter den Linden“ 8, neben der Humboldt-Universität.

Der „Alte Fritz“ führte zwei Schlesische Kriege. Die Einwohner des neu erworbenen Schlesiens waren vornehmlich katholischen Glaubens, die vermehrt auch nach Berlin zogen. Er schenkte der Glaubensgemeinschaft den Baugrund und einiges an Baumaterial zum Bau einer katholischen Kirche. Er gab aber vor, die Kirche dürfe nicht höher als das Schloss gebaut werden. Die Baumeister fanden eine Lösung: Sie bauten tiefer statt höher. Wenn Sie heute die St. Hedwigs-Kathedrale betreten, geht es vom großen Kirchenraum eine Ebene tiefer in eine Unterkirche, einem zweiten Kirchenraum. Am 13. Juni 1747 wurde der Grundstein der St. Hedwigskirche zu Berlin gelegt.

Unter den Linden 1780, vorn das neu erbaute Königliche Opernhaus, hinten rechts St. Hedwigs-Kathedrale.

Benannt wurde die Kirche nach einer schlesischen Hedwig von Andechs (1174–1243), die 1267 heilig gesprochen wurde. Die heilige Hedwig war eine bemerkenswerte Frau. Nach zweiundzwanzigjähriger Ehe hatte sie sieben Kinder geboren. Von nun an lebte sie in einer „weißen Ehe“, eine Ehe ohne Sex und widmete sich der Armenfürsorge und Nächstenliebe. Sie lief im Winter barfuß und wurde daraufhin von ihrem Priester ermahnt, sie möge doch bitte ihre Schuhe tragen. Noch heute sieht man auf Abbildungen, dass die Heilige St. Hedwig ihre Schuhe daraufhin auf dem Arm trägt.

Die St. Hedwigs-Kathedrale ist die erste katholische Kirche in Berlin

Die Königliche Bibliothek war für alle Bürger geöffnet.
Heute gehört sie zur Humboldt-Universität und beherbergt die Juristische Fakultät.

So sah Berlin 1780 zurzeit vom König Friedrich II. aus. Wir blicken zum Boulevard „Unter den Linden“ in Richtung Brandenburger Tor, links sehen wir das Kronprinzen-Palais noch vor dem Umbau, als Königin Luise einzog, das Königliche Theater, dann ein kleines Wachhäuschen, rechts hinten das Prinz Heinrich Palais, die Alte Wache, die 1818 durch Schinkels Neue Wache ersetzt wurde und das Zeughaus, das heute das älteste Gebäude „Unter den Linden“ ist.

Jeder Prozess soll innerhalb eines Jahres erledigt sein!

Seine Justizreform

Bereits König Friedrich Wilhelm I. wollte eine Justizreform. Durch eine Kabinettsorder vom 1. November 1737 ernannte der König Samuel von Cocceji zum Generalkontrolleur für die Justiz und das Amt des Fiskus. Heute würden wir Justiz- bzw. Finanzminister sagen. Cocceji hatte über 30 Jahre an preußischen Gerichtshöfen gearbeitet. Er bereiste sofort die preußischen Provinzen und begann, ein allgemeines Landrecht zu verfassen. Aber die Kosten der Reform hielten den König von der Umsetzung ab.

Erst durch König Friedrich II. kamen die Reformen wieder in Gang. Am 15. September 1746 gab er dem Minister die Order, dort, wo die Zustände am schlimmsten waren, seine Arbeit zu beginnen.

Ein Jahr später, im Mai 1747 konnte Cocceji mit nicht geringer Freude dem König melden, dass ein Grenzstreit zwischen der Kammer und einigen Edelleuten, der schon über zweihundert Jahre und über 70 Bänden Akten ungeklärt war, jetzt besonders durch den Fleiß des Justizbeamten Fürst von Jarriges (1706–1770) zur Genugtuung der Parteien zu Ende gebracht sei. Nach dem Tod von Cocceji wurde dieser Justizminister.

So arbeitete man das ganze Jahr weiter. Samuel von Cocceji schaffte im Januar 1748, dass im letzten Jahre in Stettin 1600 alte, 684 neue, in Cöslin 800 alte, 310 neue Prozesse rechtsgängig wurden. Alle alten, sagt er, seien abgetan, und von den neuen in Stettin nur noch 183, in Cöslin nur noch 169 übrig seien. Ew. Majestät sehen, ruft er aus, was von Justizkollegien, die mit lauter gelehrten und ehrlichen Leuten besetzt sind, geleistet werden kann.

Jeder Prozess wurde nun innerhalb eines Jahres erledigt.

Ja lieber Leser so etwas gab es einmal!

Und die Moral von der Geschicht,
Gute Vorsätze halten lange nicht!

Samuel Freiherr von Cocceji war Reformer des preußischen Justizwesens und wurde 1723 Kammergerichtspräsident, ab 1738 Preußischer Justizminister und ab 1747 Großkanzler. Sein Vater, Heinrich von Cocceji (1644–1719) war Professor für Natur und Völkerrecht an der Universität von Heidelberg. Er war ein bedeutender Jurist in Heidelberg und Nachfolger von Freiherr von Pufendorf.
„Der Große Kurfürst“ hatte Freiherr von Pufendorf nach Berlin geholt und damit sein Gedankengut. Man kann davon ausgehen, dass auf Grund der exponierten Stellungen der Familie Cocceji, König Wilhelm I. und auch König Friedrich II. sich mit Pufendorfs Wertesystem beschäftig hatten und im Grundsatz diese befürworteten.

Samuel von Cocceji (1679–1755)

Müller Arnold Affäre 1779

Müller Arnold besitzt in der Neumark eine Mühle. Dort muss er dem Grafen von Schmettau Erbpacht zahlen. Eines Tages veranlasst ein Gutsherr oberhalb des Teiches Grabungen, woraufhin das Wasser zum Betrieb der Mühle nicht mehr fließt. Der Müller stellt die Zahlung ein. Graf von Schmettau klagt den Müller Arnold aus der Mühle und verkauft diese. Alle Beschwerden des Müllers werden abgewiesen. Daraufhin wendet dieser sich direkt an den „Alten Fritz“, den König. Dieser lässt diese Angelegenheit durch einen Offizier untersuchen, aber der Müller bekommt kein Recht.
Nun übergibt der König die Angelegenheit dem Kammergericht zu Berlin mit der Anweisung, den Prozess zu beschleunigen. Doch wieder erhält der Müller kein Recht. Recht wird zugunsten des Adels gesprochen. Dies missfällt dem König so sehr, dass er den Großkanzler und drei Räte vom Kammergericht zu sich rufen lässt:
„Der geringste Bauer und Bettler soll ebenso ein Mensch sein wie ein König“ erklärt er den Verdutzten. „Ein Justizkollegium, das Ungerechtigkeit ausübt, ist gefährlicher und schlimmer als eine Diebesbande: vor der Diebesbande kann man sich schützen; aber vor Schelmen, die den Mantel der Justiz gebrauchen, um ihre üblen Passionen auszuführen, vor denen kann sich kein Mensch hüten; die sind ärger als die größten Spitzbuben, die in der Welt sind, und verdienen eine doppelte Bestrafung“.
Den Großkanzler entlässt er sofort, die drei Stadträte werden in das Stadtgefängnis gebracht. Mehrere Jahre Festungsstrafe in der Festung Spandau sowie Entschädigung des Müllers, entscheidet der König. Der Adel stand Kopf. Dass so etwas geschehen konnte, war bis Dato einfach unmöglich gewesen. Sonntags sind in Scharen Bürger zur Festung nach Spandau gepilgert mit Körben zur besseren Verpflegung der Inhaftierten.
Als Folge dieser Begebenheit erhält der Großkanzler Johann Heinrich von Carmer (1720–1801) vom König einen Auftrag zur Reform der Justiz. Er soll ein Gesetzbuch mit Prozessordnung schaffen, welches der bürgerlichen Verfassung angemessener ist. Dies hat „Der Alte Fritz“ bis in seine letzten Tage hinein vorangetrieben.

Anekdote: Der „Alte Fritz“ und sein Page

Eines Tages im Schloss Sanssouci: Der „Alte Fritz“ klingelt nach seinem Pagen. Nichts rührt sich. Daraufhin geht er ins Vorzimmer und erwischt seinen Diener schlafend auf einem Stuhl. In des Dieners Rocktasche bemerkt er eine Seite beschriebenes Papier. Er zieht es hervor und entdeckt einen Brief von dessen Mutter. Diese bedankt sich in dem Schreiben bei ihrem Sohn für die finanzielle Unterstützung, die sich dieser von seinem Gehalt erspart hatte. Gott werde ihn dafür belohnen, und diesem soll er getreu wie seinem König dienen.

Der König geht leise in sein Zimmer zurück, holt eine Rolle Dukaten und steckt sie mit dem Brief in die Tasche des Dieners zurück. Nun geht er in sein Zimmer und läutet so stark, dass der Page zwangsläufig erwacht und nun zum König eilt. Dabei greift er in seine Tasche und bemerkt den neuen Inhalt. Als er die Dukaten herausholt, erblasst er und stottert, dass er von dem Geld nichts wisse.
„Wem es Gott gibt,“ sagt daraufhin der König, „dem gibt er es im Schlafe. Schick‘s nur deiner Mutter, grüße sie und versichere ihr, dass ich für dich und sie sorgen werde.“

Berliner Königliche Porzellanmanufaktur – KPM

Im Jahr 1751 wird von dem Kaufmann Wilhelm Kaspar Wegely in Berlin das erste Mal Porzellan hergestellt. Er stellte gutes Porzellan her, doch er schrieb rote Zahlen. So übernahm 1760 der Kaufmann Johann Ernst Gotzkowsky das Unternehmen. Im Jahr 1763 kaufte dann der „Alte Fritz“ die Porzellan-Manufaktur für 225.000 Reichstaler. Er unterstützte alles, was zur größeren Vollkommenheit und zur Erhöhung der Qualität des Porzellans beitrug. Jeden Monat musste der Direktor beim König persönlich Rechenschaft ablegen. Wenn der König in Berlin weilte, besuchte er jedes Mal die Manufaktur und machte oft Bestellungen nach eigenen Angaben. Wenn diese gut ausfielen, belohnte er dies großzügig. So entstand ein Wetteifern unter den Mitarbeitern. Preußens Porzellan wurde bald wegen seiner Qualität, Farben und Malerei anderen vorgezogen. Heute finden Sie die Königliche Porzellanmanufaktur (KPM) in der Nähe des S-Bahnhofs Tiergarten in 10623 Berlin, Wegelystraße 1, mit einer außergewöhnlichen Dauerausstellung über den ältesten noch bestehenden Berliner Handwerksbetrieb.

PS. Dieser Kaufmann Gotzkowsky war es, der dem König bei vielen Unternehmungen eine Hilfe war.

So auch in der Zeit des Siebenjährigen Krieges, als die russischen und österreichischen Truppen es schafften, bis nach Berlin vorzudringen. Um eine Plünderung der ganzen Stadt zu verhindern, sollten die Berliner den Russen vier Millionen Thaler Kontribution zahlen. Gotzkowsky schaffte es, diesen Betrag auf 1 ½ Millionen Thaler zu reduzieren und für die Österreicher, welche später eintrafen, 100.000 Thaler. Außerdem wollten diese 20 Paar Damenhandschuhe aus der Berliner Manufaktur für Maria Theresia.

Gotzskowsky organisierte dies unter den schwierigsten Bedingungen bei den Berliner Kaufleuten und verhinderte so eine Ausplünderung der Stadt. Auch die 20 Paar Damenhandschuhe für Maria Theresia wurden geliefert. Als der König erfuhr, dass seine Hauptstadt besetzt werden würde, setzte er Eiltruppen in Marsch, was bewirkte, dass die Österreicher sich mit ihrer schnellen Beute zurückzogen. Am Stammtisch später saßen die Kaufleute und waren erleichtert, dass es „so glimpflich“ abgelaufen war. Einer meinte, mit den Handschuhen soll Maria Theresia halt glücklich werden. Der Unternehmer, der sie geliefert hatte, meinte schmunzend dazu: „Na ja, so ganz glücklich wird sie damit nicht werden, denn wir haben nur für die linke Hand welche geliefert!“

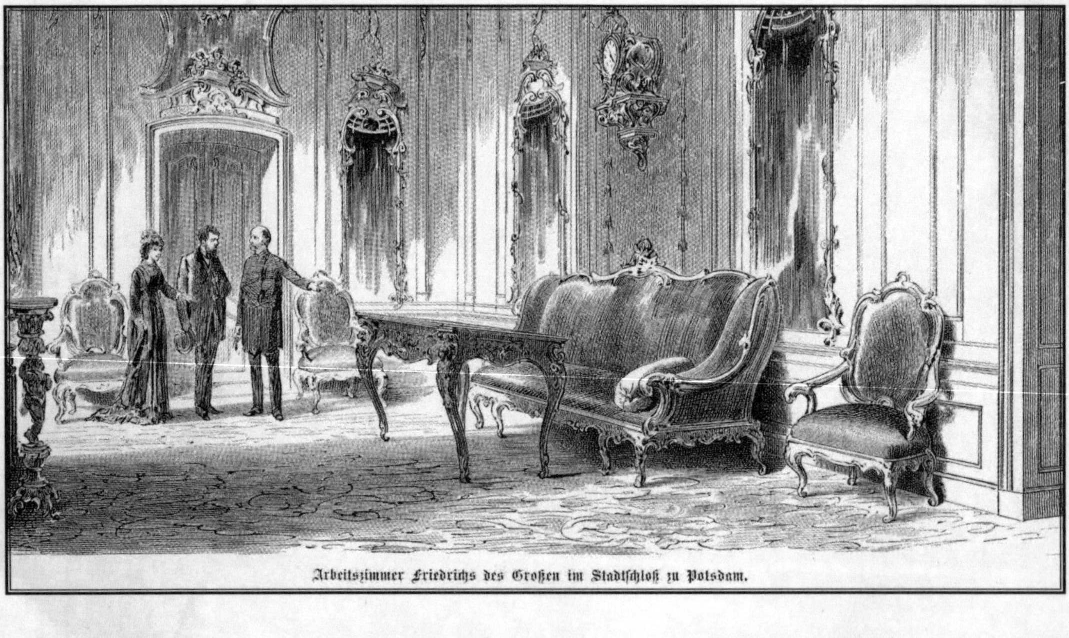

Arbeitszimmer Friedrichs des Großen im Stadtschloß zu Potsdam.

Reformen vom Alten Fritz
„Friedrich der Große“, Fern 1848 (S. 315–317)

Hier kann ich Ihnen, lieber Leser, nicht nur einen Überblick über Friedrichs Aktivitäten geben, sondern gleichzeitig darüber, welche Manufakturen und Handwerke in dieser Zeit entwickelt waren. Hier nur neu gegründete Fabrikunternehmungen:

1743	Sammet-Fabrik in Genueser Art (Seidenfabrik) des Hoflieferanten Blume
1743	Wachsleinewand = Tapetenfabrik
1743	Spitzenklöppelei im großen Militär Waisenhaus zu Potsdam
1743	Kolonie von Suhler, Ruhlaer und Schmalfalder Messer- und Scherenschmieden in Neustadt-Eberswald; allmälig zu 100 Familien anwachsend, 1753 den Banquirs Splittgerber und Daum auf zwanzig Jahre unentgeltlich, 1764 ihnen als Eigentum überlassen.
1744	Errichtung einer Damast Fabrik in Schmiedeberg.
1746	Manufaktur von buntem und geglättetem türkischen Papier in Berlin
1749	Blonden Manufaktur
1749	Splittgerber erhält Erlaubnis, in Berlin eine Zuckersiederei anzulegen
1751	Derselbe legt eine zweite Siederei an, da der auswärtig gereinigte Zucker mit 12 pro Cent zu seinen Gunsten besteuert ist; – eine dritte fundiert er 1754
1751	Der Kaufmann Caspar Wegeli legt in Berlin eine Fabrik von echten Porzellan an, wozu ihm der König das am Königswalle liegende Kommandantenhaus schenkt
1753	Barchent-Manufaktur (Garnfabrik) in Brandenburg
1753	Seidenspinnerei in Soldin
1753	Türkisch Garn-Färberei in Berlin
1753	Elfenbein Manufaktur in Potsdam
1754	Seidenwarenfabrik in Berlin
1754	Wollspinnerdörfer zu Schönwalde und Novaweß (Neuendorf) bei Potsdam
1754	Ungarische und Englische Lederfabrik Berlin
1754	Eisenhüttenwerk zu Gottow
1755	Gold- und Silber-Papierfabrik zu Berlin

Dass aber besonders die Leinen- und Wollwarenmanufakturen und Hantierungen (= Handel) emporgebracht und in allen Provinzen aufs Möglichste befördert wurden, braucht hier nicht besonders erwähnt zu werden, da aus den oben angeführten Kabinettsordern (= Kabinettsbefehl) und statistischen Nachrichten das Aufblühen dieses Zweiges des Gewerbsteißes (=Tausch von Waren) hinlänglich zu ersehen ist. 1785 und 86 beschäftigten diese beiden Manufakturzweige nach Herzbergs Tabellen 138.000 Arbeiter auf 69.000 Stühlen, und der Werth fabrizierten Stoffs betrug 17.000.000 Thaler.

Friedrichs hohes Ansehen in Europa

Er ritt Zeit seines Lebens und so lange er konnte zu Pferd und verabscheute den Prunk. In dieser Zeit geschah Folgendes: Vor Marokko wurde ein preußisches Schiff aufgebracht und die Besatzung eingesperrt. Als der dortige König davon erfuhr, ließ er den Kapitän kommen, befragte ihn, woher er komme. Als er erfuhr, dass sie Untertanen von König Friedrich II. waren, ließ er die ganze Mannschaft wieder einkleiden und schickte sie nach Preußen zurück. „Meine besten Grüße an den König" ließ er noch bestellen. So weit war die Kunde der Ruhmestaten des „Alten Fritz" gedrungen.
Bei seinem Bruder, Prinz Heinrich, wurde später sogar aus Amerika angefragt, ob er nicht König der Vereinigten Staaten von Amerika werden wolle.

Preußen – Ein Staat ohne Schulden

Der König zeichnete sich unter anderem auch dadurch aus, dass er keine Schulden machte. Er hatte am ersten Tag eines jeden Jahres die Gelder für den Etat des laufenden Jahres in der Kasse.
Seine Haushaltsführung hatte getrennte Kassen.

Ja, lieber Leser, so etwas hat es in Preußen wirklich gegeben!

Selbst in seinem Testament hat der „Alte Fritz" verfügt: „Unser Leben ist ein flüchtiger Übergang von dem Augenblicke der Geburt zu dem des Todes. Die Bestimmung des Menschen für diesen kurzen Zeitraum ist, für das Wohl der Gesellschaft, deren Mitglied er ist, zu arbeiten..." „...Sollte es sich nach meinem Tod zeigen, dass ich einige kleine Schulden hinterlasse, an deren Zahlung mich der Tod gehindert hat, so soll mein Neffe sie entrichten. Das ist mein Wille."

Ich habe anlässlich der Präsentation vom „Historischen Stadtführer" im August 2012 an alle Bundestagsabgeordneten und alle Berliner Abgeordneten diesen „Historischen Stadtführer" und einen Brief dazu gesandt.

Drei Rückantworten habe ich erhalten! ... so viel Interesse zur Schuldenreduzierung. Man verzeihe mir bitte meine Naivität.
Der „Alte Fritz" hinterließ 1786 seinem Nachfolger einen Staatsschatz von 72 Millionen Thalern und ein stehendes Heer von 200 000 Mann. Außerdem hatte Preußen eine hohe Kreditwürdigkeit bei allen europäischen Mächten erworben und sein Land mit seiner Bevölkerung, den neuen Industrien, durch Wohlstand, Wissenschaft und Kultur kräftig empor gehoben.

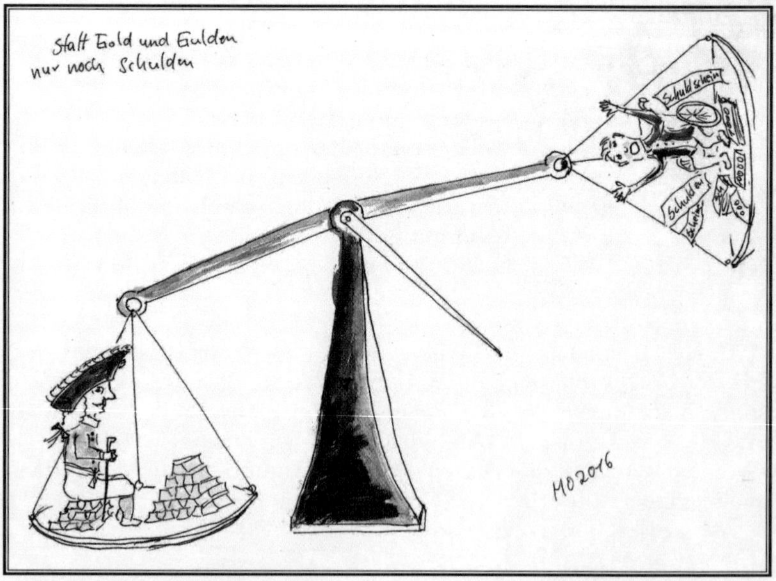

72 Millionen Taler Guthaben Preußen 1786 — **2 Tausend Milliarden EURO Schulden Deutschland 2017**

TOPAS

Berliner Flair Tourismus

Berliner Flair Tourismus
Tel. 030 - 79 78 65 56 Fax 030 - 74 78 07 92
berlinerflair@web.de www.berlinerflair.de

TOPAS GmbH 10178 Berlin Nikolaikirchplatz 5 - 7

Frau
Dr. Angela Merkel
Platz der Republik 1
11011 Berlin

Berlin, den 22.August 2012

Sehr geehrte Frau Dr. Merkel,

Betrifft: Historischer Stadtführer "Berliner Flair"

wir möchten Sie über eine neue Attraktion unserer Stadt Berlin informieren und überreichen Ihnen ein Erstexemplar vom "Historischen Stadtführer" Berliner Flair - 800 Jahre Stadtgeschichte, ausschließlich aus alten Dokumenten Hier einige Auszüge:

König Friedrich II oder "Der Alte Fritz" genannt, hat nach seiner Krönung im Jahre 1740 als erstes eine Reform mit dem Ziel eingeleitet, dass jeder Gerichtsprozess innerhalb eines Jahres abgeschlossen werden muss.
Er hatte für ein Jahr im Voraus das benötigte Geld in der Staatskasse !!!

Hier Auszüge aus dem Testament von Friedrichs des Großen, die wir Ihnen nicht vorenthalten möchten:

König Friedrich II schreibt:

„Unser Leben ist ein flüchtiger Übergang von dem Augenblicke der Geburt bis zu dem des Todes. Die Bestimmung des Menschen während dieses kurzen Zeitraumes ist, für das Wohl der Gesellschaft, deren Mitglied er ist, zu arbeiten!"

„Ich habe die öffentlichen Einkünfte nie zu meinem besonderen Nutzen verwendet. Meine Ausgaben haben nie in einem Jahre 220.000 Taler überstiegen. Auch lässt mir meine Staatsverwaltung ein ruhiges Gewissen und ich scheue mich nicht, öffentliche Rechenschaft abzulegen!
Ich überlasse meinem lieben Neffen, Friedrich Wilhelm, als erstem Thronfolger, das Königreich Preußen, die Provinzen, Städte, Schlösser etc. Sollte es sich nach meinem Tode zeigen, dass ich einige kleine Schulden hinterlasse, an deren Zahlung mich der Tod gehindert, so soll mein Neffe sie entrichten. Den Schatz, in dem Zustande, in welchem er sich an meinem Sterbetag befinden wird, als ein dem Staate zugehöriges Gut, soll nur zur Verteidigung oder zur Unterstützung des Volkes angewandt werden!"

Als Bundestagsabgeordneter sind sie ein indirekter Nachfolger um für das Wohl des Deutschen Volkes bemüht zu sein. Bitte prüfen sie, inwieweit die Forderung nach Schuldenfreiheit und nach der Erledigung jeden Prozesses innerhalb eines Jahres, nicht doch möglich ist.

Viel Freude bei der Lektüre und freundliche Grüßen

Friedhelm Reis

Anlage "Historischer Stadtführer" Berliner Flair

TOPAS Berliner Flair Tourismus & Gastronomie GmbH
Amtsgericht Charlottenburg HRB 121973 B Steuer-Nr. 37/285/21479 | Geschäftsführer Eberhard Schollmeier
Tel. 030 - 79 78 65 56 Fax 030 - 74 78 07 92 berlinerflair@web.de www.berlinerflair.de
10178 Berlin Nikolaikirchplatz 5 - 7

Brief an Frau Merkel

König Friedrich und die Mutter Gottes

Nach Beendigung des Schlesischen Krieges hatte ein Soldat weniger Einkünfte als sonst bei den Feldzügen. Er versuchte einen Ausgleich, indem er eine katholische Kirche besuchte und sich an dem Opferstock heimlich bediente. Die geringeren Einnahmen fielen dem Küster auf, und er entdeckte bald den Dieb. Der Soldat wurde gestellt und kam vor das Kriegsgericht. Er leugnete seine Tat nicht, behauptete aber, dass dies kein Diebstahl war. Die Gottesmutter sei ihm erschienen, und er habe ihr sein Leid geklagt. Daraufhin habe sie ihm geheißen, auf diese Weise seine Not zu lindern. Das Militärgericht wollte dies nicht gelten lassen und verurteilte den Soldaten zu zwölfmaligem Gassenlaufen. Als der „Alte Fritz“ das Urteil las – er entschied alle Vorgänge persönlich – ließ er den katholischen Pfarrer ins Schloss kommen. Dem Geistlichen war die ablehnende Haltung des Königs zur Kirche bekannt. Er wunderte sich wohl, warum der König ihm die Ehre seines Besuches erwies.
Nun fragte der König den Geistlichen, „könne die Mutter Gottes einem Menschen in Erscheinung treten, wie es in der Bibel stehe?“
Der Gottesdiener überlegte eine Weile und bejahte. Nun fragte der „Alte Fritz“, „könnte denn auch einem einfachen Menschen die Heilige Jungfrau erscheinen?“
Nach einigem Zögern antwortete dieser, „ja, das könnte wohl möglich sein“. Daraufhin zeigte der König dem Priester das Urteil.
Der „Alte Fritz“ sandte das Urteil zurück mit der Bemerkung: „Der Soldat ist freigesprochen. Er verbiete ihm aber in Zukunft ein Geschenk von der heiligen Jungfrau oder sonst einem Heiligen anzunehmen“.

Und wieder ist das antiquarische Trüffelschwein fündig geworden.

Als ich das zweite Buch von 1787 „Anekdoten und Charakterzüge aus dem Leben Friedrich des Zweiten“ vom Berliner Verleger Johann Friedrich Unger erwarb, fand ich darin eine Beschreibung des Gesprächs von König Friedrich II. mit Professor Gellert. Ich kannte diesen Namen nicht und fand heraus, dass er ein deutscher Dichter, Moralphilosoph und meistgelesener Schriftsteller seiner Zeit war.
Er gehörte zu den Frühaufklärern. Seit 1745 hielt er Vorlesungen an der Universität von Leipzig über Poesie und wurde 1751 außerordentlicher Professor der Philosophie. Neben ihm gehörten Ewald Christian von Kleist (1715–1759, ein Freund Lessings) und Johann Wilhelm Ludwig Gleim (1719–1803) zu den deutschen Voraufklärern, die die deutsche Literatur zur bekannten klassischen Höhe führten.

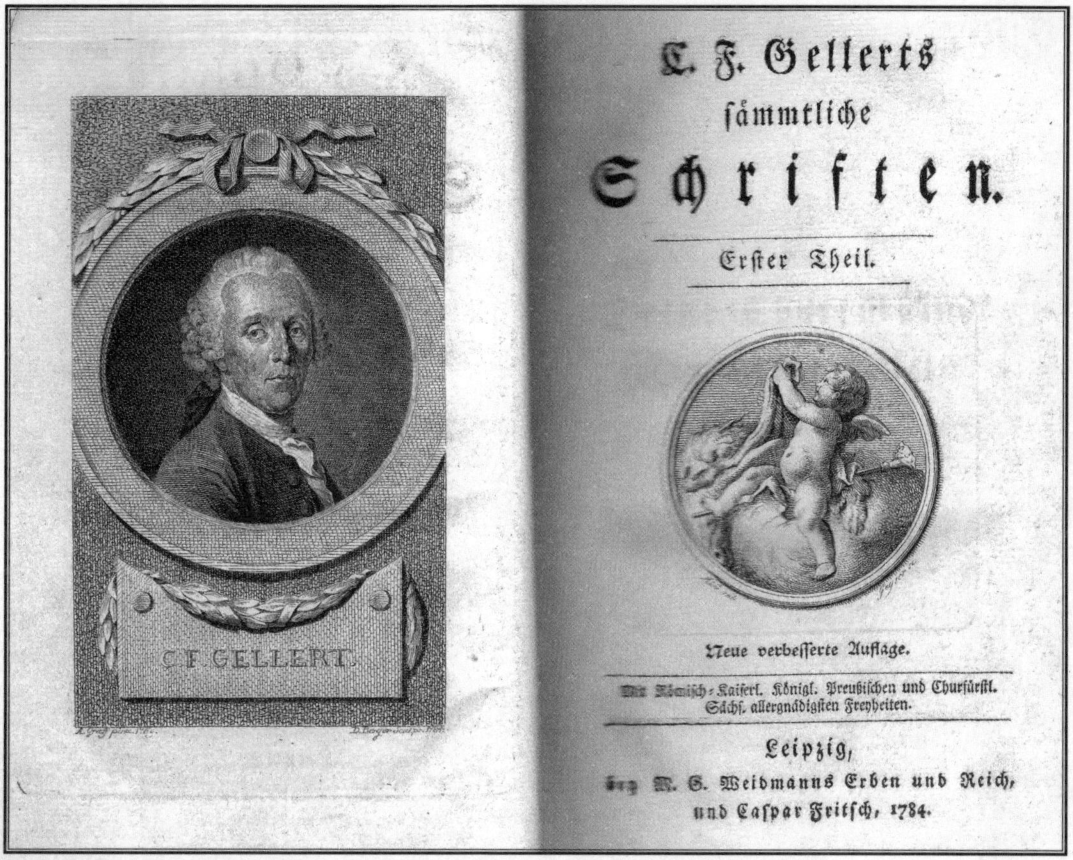

C. F. GELLERT

C. F. Gellerts
sämmtliche
Schriften.

Erster Theil.

Neue verbesserte Auflage.

Mit Römisch-Kaiserl. Königl. Preußischen und Churfürstl.
Sächs. allergnädigsten Freyheiten.

Leipzig,
bey M. G. Weidmanns Erben und Reich,
und Caspar Fritsch, 1784.

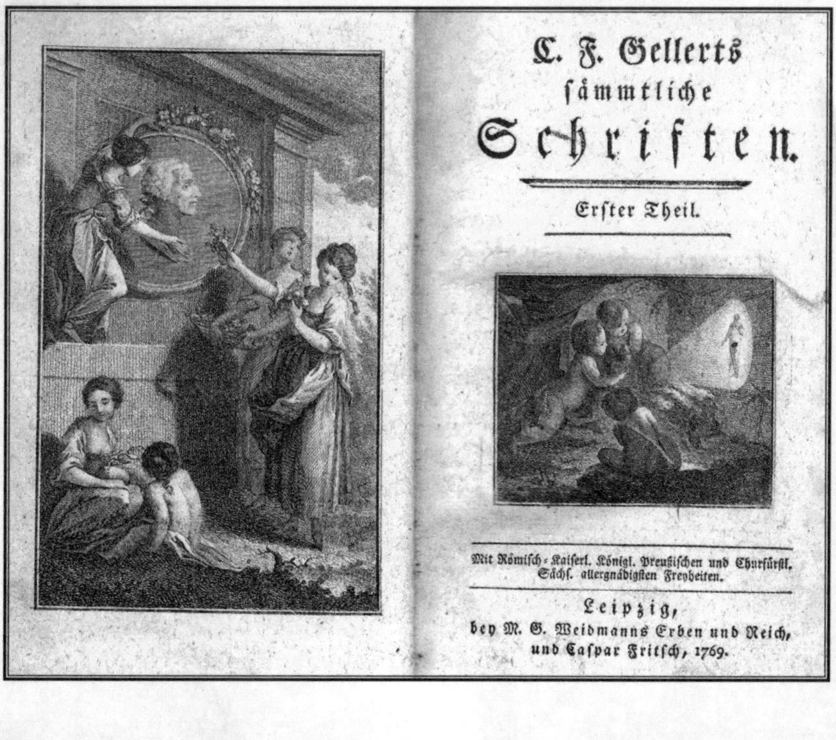

C. F. Gellerts
sämmtliche
Schriften.

Erster Theil.

Mit Römisch-Kaiserl. Königl. Preußischen und Churfürstl.
Sächs. allergnädigsten Freyheiten.

Leipzig,
bey M. G. Weidmanns Erben und Reich,
und Caspar Fritsch, 1769.

Gellerts sämmtliche Schriften 1769

Christian Fürchtegott Gellert (1715–1769)

Johann Wolfgang von Goethe (1749–1832) sollte von seinem Vater aus Jura studieren. Er besuchte von1765–1768 die Universität in Leipzig. Schon nach kurzer Zeit ging der junge Goethe lieber zu den Vorlesungen über Poetik vom Professor Gellert, der bald zu seinem Lieblingsdozenten wurde.

Inzwischen habe ich die gesammelten Werke von Gellert von 1769 in meinem Bestand aufnehmen können. Beim Reinlesen finden sich leicht Züge, die später von Goethe in seinen Werken gut ausgearbeitet wurden. Gellert schreibt z. B., „Warum es nicht gut sei seine Zukunft zu wissen“, oder“ Wie soll man gut studieren“. Themen, die heute genauso aktuell sind wie im 18ten Jahrhundert.

Originalabschrift Seite 57:
Gespräch zwischen Professor Gellert und König Friedrich:

„Während des sieben jährigen Krieges nahm der König in Leipzig sein Winterquartier. Dort bestellte er am 18ten Dezember 1759 den berühmten Professor Gellert zu sich:

In diesem merkwürdigen Kriege hatte der König sein Winterquartier zu Leipzig. Er machte sich mit den berühmtesten Gelehrten bekannt, und trug dem Quintus Icilius auf, Gellert zu ihm zu holen. Man erfuhr damals folgendes.

Den 18ten Dezember 1759 nachmittags um 3 Uhr pochte jemand an des Professor Gellert Tür. Der Major Quintus Icilius trat herein und sagte: ich freue mich sie kennenzulernen. Seine Majestät der König verlangen sie zu sprechen, und haben mich hergeschickt, sie zu ihm zu bringen.

Gellert: Herr Major, sie müssen mir ansehen, daß ich krank bin: es wird dem Könige an einem kranken Mann, der nicht reden kann, nicht viel gelegen sein.

Der Major: Es ist wahr, sie sehen nicht wohl aus, ich werde sie auch nicht nötigen mit mir zu gehen. Aber das muß ich ihnen sagen, wenn sie sich mit dieser Ausflucht ganz von dem Gange los zu machen gedenken, so irren sie sich. Ich muß morgen wieder kommen, und wenn sie dann nicht besser sind, übermorgen, und das so fort, bis sie mitgehen können. Entschließen sie sich also, ich lasse ihnen eine Stunde Zeit, um 4 Uhr werde ich wieder anfragen, ob ich sie heute oder ein andermal mitnehmen soll.

Gellert: Ja, das thun sie, Herr Major, ich will sehen, wie ich mich alsdann befinde.

Nach einer Stunde kam der Major wieder, und sie gingen nach dem Apelischen Hause. In dem Vorzimmer fanden sie zwei, drei Personen, welche voller Freude waren, den Professor kennen zu lernen. Jetzt aber ging die Tür zu des Königs Zimmer auf. Sie traten ein und blieben mit dem Könige die ganze Zeit allein.

Der König. Ist er der Professor Gellert?

Gellert. Ja, Ew. Majestät.

Der König. Der englische Gesandte hat mir viel Gutes von ihm gesagt. Wo ist er her?

...Der König. Sage er mir doch, warum wir keinen guten deutschen Schriftsteller haben?

Der Major Quintus. Ew. Majestät sehen einen vor sich, den die Franzosen selbst übersetzt haben, und den deutschen La Fontaine (1621–1695 gilt unter den französischen Schriftstellern als einer der größten Klassiker) nennen.

Der König. Das ist viel. Hat er den Lafontaine gelesen?

Gellert. Ja, Ew. Majestät, aber nicht nachgeahmt: ich bin ein Original.

Der König. Gut, das ist einer; aber warum haben wir denn nicht mehr gute Autoren?

Gellert. Ew. Majestät sind einmal gegen die Deutschen eingenommen, –

Der König. Nein, das kann ich nicht sagen.

Gellert. Wenigsten gegen die deutschen Schriftsteller.

Der König. Das ist wahr! Warum haben wir keine guten Geschichtsschreiber?

Gellert. Es fehlt uns auch daran nicht; wir haben einen Mascow, einen Cranter, der den Bossuet fortgesetzt hat...

...Der König. Er soll reisen!

Gellert. Ew. Majestät, dazu fehlt mir Gesundheit und Vermögen.

Der König. Was hat er denn für eine Krankheit, etwa die gelehrte?

Gellert. Weil sie Ew. Majestät selbst so nennen, so mag sie so heißen, in meinem Munde würde es zu stolz geklungen haben.
Der König. Ich habe sie auch gehabt, ich will ihn kurieren. Er muss sich Bewegung machen, alle Tage ausreiten, und alle Woche Rhabarber nehmen.
Gellert. Diese Kur möchte wohl eine neue Krankheit für mich sein. Wenn das Pferd gesünder wäre, als ich, so würde ichs nicht reiten können, und wäre es eben so krank, so würde ich auch nicht fortkommen.
Der König. So muss er fahren.
Gellert. Dazu fehlt mir das Vermögen.
Der König. Ja, das ist wahr, das fehlt immer den Gelehrten in Deutschland, Es sind wohl jetzt böse Zeiten?
Gellert. Ja wohl! Wenn nur Ew. Majestät Deutschland den Frieden geben wollte!
König. Wie kann ich denn! Hat Er's nicht gehört, es sind ja drei wider mich?...“

Insignien des Fridericus Rex

Der König Friedrich ging zweimal im Jahr auf Reisen und besuchte so alle seine Ländereien. Er erkundigt sich nach dem Zustand der Städte, Gemeinden, Fabriken und gab Anweisung zur Verbesserung an die einzelnen Zuständigen. Sein grandioses Gedächtnis half ihm dabei, alle Namen und Geschehnisse zu behalten. So wusste er über alles in seinem Land Bescheid.

Auszüge aus dem Testament Friedrich des Großen

„Unser Leben" – so lautet es – „ist ein rascher Übergang vom Augenblicke unserer Geburt zu dem unseres Todes. Während dieses kurzen Zeitraumes ist der Mensch bestimmt, für die Gesellschaft, deren Mitglied er ist, zu arbeiten. Seitdem ich zur Führung der öffentlichen Angelegenheiten gelangte, habe ich mich mit allen Kräften, welche mir die Natur verliehen und nach meinen schwachen Ansichten bestrebt, diesen Staat, welchen zu regieren ich die Ehre hatte, glücklich und blühend zu machen. Den Gesetzen und der Gerechtigkeit verschaffte ich die Herrschaft, ich brachte Ordnung und Bestimmtheit in die Finanzen und erhielt die Armee in jener Kriegszucht, welche ihr den Vorrang vor allen übrigen Truppen Europas verliehen hat. Nachdem ich so meine Pflichten gegen den Staat erfüllt habe, würde ich mir einen ewigen Vorwurf zu machen haben, wenn ich das, was meine Familie betrifft, vernachlässigen würde. Um also den Verunreinigungen, welche unter meinen Verwandten über meine Verlassenschaft entstehen könnten, vorzubeugen, erkläre ich durch diese feierliche Urkunde meinen letzten Willen:

Ich gebe gern und ohne Klage diesen Hauch des Lebens, der mich beseelt, der gütigen Natur, die ihn mir geliehen und meinen Körper den Elementen, aus welchen er zusammengesetzt ist, zurück. Ich habe als Philosoph gelebt und will als solcher beerdigt werden, ohne Prunk, ohne Aufwand, ohne Pomp; ich will weder seziert noch einbalsamiert werden, man soll mich in Sanssouci oben auf den Terrassen in eine Gruft beerdigen, welche ich für mich haben zurichten lassen... Solle ich während des Krieges, oder auf einer Reise sterben, so darf man nur meinen Körper dem nächsten Orte beisetzen und ihn während des Winters nach Sanssouci an den bezeichneten Ort bringen."

205-jährige Reise des Sarges von König Friedrich

Sein letzter Wille, eine stille Beisetzung, erfüllte sein Nachfolger König Wilhelm II. nicht. Der König wurde in der Potsdamer Garnisonkirche feierlich an der Seite seines Vaters, König Wilhelm I, beigesetzt. Dort ruhte er bis 1943. Im Jahr 1943 gelangten die Särge der Könige in einen Luftwaffenbunker in Eiche, im März 1945 zuerst in ein Bergwerk bei Bernterode, dann ins Marburger Schloss und 1947 in die dortige Elisabethkirche. Auf Initiative von Louis Ferdinand von Preußen (1907–1994 Prinz von Preußen) kamen sie 1952 in die Kapelle der Burg Hohenzollern.

Erst am 17. August 1991 erfüllte sich der letzte Wille von Friedrich II., und sein Sarg wurde nach Potsdam überführt. Auf der Terrasse von Sanssouci in der noch vorhandenen Gruft fand er hoffentlich seine letzte Ruhe.

Kanne.
Anfang des 17. Jahrhunderts.

Entstehung des Gendarmenmarktes

Zur Zeit, als König Friedrich I. noch „Kurfürst Friedrich III.“ war, ließ er 1688 die Friedrichstadt anlegen (heute Unter den Linden – Friedrichstraße – Leipziger Straße). So entstand ein neuer Stadtteil Friedrichstadt. Hier siedelten sich vornehmlich die Hugenotten an. Im Mai 1694 wurde das 120 Mann starke Regiment Gendarmes gegründet und baute hier seine Pferdeställe. Das Kürassier-Regiment Gens d'armes war das berühmteste preußische Reiterregiment. Ein Kürassier trug einen Brust-und Rückenpanzer, den Kürass. Heute würde man sagen, dass dies so etwas wie eine Eliteeinheit war, sie konnte vom Pferd aus schießen und fechten.

Ihr Paradeplatz wurde auch an festgelegten Tagen als Marktplatz benutzt. So nannte man später den Platz „Gendarmenmarkt“, ein Name, der sich durch alle Zeiten erhalten hat.

Ab 1701 beauftragte der König Friedrich I., auf diesem Platz zwei Kirchen zu bauen, eine für die lutherische – und eine für die französisch-reformierte Kirchengemeinde.

Nach dem Siebenjährigen Krieg ließ König Friedrich II. die Pferdeställe abreißen und zwischen den beiden Kirchen ein französisches Komödienhaus errichten.

Weiterhin ließ er zur Verschönerung der Stadt zwei Prachtbauten nach dem Vorbild eines Platzes in Rom, des „Piazza del Popolo“, errichten. Sie wurden direkt an den Kirchen angebaut. Es waren Zwillingstürme, die man Gendarmentürme nannte, reine Schmuckbauten, die keinen sakralen Zweck hatten. Erst später wurde der Turm an der französischen Kirche Französischer Dom und an der deutschen Kirche Deutscher Dom genannt. Im Französischen Dom ist heute das Hugenottenmuseum untergebracht, und in 40 Meter Höhe gibt es einen grandiosen Panoramablick über Berlin.

Seit 1987 befindet sich das zweitgrößte Glockenspiel mit 60 Glocken im Turm und lässt stündlich unterschiedliche Melodien über den schönsten Platz von Berlin erklingen.

König Friedrich Wilhelm III. ließ das „Französische Theater“ abreißen und 1800 vom Baumeister C.G. Langhans (1732–1808) durch ein größeres „Deutsches Nationaltheater" mit 2000 Sitzplätzen ersetzen. Dieses brannte im Mai 1817 bis auf die Grundmauern ab.

Zu dieser Zeit war das Universaltalent Karl Friedrich Schinkel Bühnenbildner am Theater. Schon nach fünf Monaten gab König Friedrich Wilhelm III. Schinkel den Auftrag, ein neues Theater zu errichten.

Nationaltheater auf dem Gendarmenmarkt

Schinkel prägt Berlin

Friedrich Schinkel (1781–1841)

Und nun tritt Karl Friedrich Schinkel (1781–1841) auf die Berliner Bühne. Er gehört heute noch zu den bedeutendsten Architekten Europas. Seine Vielseitigkeit zeigte er als Bühnenbildner, Maler, Innenarchitekt und Designer. Aber vor allem sein Wirken als Architekt prägt bis heute das Stadtbild Berlins.

Schinkel entwirft und verwirklicht Gebäude und entwickelt Konzepte zur städtebaulichen Entwicklung Berlins. Auf seinen Reisen malt er Landschafts- und Architekturbilder. Zudem entwirft er Bühnenbilder für etliche Theaterstücke sowie Einrichtungsgegenstände, angefangen von Mobiliar über Fußböden bis hin zu Geschirr. Seine Bedeutung liegt nicht nur in den architektonischen Entwürfen für die tatsächlich gebauten Gebäude, sondern auch in seinen theoretischen Arbeiten, denn viele seiner Entwürfe werden nie in die Tat umgesetzt.

Am 26. Mai 1821 wurde das Königliche Schauspielhaus mit einer prunkvoll inszenierten Feier

Das Königliche Schauspielhaus mit Schiller-Denkmal.

Gendarmenmarkt 1830, links der Deutsche Dom, in der Mitte Schinkels königliches Schauspielhaus, die Französische Kirche und daran der Französische Dom, in dem sich heute das Hugenotten-Museum befindet.

im Beisein des Königs eingeweiht. Es gehört zu den Meisterwerken klassizistischer Architektur in Deutschland.

Und nun erleben wir fünf Wochen später die Geburtsstunde der Deutschen Oper, und drei Guinessrekorde, wenn es sie damals schon gegeben hätte. Am 18. Juni 1821 wird im Schauspielhaus die erste deutsche Oper uraufgeführt: der „Freischütz" von Carl Maria von Weber. Diese Oper wird über 1000-mal aufgeführt, einmalig für die damalige Zeit. Ob Jung, ob Alt, ob Schusterjunge oder Soldat, alle sangen oder pfiffen diese Lieder. Der „Freischütz" erregte einen unbeschreiblichen Taumel, jedes junge Mädchen sang: „Kommt ein schlanker Bursch gegangen", jeder Jüngling schmachtete: „Einsam bin ich nicht alleine", jeder Malergeselle übte auf seiner Leiter: „Durch die Wälder, durch die Auen", und jeder Bäderjunge pfiff den Jägerchor. „Wir winden dir den Jungfernkranz" wird zum ersten Gassenhauer und ein Ohrwurm.

Aber die Berliner waren schon immer große Musikenthusiasten. Als Franz Liszt (1811–1886) in Berlin spielte, fielen die Damen vor Enthusiasmus in Ohnmacht; der Sängerin Jenny Lind (1820–1887 schwedische Opernsängerin) warfen sie ihre kostbaren Armbänder zu. Die Begeisterung für die Musik drang in jede Familie ein; überall wurde musiziert.

Ne Frage: Was stellt Schiller uff det Denkmal vor?
Wenn se genau hinkieken, sehnses, det linke Behn stelta vor!
Und was meinse, was er jetzt denkt?
Wenn ick det andere Behn och noch vorstelle, falle ick uf de Schnauze!

Schillerdenkmal auf dem Gendarmenmarkt vor dem Schauspielhaus

Am 10. November 1859, anlässlich des 100. Geburtstages von Friedrich Schiller, (1759–1805) wurde sein Denkmal vor dem Schauspielhaus aufgestellt. Die Skulpturengruppe wurde von Reinhold Begas geschaffen, einem prominenten Vertreter der Berliner Bildhauerschule des 19. Jahrhunderts. Zu seinen Füßen sitzen vier allegorische Frauengestalten.

Der Gendarmenmarkt gilt als der schönste Platz in Berlin. Jedes Jahr findet hier in der ersten Juliwoche das „Classic Open Air Konzert“ statt. Zur Weihnachtszeit gehört dieser Markt zu einem der sehenswertesten Weihnachtsmärkte. Geschützt von weißen Zelten können die Besucher den verschiedensten Handwerkern und Künstlern bei der Arbeit zusehen, wie bei der Lederbearbeitung und vielen anderen Kunsthandwerken.
Heute trägt das Schauspielhaus den Namen: Konzerthaus am Gendarmenmarkt. Die Umbenennung erfolgte, weil der Theaterbetrieb eingestellt wurde und nur noch Konzerte stattfinden. Außerdem nervte es die Personalabteilung, wenn sich immer wieder Schauspieler bewarben.

Unter der großen Freitreppe, die nicht der Haupteingang ist, befindet sich eine offene Durchfahrt für Kutschen (im Bild Seite 167 als viereckige Öffnung zu erkennen). Dort ist der Haupteingang. Von dort geht es zu den Garderoben und dann eine Etage höher in den prachtvollen Theatersaal. Die Gäste fuhren früher mit einer Kutsche vor und konnten somit immer trockenen Fußes das Haus betreten.

Berlin-Brandenburgische Akademie der Wissenschaften. Sie hat seit ihrem Bestehen 79 Nobelpreisträger hervorgebracht.

Im Deutschen Dom ist heute eine Ausstellung mit dem Titel: „Wege, Irrwege, Umwege – die Entwicklung der parlamentarischen Demokratie in Deutschland“ zu sehen.

Erfinder vom Charleston

Am Stammtisch wird gefragt, wer hat denn den Charleston erfunden: „Eene zwölfköpfige Familje mit nur eene Außentoilette“ antwortet der kleene Max.

Hinter dem Französischen Dom befindet sich eins von 30 historischen Toilettenhäusern in Berlin, diese wurden 1878 von einem Berliner Stadtbaurat Carl Theodor Rospatt (1831–1901) entworfen und gebaut, um den öffentlichen Bedürfnissen nachzukommen. Die Berliner nannten es liebevoll „Cafe Achteck", weil es aussieht wie ein Oktagon. Es verfügte über eine automatische Wasserspülung. Für die damalige Zeit also hochmodern.

Buntes Marktreiben auf dem Gendarmenmarkt

Kleine Stadtführung durchs alte Berlin

Und nun liebe Leser möchte ich Sie zu einem kleinen Spaziergang mitnehmen an Orte, die von den Berlinern und Touristen kaum beachtet werden. Wir beginnen am Gendarmenmarkt und gehen in die Taubenstraße zum Hausvogteiplatz. Betrachten Sie die alten, restaurierten Gebäude, die zum Teil durch neuen Baustil ergänzt wurden. Es zeigt sich hier eine gelungene Harmonie, die sich von den sonstigen Beton-, Marmor- und Glasfassaden der Stadt angenehm abhebt.

Wir kommen zum Hausvogteiplatz. Das Dreieck zeigt heute noch die Form der ehemaligen Bastion einen Teil der Festungsmauer.

Der Hausvogteiplatz war das ehemalige Zentrum des Berliner Konfektionshandels. Nachdem Napoleon besiegt war, kamen viele Soldaten nach den Schlachten zurück. Die Juden erhielten die Genehmigung, gebrauchte Uniformen und Kleidung zu flicken. Daraus wurde später die Genehmigung, Kleider herzustellen. Und es hielten sich um den Hausvogteiplatz Geschäfte, die alles hatten, was zur Herstellung von Bekleidung benötigt wurde.

1839 gründete Valentin Manheimer in der Oberwallstraße 6 seine eigene Firma V. Manheimer und fertigte als erster Damenmäntel an. Alles lag in der Hand von Juden. Wenn von Leipzig die Modemacher nach Magdeburg zur Messe fuhren, machten sie auf der Durchreise in Berlin Halt und stellten hier ihre neuen Kollektionen vor. Diese Modemesse „Die Durchreise“ führt ihre Tradition auf durchreisende Tuchhändler im 19. Jahrhundert fort und gilt damit als älteste Modemesse der Welt. Seit 1987 findet die Messe unter dem Namen „Durchreise“ am Standort Ullsteinhaus statt.

Weiter gehen wir rechts in die Niederwallstrasse und gleich links in die Kleine Jägerstraße und wieder links zur Kurstraße. Hier finden wir architektonisch gelungene Häuser, die aus einem Wettbewerb stammen – unser Berliner „Down Town“.

Wenn wir hier auf dem Friedrichwerderschen Platz stehen und die Häuser betrachten, wo die Architekten die Aufgabe gelöst haben, auf kleinstem Raum möglichst viel hochwertige Wohnfläche zu schaffen, achten Sie bitte auf die Ruhe, die hier herrscht. Es ist kaum Autoverkehr, und wenn man sich bewusst ist, dass Berlin 3,5 Millionen Einwohner hat und 13 Millionen Touristen, dann ist diese Ruhe schon beeindruckend. So ruhig, dass man sich nicht wundern würde, wenn jetzt plötzlich eine Kuh – mit einer Glocke – um die Ecke kommen würde. Wie kommt das? Wir erinnern uns daran, dass bis 1860 eine dritte Stadtmauer bestand, aber sich in dieser Zeit bereits der Eisenbahnverkehr stark zu entwickeln begann. So wurden die Bahn-

Gründungshaus in der Oberwallstr. 6, das erste Kaufhaus in Berlin, wo gefertigte Damen-Konfektion von der Stange gekauft werden konnte.

Dann gehen Sie die Kurstraße lang Richtung Friedrichswerdersche Kirche.

höfe bis an die Stadtmauer gebaut und auch die großen Einfallstraßen, die zum Zentrum führten, angelegt. So kommt es, dass im alten Kernbereich der Stadt nicht der sonst übliche Großstadtverkehr zu finden ist.

Seit 1987 beinhaltet die Friedrichwerdersche Kirche die Berliner Skulpturensammlung und das Schinkelmuseum. Beim Eintritt in die Kirche spürt man einen meditativen Charakter sowie die ästhetische Räumlichkeit, als wenn eine unsichtbare Hand den Alltag wie einen Schleier wegwischt.

Ferner kann man die Geschichte des Pastors Martin Niemöller nachlesen, der am 01.07.1937 verhaftet wurde.

Die Kirche musste 2012 geschlossen werden. Dicht neben der Kirche ist ein Neubau entstanden, bei dessen Aushub der Fundamente die Stabilität der Kirche beeinträchtigt wurde. Wiedereröffnugstermin?

Und die Moral von der Geschicht.
In Berlin baut man ohne
Schwierigkeiten nicht!

Die Friedrichswerdersche Kirche wurde nach Plänen von Karl Friedrich Schinkel erbaut und am 10. Juli 1831 eingeweiht. Bis 1872 war sie eine preußisch-unierte und französisch-reformierte Simultankirche.

Die Bauakademie auf dem heutigen Schinkelplatz

Im Jahr 1670 befand sich die Hauptzollstelle für den Schiffsverkehr von und nach Berlin auf dem Gebiet des heutigen Schinkelplatzes. Nach dem Abriss der Zollgebäude und der Begradigung des Ufers wurde zwischen 1832 und 1836 die Berliner Bauakademie nach Plänen von Schinkel realisiert. Die Bauakademie war eine Hochschule zur Ausbildung von Baumeistern, gegründet 1799 von König Friedrich Wilhelm III.

Der danach gestaltete Schmuckplatz trägt heute den Namen Schinkelplatz. Eines der darauf stehenden Denkmäler ist das von Karl Friedrich Schinkel. Der Bildhauer bezeichnete die Denkmäler als: „Die ersten Helden auf öffentlichen Plätzen ohne Degen."

Der Schinkelplatz ist heute weitgehend originalgetreu rekonstruiert, die Bauakademie soll ebenfalls wieder historisch aufgebaut werden. Sollten Sie, lieber Leser, noch Geld in der Portokasse übrig haben, es werden noch Investoren gesucht.

Die Einführung des Telefons in Berlin geht auf den Generalpostmeister Heinrich Stephan zurück. Er hatte von der Erfindung Bells erfahren. Als der Chef des Londoner Haupttelegrafenamtes Henry C. Fisher dienstlich in Berlin weilte, stellte dieser ihm am 24. Oktober 1877 zwei Telefone zur Verfügung. Noch am gleichen Tag führten sie einen Testversuch mit Erfolg durch. Am 26.10.1877 erfolgte dann zwischen dem Generalpostamt in der Leipziger Straße (heute Museum für Kommunikation) und dem Haupttelegraphenamt in der Französischen Straße 33 c (heute Telekompräsenz) der Sprechversuch. Dies gilt als Geburtsstunde des Fernsprechers in Deutschland. Die Firma Siemens und Halske baute bald eigene Telefonanlagen.

Das Interesse am Telefon hielt sich anfangs in Grenzen. Das erste Fernsprechbuch hatte gerade 99 Teilnehmer. Ein Jahr später 579 und zehn Jahre später fast 16.000.

König Friedrich Wilhelm III. erteilte Schinkel die Bauaufsicht über Preussen und ließ die Bauakademie errichten

Das Königliche Telegraphenamt
Erbaut 1910–1916 vom Architekten Wilhelm Walter im Neobarock. Seit der Wiedervereinigung Berlins im Telekom-Besitz.

Die Jungfernbrücke wurde 1688/89 durch den Berliner Architekten Martin Grünberg (1655–1707) errichtet und zunächst als Spreegassenbrücke bezeichnet. Sie ist 28 Meter lang, 4,5 Meter breit und hat eine Höhe von 4,5 Metern.

Die Geschichte der Namensgebung:
Wie so oft gibt es verschiedene Legenden, die von Mund zu Mund und von Generation zu Generation weiter erzählt werden, hier einige Beispiele:

- In der Nähe war eine nur Männern vorbehaltene Flussbadeanstalt. Die Jungfern mussten an der Brücke zurückbleiben.
- Nach dem Revier der leichten Mädchen, die sich auf oder bei der Brücke anboten. Ganz in der Nähe befand sich das älteste Bordell Berlins.
- Die wahrscheinlichste Erklärung betrifft zwei „Fräuleins“, die im nahe gelegenen Gasthaus „Französischer Hof“ wohnten und ihre feinen Handarbeiten in einer kleinen Verkaufseinrichtung neben dieser Brücke anboten. Die Berliner bezeichneten die fremden Damen kurzerhand als „Jungfern“, man ging also zu den Jungfern an der Brücke, um Accessoires einzukaufen.

Suchen Sie sich eine Geschichte aus!

Die älteste Brücke Berlins, die Jungfernbrücke

König Friedrich Wilhelm II.

Da König Friedrich II. kinderlos blieb und aus der Ehe seines Bruders Heinrich auch kein Erbe hervorging, ordnete er an, dass der älteste Sohn seines jüngeren Bruders August Wilhelm, Friedrich Wilhelm, zum Thronfolger ernannt wird. Als Friedrich II. starb, war dieser schon 42 Jahre alt. Bereits 1765 verheiratete er den zukünftigen Thronfolger mit Elisabeth Christine Ulrike von Braunschweig-Wolfenbüttel. Die Ehe verlief unglücklich und wurde bereits 1769 geschieden. Die zweite Ehe mit Prinzessin Friederike Luise von Hessen-Darmstadt brachte dann den gewünschten Stammhalter und den späteren Friedrich Wilhelm III. zur Welt.

König Friedrich Wilhelm II. galt als Lebemann und war wieder grundverschieden von seinem Vorgänger. Außereheliche Affären gehörten zu seinem Selbstverständnis. Die bekannteste war die mit Wilhelmine Encke (1753–1820), der Tochter eines Musikers. Selbst König Friedrich II. hatte sie als Mätresse ab 1769 anerkannt und nur der Form halber mit einem Kammerdiener verheiratet.

Nach nur elf Jahren Regierung starb der König 1797. Sein Sohn, der neue König Friedrich Wilhelm III. missbilligte die Lebensweise seines Vaters. Nach dem Tod Friedrich Wilhelm II. fiel Wilhelmine Enke in Ungnade. Der König ließ gegen sie wegen Hochverrat und Unterschlagung ermitteln und sie einsperren. Später wurde sie aber wieder rehabilitiert.

König Friedrich Wilhelm II. (1744–1797)

Rückseite eines Spiegels.
Anfang des 14. Jahrhunderts.

Elfenbeintafel.
14. Jahrhundert.

König Friedrich Wilhelm III. (1770–1840) und Königin Luise (1776–1810)

König Friedrich Wilhelm III. und Königin Luise

Liebe Leser,
Sie werden sich sicherlich an Diana, Princess of Wales von England, erinnern. Die Königin der Herzen von Großbritannien Lady Diana. Sie war am 31. August 1997 infolge eines dramatischen, tragischen Unfalls ums Leben gekommen. Mit 36 Jahren war ihre kurze Lebensbahn beendet. Lady Di, wie sie liebevoll noch heute genannt wird, bleibt in ewiger Erinnerung.
Unsere Königin der Herzen in Berlin war Königin Luise. Sie war eine junge, wunderschöne Frau und bereits mit dem Kronprinzen Friedrich Wilhelm verlobt, als sie anlässlich ihrer Hochzeit zusammen mit ihrer Schwester Friederike am 22.12.1793 mit einer weißen Hochzeitskutsche durch das Brandenburger Tor in Berlin einfuhr.
Lesen wir in einem Bericht von Dr. R. Graf Stillfried-Alcantara und Professor Dr. Bernd Kügler ihres Buches „Die Hohenzollern und das Deutsche Vaterland" von 1884 darüber, wie sich das Prinzenpaar kennenlernte:

„...Im Frühjahr 1793 hatte der Prinz Friedrich Wilhelm die an Leib und Seele anmutige, in frischester Jugendblüte prangende Prinzessin Luise von Mecklenburg-Strelitz kennengelernt und beim ersten Blick, wie er später gern erzählte, deutlich empfunden, dass ihm ein gütiges Geschick die Gattin, die ihn ganz beglücken könne, zugeführt habe... noch als Kronprinz hatte sie ihm die Söhne geschenkt... „Seiner lieben Frau", wie Friedrich Wilhelm, jeden Titelprunk verschmähend, die edle Fürstin nannte, war sein und des ganzen Volkes Kleinod. Heiteren und zuversichtlichen Geistes erquickte sie täglich das Gemüht des mit Lebensaufgabe schwer ringenden Gatten. Herzgewinnend im Verkehr mit Hoch und Nieder machte sie stets den Eindruck, demjenigen, der ihr gerade nahte, mit besonderer Güte zugeneigt zu sein.
...Als sie Ende 1793 ihren Einzug in Berlin hielt und dabei von achtzig weiß gekleideten Mädchen unter Blumengewinden mit

einem Festgedicht begrüßt wurde, hob sie von Rührung überwältigt, die kleine Sprecherin der jugendlichen Schaar zu sich in den goldenen Staatswagen empor und küsste sie herzlich zum großen Schreck der Etikette-strengen Oberhofmeisterin von Voß."

Am 24.12.1793 fand die prunkvolle Hochzeit statt, und danach zog das Paar in das Kronprinzenpalais Unter den Linden ein und blieb dort auch nach der Krönung. Sie wollten nicht im großen Berliner Stadtschloss wohnen.

Zwei Tage später heirateten ihre Schwester Friederike und Prinz Friedrich Ludwig (1773–1796), der Bruder des Kronprinzen.
Luise ist als Prinzessin mit ihrer Schwester in Darmstadt bei der Großmutter aufgewachsen. Sie wissen, liebe Leser, was jetzt kommt: Großmütter sind immer, was die Erziehung der Enkelkinder anbelangt, nachsichtiger als mit eigenen Kindern. So konnte sich Luises fröhliches und manchmal ungestümes Naturell entwickeln. Als die Zeit der Einführung in die Gesellschaft kam, hatte die rührige Großmutter für erlauchten Umgang gesorgt. So tanzte sie beim Debütantenball mit dem jungen Fürst Metternich (1773–1859) den neuen Modetanz: den Wiener Walzer, mit dem, der später in Wien die Friedensverhandlungen 1814, nach der Niederlage Napoleons, geleitet hat.
Nun stellen Sie sich vor, wie die junge wilde Prinzessin nach Berlin in das steife Preußen kam. Die Prinzessin führte in Berlin den Wiener Walzer ein, sehr zum Ärgernis der Mutter Königin.
Zeitgenossen beschrieben die Königin als eine Frau mit Schönheit, Anmut und Herzlichkeit. Königin Luise war sehr volksnah. Sonntags konnte man im Tiergarten das königliche Paar mit den Kindern spazieren gehen sehen.

Sie führten beide ein mehr bürgerliches als höfisches Leben und hatten das große Glück, dass ihre Verbindung auf echte Zuneigung beruhte. Er war zurückhaltend, kurzsilbig und vertrauend auf seine Frau. Auf Gesellschaften war sie immer beliebt. Auch das wurde zum Vorbild für viele Berliner, man besann sich wieder auf die Werte einer Familie. Alles in allem hat es dazu geführt, dass sie die Königin der Herzen wurde.

Der Bildhauer Gottfried Schadow (1764–1850), bedeutender deutscher Bildhauer des Klassizismus und berühmt durch die von ihm geschaffene Quadriga auf dem Brandenburger Tor, wurde beauftragt, eine Skulptur der beiden Prinzessinnen zu erstellen. In einer der ersten Sitzungen stellte Schadow fest, dass Luise einen geschwollenen Hals hat. Um diesen zu kaschieren, legte er ihr ein Tuch um den Hals. So entstand das bezaubernde Standbild der beiden Prinzessinnen. Die Folge war, dass dieses Tuch das Markenzeichen der Königin Luise wurde und in Berlin ein neuer Modetrend. Wie sich die Jahrhunderte doch gleichen!

Die Prinzessin kommt mit ihrer jüngeren Schwester Friederike
in einer weißen Hochzeitskutsche nach Berlin

Der erstgeborene Sohn eines Königs wurde sein Nachfolger und war der Kronprinz. Dafür wurde das Kronprinzenpalais erbaut. Hier wohnten Unter den Linden auch der Kronprinz Friedrich Wilhelm und Prinzessin Luise.

Königin Luise und Fürst Blücher auf einem Hofball im Königlichen Schloss zu Berlin. „Gebhard Leberecht von Blücher (1742–1819) war preußischer Generalfeldmarschall. Er tat sich bei den Befreiungskriegen gegen Napoleon hervor, besonders bei der Schlacht an der Katzenbach 1813. Sein sehr offensives und energisches Verhalten brachte einen weiteren Erfolg gegen die französischen Truppen Napoleons. So kam es zu der Redewendung: „Der geht ran wie Blücher!“

Königin Luise mit ihren Kindern im Schlossgarten

Königin Luise mit dem neuen Accessoire, dem Schal um den Hals.

Königin Luise mit den Söhnen Prinz Friedrich Wilhelm und Wilhelm, der später Kaiser Wilhelm I. wurde

Königin Luise und Napoleon

Das unbeschwerte Leben der königlichen Familie endete mit der Idee des Kaisers Napoleon, ein vereintes Europa zu schaffen, wie in dieser Zeit üblich, mit einer Armee. Napoleons Heer war inzwischen geprägt durch die Französische Revolution und zu einer schlagkräftigen Macht geworden. Das preußische, absolutistische System der Heerführung aus der Zeit von Friedrich dem Großen hatte sich überlebt. Nach der verlorenen Doppelschlacht bei Jena und Auerstedt musste das Königspaar fliehen, zuerst bis nach Königsberg. Unterwegs brach ein Rad der Kutsche. Während der Wartezeit saß Luise mit ihren Kindern im Gras und flocht einen Kranz aus blauen Kornblumen. Dieses Bild sollte ihrem zweiten Sohn Wilhelm nicht aus dem Kopf gehen. Später reisten sie nach Memel weiter.

Im Jahr darauf kam Napoleon mit dem Zar Alexander von Russland in Tilsit zu Friedensverhandlungen zusammen.

Auf der Flucht der königlichen Familie nach Memel erlitt der Wagen der Königin einen Radbruch. Während der Zeit der Reparatur flocht Luise ihrem Sohn, dem Prinzen Wilhelm, einen Kranz aus Kornblumen.

Königin Luise traf sich dort am 6. Juli 1807 mit Napoleon. Trotz Krankheit hat sie diesen Weg auf sich genommen. Sie wollte bei Napoleon erreichen, dass er für das Königshaus und die Zukunft ihrer Kinder eine Existenz in Achtung und Würde ermöglichte. Königin Luise versuchte, seine edleren Gefühle anzusprechen.

Lesen wir aus dem Buch „Bildersaal Deutscher Geschichte“ von 1890 von den Herausgebern Adolf Bär und Paul Quensel (die Autoren) über das Zusammentreffen der Königin mit Napoleon:

„…Von der Oberhofmeisterin Gräfin Voß und einer Hofdame empfangen, eilte Napoleon die Treppe hinauf, einen Augenblick, und er stand der Königin gegenüber. Die Schönheit der Königin, das versicherten alle Augenzeugen, strahlte niemals heller als in diesen dunklen Tagen von Tilsit. Die glänzenden großen Augen in Schwermut leicht verschleiert, die sonst schon zur Fülle neigende Gestalt jetzt durch zehrenden Kummer verfeinert, gehüllt in weißes, silbergesticktes Kreppkleid, auf dem biegsamen Halse das stolz erhobene Haupt unter dem Perlendiadem, so stand die Königin da, in Schmerz und Trauer, in hingebender Opfermut eine rührende Verkörperung von Frauenschönheit und Frauenhoheit. … frei und unbefangen trat sie ihm entgegen. Sie sprach ihm ihr Bedauern aus, dass er solch eine Treppe zu ihr habe heraufsteigen müssen, und beklagte mit leiser Ironie für ihn und seine Truppen den Aufenthalt im nördlichen rauen Preußen. Napoleon, etwas verlegen, wie die Königin bemerken wolle, antwortete mit Komplimenten.

Dann ohne schwanken, ohne zögern kam sie auf das, was sie hergeführt hatte. Der Kaiser, so begann sie, habe sie angeklagt, dass sie sich in die Politik einmische, – Napoleon unterbrach sie mit Beteuerungen – gleichwohl sprach sie zu ihm als Gattin und Mutter und bitte um das Wohl Preußens und das ihrer Kinder.

Napoleon versuchte abzulenken und begann von Toilettenfragen zu sprechen: „Sie tragen da ein schönes Kleid,“ unterbrach

Königin Luise und Kaiser Napoleon treffen sich in Tilsit

König Friedrich Wilhelm III. mit Königin Luise und ihren Kindern

er die Königin, „wo ist es gearbeitet? In Breslau? Macht man Krepp in ihren Fabriken?"
„Sollen wir von Putz reden in solchem Augenblick?" erwiderte die Königin. Unbeirrt lenkte sie zurück; vor der Höhe ihres sittlichen Ernstes verstummten Napoleons leichte Scherze.
Das Gespräch dauerte eine knappe Stunde und wurde durch den Eintritt von König Friedrich Wilhelm III. beendet.
Napoleon sprach von diesem Treffen: Hätte nicht eine Unterbrechung durch den Eintritt von König Friedrich III. stattgefunden, eine viertel Stunde später hätte ich ihr alles versprochen. So aber gar nichts. Preußen war um die Hälfte verkleinert.
In allen Aufzeichnungen über Napoleon findet sich keine zweite Situation, bei der er die Gesprächsführung einer Frau überlassen hätte.
Diese Unterhaltung zwischen Königin Luise und Napoleon war das Gesprächsthema in Europa und brachte das Ansehen der Königin in noch größeren Glanz."

Endlich konnte 1809 die königliche Familie nach Berlin zurückkehren, auch zur Freude der Berliner. Mit ihr zog wieder etwas Glanz in die Stadt. Im Jahr darauf besuchte Luise ihre Familie in Schwerin. Ihre Gesundheit war schon so angeschlagen, dass eine Lungenentzündung zu befürchten schien.

Am 19. Juli 1810 verstarb die Königin mit 34 Jahren. Wahrhaftig fiel das ganze Land in tiefe, kollektive Trauer. Luise wurde für lange Zeit zum Kultobjekt und zum Mythos, man nannte sie u. a. „die preußische Madonna". Die letzte Ruhestätte fand Luise im Mausoleum im Park des Schlosses Charlottenburg. Das Mausoleum wurde zum Wallfahrtsort und zur wichtigsten Stätte der Luisen-Verehrung. Königin Luises zweiter Sohn sollte im Jahre 1871 Kaiser Wilhelm I. werden, und ihre Tochter Charlotte heiratete den Zaren von Russland Nikolaus I.

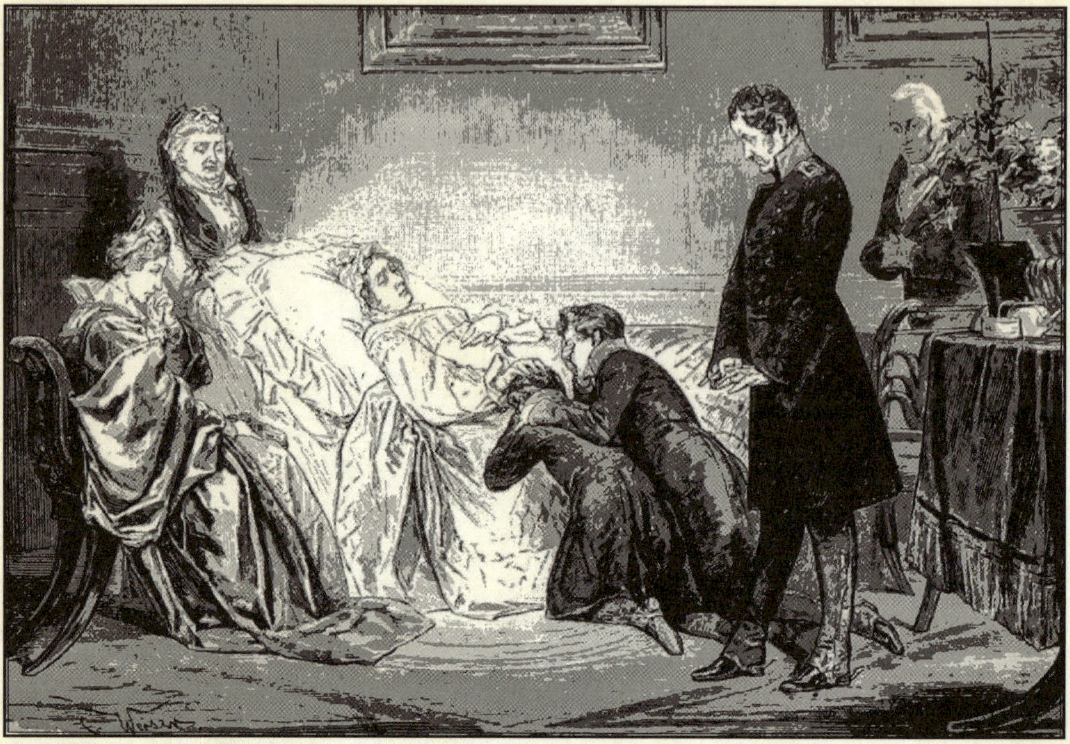

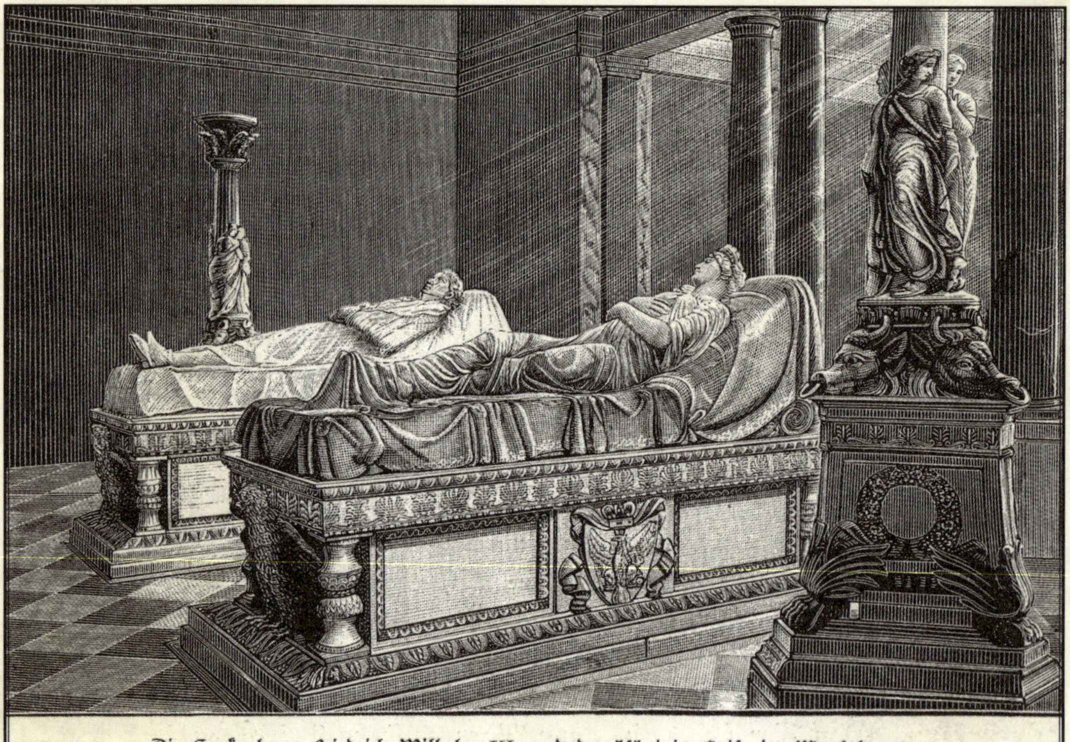

Die Sarkophage Friedrich Wilhelm III. und der Königin Luise im Mausoleum.

Hohenzollernburg

Auf dem 855 Meter hohen Berg im Schwäbischen besteht seit dem 12ten Jahrhundert eine Burganlage. Es ist der Stammsitz vom Fürstengeschlecht der Hohenzollern. Die Burg wurde im Lauf der Geschichte dreimal zerstört und wieder aufgebaut.
Während des 30jährigen Krieges wurde die Burg von den Schweden und Österreichern besetzt. Danach ergriffen über 100 Jahre die Habsburger Besitz.
Um 1800 wurden immer weniger Instandhaltungsarbeiten durchgeführt. Entsprechend trat der Verfall ein. In der Zeit der Romantik zerstörte man sogar einige Teile, um den Ruinencharakter hervorzuheben. Die Bilder von Caspar David Friedrich erinnern viel daran.

Im Jahr 1819 besuchte der Kronprinz Friedrich Wilhelm bei einer Italienreise auch die Hohenzollernburg seiner Ahnen.
Der 24jährige war von der schon von weitem zu erkennenden ehemaligen Burganlage fasziniert. Von oben hatte man einen sehr weiten Blick in das Umland.
Gleichzeitig war er erschrocken über den verwahrlosten Zustand. Es waren seine Vorfahren, auf dessen Boden er stand. Er versprach sich, wenn er König wird, dass er diese Burganlage wieder aufbauen werde.

Er setzte seine Jugendidee in die Tat um. Im Jahr 1850 fand die Grundsteinlegung statt. Die Kosten wurden zu 2/3 von der protestantischen preußischen Linie und zu 1/3 von dem katholischen schwäbischen Fürstenhaus geleistet. Von Anfang an waren sich beide Parteien einig, dass dieses Bauvorhaben ein dynastisches Denkmal werden soll. So ist es bis heute.

Noch etwas Besonderes haben die Hohenzollern erschaffen. Auf der Burganlage bestehen nebeneinander drei verschiedene Kirchen. Es gibt eine katholische, eine evangelische und eine russisch-orthodoxe Kirche. Der Geist vom Großen Kurfürsten, der 1685 das Potsdamer Toleranz-Edikt zur Religions- und Glaubensfreiheit erlassen hat, fand auch hier seinen Niederschlag.

König Friedrich Wilhelm IV. hat die Fertigstellung der Burg nicht mehr erlebt. Sein Bruder, König Wilhelm I., führte die Arbeiten fort und weihte 1864 die Burganlage als ein Dynastisches Denkmal ein.

Das Wappen an der Hohenzollernburg

Unter den Linden von links: Zeughaus, Schlossbrücke, Stadtschloss Berlin, Kommandantur,

So sah Berlin Unter den Linden um 1850 aus

Kronprinzenpalais, Prinzessinnen-Palais

Die Kira-Stiftung

Kira von Preußen (1909–1967) war die Urenkelin des russischen Zaren Alexander II. und die Tochter des Großfürsten Kyrill Wladimirowitsch Romanow. Daher die russisch-orthodoxe Kirche auf der Hohenzollern-Burg. Sie heiratete 1938 Prinz Ferdinand von Preußen. Zusammen gründeten sie 1952 die nach ihr benannte Stiftung.
Seit 1954 lud die Prinzessin Kira von Preußen sozial benachteiligte Kinder und Jugendliche für zwei Wochen zur Erholung auf die Burg Hohenzollern ein. Nach dem Krieg haben besonders Kinder aus Berlin davon profitiert. Sie wurden per Luftbrücke aus der zerstörten Stadt ausgeflogen.
Bis heute haben über 13.000 junge Gäste die Burg Hohenzollern zur Erholung besuchen dürfen.

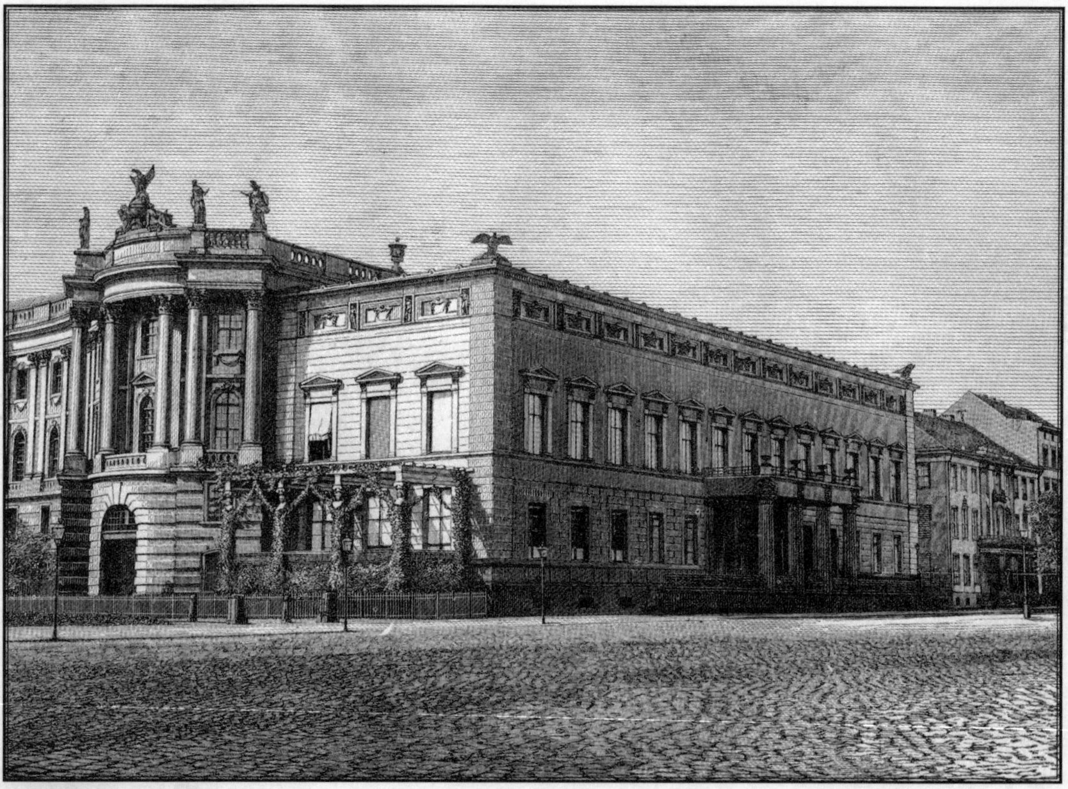

Das Alte Palais Unter den Linden gehört heute zur Humboldt-Universität. Hier wohnte schon Wilhelm als Prinz, der spätere König Wilhelm I. und dann Kaiser Wilhelm I. im „Palais des Kaisers“, heute „Altes Palais“ Unter den Linden 9. Er wollte nicht, wie auch seine Mutter Königin Luise, im großen Stadtschloss wohnen. Bis zu seinem Tod im Jahr 1888 war hier seine hauptstädtische Residenz. Vom Balkon aus beobachtete der Kaiser den mittäglichen Wachaufzug gegenüber der „Neuen Wache“.

Alexander und Wilhelm von Humboldt

Wilhelm von Humboldt (1767–1835)

Wilhelm von Humboldt (1767–1835) war ein preußischer Gelehrter und Schriftsteller.
Er schrieb 1792 in einer Abhandlung „Ideen zu einem Versuch, die Grenzen der Wirksamkeit des Staates zu bestimmen“, Auszug:

...„*Der wahre Zweck des Menschen, nicht der, welchen die wechselnde Neigung, sondern welche die ewig unveränderliche Vernunft ihm vorschreibt, ist die höchste und proportionierlichste Bildung seiner Kräfte zu einem Ganzen. Zu dieser Bildung ist Freiheit die erste und unerläßliche Bedingung. ... Gerade die aus der Vereinigung Mehrerer entstehende Mannigfaltigkeit ist das höchste Gut, welches die Gesellschaft gibt, und diese Mannigfaltigkeit geht gewiss immer in dem Grade der Einmischung des Staates verloren. Es sind nicht mehr eigentlich die Mitglieder einer Nation, die mit sich in Gemeinschaft leben, sondern einzelne Untertanen, welche mit dem Staat, d.h. dem Geiste, welcher in seiner Regierung herrscht, in Verhältnis kommen, und zwar in ein Verhältnis, in welchem schon die überlegene Macht des Staats das freie Spiel der Kräfte hemmt. Gleichförmige Ursachen haben gleichförmige Wirkungen. Je mehr also der Staat mitwirkt, desto ähnlicher ist nicht bloß alles Wirkende, sondern auch alles Gewirkte. ... Wer aber für andere so räsoniert, den hat man, und nicht mit Unrecht, in Verdacht, dass er die Menschheit misskennt und aus Menschen Maschinen machen will.*“...

Aus diesem Gedankengut setzte Freiherr von Stein im Zuge der Reformierung von Preußen Wilhelm von Humboldt ein, um in Berlin eine neue Universität zu gründen. Auch war es Humboldt, der das Abitur reformierte, so wie es heute noch besteht. Sein Grundverständnis von einem Universitätsbetrieb war das Zusammenwirken zwischen Studenten und Dozenten als Einheit von Forschung und Lehre.
Für die ersten Lehrstühle der Humboldt-Universität gewann Humboldt Friedrich Schleiermacher (1768–1834, evangelischer Theologe, Philosoph), Friedrich Carl von Savigny (1779–1861, Gründer der Historischen Rechtsschule), Johann Gottlieb Fichte (1762–1814, Erzieher und Philosoph) und Barthold Georg Niebuhr (1776–1831, Althistoriker).

Freiherr von Stein (1757–1831) war zusammen mit Karl August von Hardenberg (1750–1822) der Wegbereiter der Preußischen Reformen nach Napoleons Besetzung von Preußen.

Hardenberg war preußischer Außenminister von 1804 bis 1806 und Staatskanzler von 1810 bis 1822. Er hatte in dieser Zeit das Amt des Außen- und Innenministers sowie zusätzlich noch das Finanzresort. So konnte er als erstes das Finanzedikt vom 27. Oktober 1810 durchsetzen und sein Reformwerk beginnen. Im Jahr 1811 folgte das Regulierungsedikt, danach das Gewerbesteuergesetz, das die Gewerbefreiheit festschrieb, die Bauernbefreiung, die Bürgern und Bauern die Möglichkeit eröffnete, Land zu besitzen. Dann 1812 die Emanzipation der Juden. Er befürwortete einen liberalen Verfassungsstaat, den Hardenberg schon in seiner Rigaer Denkschrift gefordert hatte. Seine Reformen machten in Preußen den Weg zum wirtschaftlichen Aufstieg in Europa frei.

Freiherr von Stein (1757–1831)

Karl August von Hardenberg (1750–1822)

Hier im Schloss Tegel hatte die Familie von Humboldt ihren Wohnsitz

Alexander von Humboldt (1769–1859), Naturforscher, der Forschungsreisen nach Lateinamerika und in die USA (1799–1804) sowie nach Zentralasien (1829) unternahm. Er war Mitbegründer der Geografie als empirischer Wissenschaft. Alexander von Humboldt betrieb wissenschaftliche Feldstudien unter anderem in den Bereichen Physik, Chemie, Geologie, Mineralogie, Vulkanologie, Botanik, Ozeanographie und Astronomie. Weiter beschäftigte er sich mit Fragen der Wirtschaftsgeographie, der Ethnologie und der Demographie. Schon zu Lebzeiten erlangte Humboldt hohes Ansehen, und man bezeichnete ihn als den zweiten Kolumbus.

Alexander von Humboldt (1769–1859)

Wiederum ein Schinkelbau: die „Neue Wache“. Hier kommt Schinkels Vorliebe zur Antike zum Tragen, wie man an den 6 Säulen erkennen kann.
Friedrich Wilhelm III. ließ dieses Gebäude für seine königliche Wache errichten. Zu allen Zeiten von König, Kaiser und Diktatoren fand dort der Wachaufzug statt. Heute ist die Neue Wache die zentrale Gedenkstätte der Bundesrepublik Deutschland für die Opfer von Kriegen und Gewaltherrschaft. Eine ergreifende Skulptur einer Mutter mit ihrem toten Sohn von Käthe Kollwitz dient zur Mahnung.

Das letzte Mal war diese Wache Mittelpunkt des Weltgeschehens, als 1989 Gorbatschow davor stand und den bekannten Ausspruch tat: „Wer zu spät kommt, den bestraft das Leben.“

Die Neue Wache „Unter den Linden“

Das Reiterstandbild von König Friedrich II. „Unter den Linden“ wurde von Christian Daniel Rauch (1777–1857), Bildhauer des deutschen Klassizismus, geschaffen. Er war Schüler von Johann Gottfried Schadow. Eingeweiht wurde es am 31. Mai 1851. Es hat eine Höhe von 13,50 Metern. Das Reiterstandbild steht auf einem Sockel von sieben x neun Metern. Friedrich II. sitzt auf seinem Lieblingsross mit einem Stock in der rechten Hand. Auf dem Kopf trägt er seinen berühmten Dreispitz. An dem Sockel befinden sich Themen aus dem Leben des Königs und berühmter Zeitgenossen von „Friedrich dem Großen“.

Denkmal Friedrich des Großen.

Das merkwürdige Jahr 40 – als ein Todesjahr der Hohenzollern

Kurfürst Friedrich I.	1415–1440
Kurfürst Georg Wilhelm	1619–1640
König Friedrich Wilhelm I.	1713–1740
König Friedrich Wilhelm III.	1797–1840

König Friedrich Wilhelm IV. (1795–1858)

Er war der älteste Sohn der Königin Luise. Eine Heirat mit der Elisabeth von Bayern zeigte sich anfangs schwierig. Die katholische Prinzessin wollte nicht zum protestantischen Glauben wechseln. Die Beharrlichkeit der Prinzessin imponierte dem König. So fand man einen Kompromiss, der dazu führte, dass die neue Königin sich mit der protestantischen Glaubenslehre beschäftigen sollte. Später trat sie dann freiwillig der protestantischen Kirche bei. Die Ehe beschreiben die Zeitzeugen als harmonisch. Trotzallem blieb sie kinderlos, und so entschied König Friedrich Wilhelm IV., dass sein jüngerer Bruder Wilhelm Thronfolger werden sollte. Aus gesundheitlichen Gründen gab er dann am 07. Oktober 1858 die Königskrone an ihn ab.

Während seiner Amtszeit erlebte er die Berliner Revolution am 18. März 1848.

Von ihm stammt die Grundidee einer Museumsinsel.
Als der König ab dem Jahr 1857 mehrere Schlaganfälle erlitt, übertrug er seinem jüngeren Bruder die Regierungsgeschäfte. Am 7. Oktober trat er dann per Urkunde ganz zurück.

Bahnhöfe von Berlin

Der Potsdamer Bahnhof in Berlin in seiner ersten Gestalt. Originalzeichnung nach einem alten Stiche. (S. Seite 159).

Der Potsdamer Bahnhof 1849 am Potsdamer Platz

In Preußen wurde die erste Bahnstrecke von Berlin nach Potsdam 1838 eröffnet. Feierlich fuhr die erste Bahn mit 300 Gästen und einer Musikkapelle die Strecke bis Zehlendorf in 30 Minuten. Schon 1841 wurde die Strecke nach Jüterbog / Wittenberg gebaut, 1841 nach Bernau / Eberswalde, 1842 nach Frankfurt-Oder, 1843 nach Magdeburg und 1846 bis nach Hamburg usw.

Ein Berliner fragt am Münchner Hauptbahnhof einen Einheimischen nach dem Weg – und zwar in seiner gewohnten, unverschämten Berliner Art:

„He Sie! Wo jeht et denn hier zum Marienplatz?“

Der Münchner: „Wenns'd mi anständig frogst, dann sog i's da vielleicht!“

Der Berliner: „Nee, denn valoof ick ma lieber!“

Der im Baustil des Historismus erbaute Lehrter Bahnhof wurde 1868 eröffnet. Er führte die Bahn nach Lehrte bei Hannover. Heute befindet sich der Berliner Hauptbahnhof an dieser Stelle.

Von hier wurde auch eine neue U-Bahn zum Brandenburger Tor mit drei Haltestellen gebaut, die „Kanzlerbahn". Bis 2019 soll diese U-Bahn zum Alexanderplatz verlängert und in Betrieb genommen werden. Schau'n wir mal!?

Seit 2006 neuer Hauptbahnhof von Berlin. Als Turmbau errichtet und ein Kreuzbahnhof. Hier verbinden sich die Fernbahnen, das Netz der S-Bahn, der U-Bahn und der Busverkehr zu dem sehr gut ausgebauten Verkehrsnetz.

Mal ne Frage: Warum kann man im heutigen Ostberlin eher von der Straßenbahn angefahren werden als im Westteil? Na janz einfach! Im Westen jibt et keene Straßenbahnen mehr. Als 1961 de Mauer jebaut wurde, stellte man im Westteil den Verkehr auf Busse um. Mitte der 60er Jahre wurden die letzten Strassenbahnen geschlossen. Nach dem Fall der Mauer hat man an zwei kleinen Stellen die Straßenbahn ergänzt.

Merke: Wenn de unter de Straßenbahn liejst, bist de zu 98 % in Ostberlin.

In der Straßenbahn.
„Na, Kleena", sagt der Schaffner, „Du musst voll bezahlen. Für 'ne Kinderkarte biste schon zu jroß."
„Denn lassen Se ooch jefälligst det Duzen!" sagte der Steppke darauf.

Der Bahnhof am Alexanderplatz wurde 1882 eröffnet und als viergleisiger Durchgangsbahnhof angelegt. Der ehemalige Festungsgraben diente als Wegführung. Auf Grund des sandigen Untergrundes wurden viele Bahnhöfe und Gleisführungen als Viadukt-Bauten errichtet.

Der erste Anhalter Bahnhof wurde 1841 eröffnet und führte die Strecke über Jüterbog, Wittenberg nach Dessau. Der große Umbau wurde am 15. Juni 1880 durch Kaiser Wilhelm I. und Bismarck feierlich eingeweiht. Der Bahnhof wurde das Tor zur Welt. Von hier aus fuhren die Züge z. B. nach Wien, Budapest, Venedig, Rom, Athen und Neapel, von wo man mit dem Schiff weiter nach Alexandria reisen konnte. Nach 1910 war er auch der Ausgangspunkt vom Balkanzug, der weiter nach Istanbul führte.
Kaiser Wilhelm II. hatte es geschafft, mit dem Sultan des Osmanischen Reiches Abdülhamid II. eine Einigung zum Bau der Bagdadbahn zu treffen. Nach langen Verhandlungen um Konzessionen und Finanzierung wurde am 5. März 1903 die Konzession mit der anatolischen Eisenbahn, dem Osmanischen Reich, abgeschlossen. Der Bau dieser 1600 km langen Eisenbahnstrecke war eine deutsche ingenieurtechnische Meisterleistung und eines der aufwändigsten Infrastrukturprojekte jener Zeit.

Der Bahnhof am Alexanderplatz

So konnte man vom Anhalter Bahnhof in Berlin bis weit in den Orient nach Bagdad reisen.

Die große imposante Bahnhofshalle hatte eine Höhe von 34 m und eine Binderlänge von 62 m. Damit hatte sie zu dieser Zeit die größte Spannweite eines Gebäudes in Europa. Das Dach war freitragend und überdachte einen Raum von 10.200 m². So konnten sich 40 000 Menschen gleichzeitig darin aufhalten. Alle großen Ehrengäste wurden hier, im Anhalter Bahnhof, empfangen.

Der heutige Ostbahnhof eröffnete bereits 1842 als Frankfurter Bahnhof. Ab 1881 wurde er in Schlesischen Bahnhof umbenannt, ab 1950 in Ostbahnhof, ab 1987 in Hauptbahnhof und seit 1998 dann in Ostbahnhof.

Der neue Anhalter Bahnhof. Aeußere Ansicht. (Siehe Seite 277.)

Der neue Anhalter Bahnhof. Die Verkehrshalle.

Heute erinnern nur noch der Rest des Portikus und der unterirdische S-Bahnhof an den einst weithin berühmten Anhalter Bahnhof

Der Bahnhof Friedrichstrasse wurde 1882 eröffnet und war ein Kreuzbahnhof. 1925 wurde die große stählerne, seitlich verglaste Doppelhalle vom Architekten Carl Theodor Brodführer erbaut

Der Weg nach Schöneberg ging 1775 über die Schafgrabenbrücke. Nach der Stadterweiterung wurde sie die heutige Potsdamer Brücke. Der Stadtplaner und Landschaftsarchitekt Lennè erhielt 1840 vom König den Auftrag eines Projektes für einen Entlastungskanal der Spree. Dieser wurde dann von 1845 bis 1850 mit einer Länge von 11 km als neue Wasserstraße gebaut, der Landwehrkanal. Er zweigt von der Spree in der Nähe vom Schlesischen Tor ab und mündet wieder in Charlottenburg, in der Nähe des Schlosses, in die Spree.

Bericht über die Potsdamer Brücke vom Sonntag, dem 8. Dezember 1935, aus dem Berliner Lokalanzeiger:

> *...Es gibt in Berlin sehr vornehme Brücken. Sie sind meist im Tiergarten und im Westen überhaupt zu finden, sie kommen aus stillen Straßen und führen in stille Straßen, Bäume neigen melancholisch ihre hängenden Blätterbüsche über sie. Über solch eine Brücke gehen die Menschen langsam, ohne sonderliche Hast. Man sieht nie ein hochbeladenes Fuhrwerk mühsam darüber schwanken, und der Brückenbelag wird selten durch stampfende Lastautos oder Traktoren erschüttert. Nur dickbereifte Wagen gleiten geräuschlos dahin, und auch sie sind eigentlich selten. Zumeist herrscht um diese Brücken eine Stille, die gar nicht zu der säumenden und tosenden Großstadt ringsum passen will.*
>
> *Eine zähe und deutliche Grenze bildet die Potsdamer Straße. Hier geht der stille Tiergarten-Bezirk in den hastenden Bezirk der Arbeit über, und die Potsdamer Brücke selbst gehört schon ganz der Arbeit zu. Über sie laufen die Straßenbahnen und poltern die hohen Autobusse. Lichtampeln stoppen und treiben Kolonnen von Autos, Lastwagen brechen sich mühsam durch das Gewirre Bahn. Und die Menschen, die man hier sieht, haben alle schon das typische Kennzeichen des Großstädters: Sie haben keine Zeit, eine harte Faust stößt sie vorwärts, jede Sekunde ist ihnen wertvoll, sie gehen nicht, sondern sie hasten, sie sind, indem sie die Brücke passieren, doch unlöslich eingespannt in einen riesigen Kreis des Schaffens und des Werkens, der ihrem Schritt auch in diesem Augenblick Sinn und Ziel gibt.*

Kommt Ihnen, lieber Leser, nach 80 Jahren irgendetwas davon bekannt vor?

Die Schafgrabenbrücke, jetzige Potsdamer Brücke, im Jahre 1775.

Die Schafgrabenbrücke – jetzige Potsdamer Brücke

Bei der Stadtbahn vom Bahnhof Bellevue in Richtung Zoo über die Spree sieht man deutlich die Viadukt-Bauweise. Der 1882 eröffnete Bahnhof ist heute noch in seiner ursprünglichen Form erhalten.

№ 39. 1863.

Die Gartenlaube.

Illustrirtes Familienblatt. — Herausgeber Ernst Keil.

Wöchentlich 1½ bis 2 Bogen. Durch alle Buchhandlungen und Postämter vierteljährlich für 15 Ngr. zu beziehen.

Die Echte.

Eine Geschichte aus dem alten Lande.

Von Ernst Willkomm.

(Schluß.)

Nach dem Rückbau der dritten Stadtmauer entwickelten sich die Bezirke Tiergarten und Schöneberg zu pulsierenden Teilen von Berlin. Hier die Potsdamer Brücke am Halleschen Tor um 1880 über den Landwehrkanal.

Otto von Bismarck

Otto von Bismarck (1815–1898)
deutscher Politiker und Staatsmann

Otto von Bismarck war von 1862 bis 1890 Ministerpräsident des Königreichs Preußen. Er wurde zugleich von 1867 bis 1871 Bundeskanzler des Norddeutschen Bundes. Nach dem gewonnenen Deutsch-Französischen Krieg trieb Bismarck die deutsche Einheit voran. Auf sein Wirken hin wurde König Wilhelm I. der erste protestantische Kaiser von Deutschland. Von 1871 bis 1890 war Bismarck erster Reichskanzler des nun vereinten Deutschen Reiches.

Als es nach dem Deutsch-Französischen-Krieg darum ging, wer neuer deutscher Kaiser würde, war die Situation folgende: Kandidat eins war König Karl von Württemberg (1823–1891), der sich aus der Politik zurückgezogen hatte. Kandidat zwei war König von Bayern. Dieser jedoch sah es als persönliche Zumutung an, dass er auf Betreiben Bismarcks hin als ranghöchster deutscher Fürst König Wilhelm I. von Preußen die Kaiserkrone antragen sollte. Zum Schluss siegte die ewige Geldnot von Ludwig, denn der Bau vom Schloss Neuschwanstein verschlang enorme Geldsummen. Mit einer Summe von sechs Millionen Gulden ließ sich König Ludwig dazu bewegen, Bismarcks Wunsch zuzustimmen.

König Wilhelm I übernahm das Amt eines deutschen Kaisers nur zögerlich. Ihm war König von Preußen wichtiger. Zum Schluss schaffte Bismarck jedoch, alle Widerstände aus dem Weg zu räumen, und sagte endlich zu König Wilhelm I, „Setze er bitte seinen „Kaiser Wilhelm“ darunter“. Bismarck meinte damit die Urkunde zur Bestätigung der Annahme zum Kaiser.

Sein energisches Wesen ließ dem Kaiser die Äußerung abringen, dass es nicht leicht sei, unter solch einem Kanzler Kaiser zu sein. Maßgeblich war er an der Schaffung des Sozialversicherungssystems beteiligt. Es bedeutete, dass nun die Risiken wie Krankheit, Arbeitslosigkeit, Mutterschaft, Pflegebedürftigkeit, Arbeitsunfall, Berufsunfähigkeit, Alter und Tod gemeinsam von allen Versicherten getragen wurden. Auch die Berufsgenossenschaften verdanken wir ihm.

Das 15 Meter hohe Denkmal von Bismark wurde von dem Bildhauer Reinhold Begas feierlich am 16. Juni 1901 vor dem Reichstagsgebäude auf dem Königsplatz eingeweiht. Im Jahr 1938 wurden die Denkmäler von Albrecht von Roon (1803–1879, Generalfeldmarschall und Mitarbeiter von Bismarck), Helmuth Karl Bernhard von Moltke (1800–1891,Generalfeldmarschall und Chef des Stabes) und von Bismarck an der nördlichen Seite des Großen Sterns versetzt. Ebenso dort, wo die Siegessäule ihren jetzigen Standort erhielt.

König Ludwig von Bayern (1845–1886)

1871 bis 1888 Kaiser Wilhelm I

Ab 1861 König Wilhelm I. und ab 1871 Kaiser Wilhelm I.

Als Wilhelm 1861 König wurde, war Berlin auf 330.000 Einwohner angewachsen und hatte 7.317 Häuser. Durch das neue Verkehrsmittel, die Eisenbahn, vollzog sich ein gänzlicher Wandel im äußeren wie inneren Leben der Stadt. Berlin hatte sich in eine moderne Industrie- und Handelsstadt verwandelt. Mit dem Wohlstand wuchsen auch Selbstbewusstsein und Freiheitssinn ihrer Einwohner. Seit 1854 gab es in Berlin eine musterhafte Feuerwehr und Straßenreinigung.

Nach dem Deutsch-Französischen Krieg von 1870–1871 wurde König Wilhelm I. im Spiegelsaal zu Versailles am 18. Januar 1871 zum ersten deutschen Kaiser Wilhelm I. gekrönt. Es war genau an dem Tag, an dem sich vor 170 Jahren in Königsberg Kurfürst Friedrich III. zum König Friedrich I. krönen ließ.

Durch die Reparationszahlungen Frankreichs flossen Milliarden von Geldern nach Berlin. Es bekam eine Städtische Selbstverwaltung, und nun begann ab 1875 eine neue Ära.

Die staubigen und holprigen Kopfsteinpflasterstraßen wurden durch glatte behauene Steine auf Schotter- und Betonunterlagen oder durch Asphalt und Holz ersetzt. Eine Kanalisation wurde gebaut, und damit verschwanden die stinkenden Rinnsale. Die Beleuchtung wurde durch das Aufstellen von Gaslaternen wesentlich verbessert. 1.500 Straßenkehrer mit 30 Maschinen reinigten die Stadt. Die Verbesserung des innerstädtischen Personenverkehrs regelte die „Große Berliner Pferde-Eisenbahn-Aktien-Gesellschaft".

Für die Bildung der Jugend wurde der freie Unterricht eingeführt und durch den Bau zahlreicher Schulen und Gymnasien vorbildlich gesorgt. Viele neue Prachtbauten entstanden. Eine Gewerbe- und Industrieausstellung im Jahr 1879 zeigte die Leistungsfähigkeit der inzwischen zur Weltstadt gewordenen preußischen Hauptstadt. Als neueste Errungenschaft wurde von Siemens & Halske die erste elektrische Eisenbahn der Welt vorgestellt, die auch als elektrische Straßenbahn gebaut wurde.

Im Jahr 1878 zählte Berlin bereits über 1 Million Einwohner.

Der neugewählte Kaiser Wilhelm I. zieht prunkvoll durch das Brandenburger Tor in Berlin ein.

Berliner Feuerwehr um 1900

Was sonst noch geschah

Wie das Hauptgebäude der „Hygieneausstellung von 1882“ am 12. Mai, am Tage des Brandes ausschaute.

Das Postgebäude in der Oranienburgerstraße.

Das Kaiserliche Postfuhramt in der Oranienburger Straße

Im Jahr 1876 war in Brüssel die erste Ausstellung für Hygiene, die zweite mit großem Erfolg 1883 in Berlin. Als Ergebnis wurde der Bakteriologe Robert Koch (1843–1910, entdeckte den Erreger vom Milzbrand und der Tuberkulose) mit der Gestaltung eines Hygienemuseum beauftragt, welches am 1. Juli 1885 gegründet wurde.

Das Kaiserliche Postfuhramt wurde 1881 fertiggestellt von dem Architekten Karl Schwatlo (1831–1884). Er wählte eine gelbe Klinkerfassade, die mit roten und blauen Schmuckelementen versehen wurde. Alles erinnerte an die Bauweise der italienischen Frührenaissance. Hier waren Stallungen für 250 Pferde für die Postkutschen eingerichtet.

Eine Berliner Moralgeschichte

In der Zeit, als es noch in Schöneberg Bauernhöfe gab, ereignete sich folgende Geschichte: Auf so einem Bauernhof lebte eine Maus ein vergnügliches Leben. Auch eine Katze gehörte zu dem Gehöft. Eines Tages erblickte nun die Katze in der Scheune diese Maus. Wie es nun die Eigenheit der Katzen ist, fressen sie gerne Mäuse. Der Maus gefiel das wiederum gar nicht, und sie nahm Reißaus. Sie flüchtete von der Scheune in den Hof; die Katze hinterher. Die Maus flüchtete in den Garten; die Katze hinterher. Die Maus flüchtete auf die Weide; die Katze hinterher. In ihrer größten Not sah die Maus gerade eine Kuh, die den Schwanz hob, um einen riesengroßen Blinsen fallen zu lassen. Mit letzter Not sprang die Maus an die Stelle, wo im nächsten Augenblick der Blinsen herunterfiel. Die Katze stutzte, weil sie keine Maus mehr sah. Sie sah aber einen dampfenden Kuhfladen, aus dem ein kleines Schwänzchen herausragte und zitterte.

Die Katze zog am Schwänzchen die Maus heraus, wischte sie mit Gras ab und verspeiste sie genüsslich. Und die Moral von der Geschicht: Nicht jeder, der Dich anscheißt, ist Dein Feind; nicht jeder, der Dich aus der Scheiße zieht, ist Dein Freund, und wenn Du schon in der Scheiße steckst, ziehe gefälligst Deinen Schwanz ein.

Schöneberg 1830

1888 = Dreikaiserjahr

Kaiser Wilhelm I. starb am 09. März 1888. Sein Nachfolger wurde Kaiser Friedrich III. Er war der Sohn des Prinzen Wilhelm von Preußen und der Augusta von Sachsen-Weimar-Eisenach und kam am 18.10.1831 zur Welt. Er starb nach 99 Tagen Regentschaft.
Als nächster Nachfolger kam Kaiser Wilhelm II. auf den Thron.

Kaiser Friedrich III.

Nach einem Gemälde von Heinrich von Angeli.

Kaiser Friedrich III.

Epoche 1888–1920
Kaiser Wilhelm II. (1859–1941)

Als er 1888 sein Kaiseramt antrat, war Otto von Bismarck die staatslenkende Kraft für Deutschland. Bismarck wollte Russland als Verbündeten gewinnen und das Sozialistengesetz verschärfen. Er strebte eine Neuordnung von Staat und Kirche an, was z.B. eine zivile Eheschließung vorsah. Bismarck wollte eine Trennung von Staat und Kirche erreichen.
Kaiser Wilhelm II. wollte sich lieber mit den Österreichern zusammenschließen und war außerdem gegen Bismarcks Politik. Aus diesem Zerwürfnis entließ er am 17. März 1890 Reichskanzler Bismarck. Die voraussehenden Politiker sprachen: „Der Lotse geht von Bord“. Es dauerte nur 18 Jahre, bis der Kaiser abdanken musste, und damit endete die Monarchie.

Der junge Kronprinz Wilhelm mit seiner Frau Prinzessin Auguste Viktoria von Schleswig-Holstein.

Die erste elektrische Straßenbahn der Welt wurde 1881 von Siemens & Halske gebaut und fuhr in Lichterfelde bis zur Kadettenanstalt.
Die Strecke war 2,4 km lang. Dieses neue Transportmittel wurde schnell sehr beliebt und beförderte in den ersten drei Monaten bereits über 12.000 Fahrgäste.

Am 1. November 1895 fand die erste Filmvorführung statt. Einen Monat lang konnte man sich im ehemaligen Berliner Wintergarten, im Central Hotel an der Friedrichstrasse, bewegte Bilder ansehen.
Am 25. April 1896 wurde dann in Berlin das erste Deutsche Kino im Haus Unter den Linden 21 eröffnet.

Die alte Sternwarte in der damaligen Dorotheenstadt war die erste Turmsternwarte des 18ten Jahrhunderts und hatte eine Höhe von 27 Metern.
Ein Umbau einer neuen Sternwarte fand 1835 nach Plänen von Schinkel statt. Ein zweistöckiges Gebäude in einfachen hellenischen Stilformen entstand. Die neue Konstruktion bestand aus einer Eisenkonstruktion mit einer drehbaren Kuppel und einem Durchmesser von 7,50 Metern. Es war die erste Sternwartenkup-

Die ersten elektrische Straßenbahn

Die alte Sternwarte

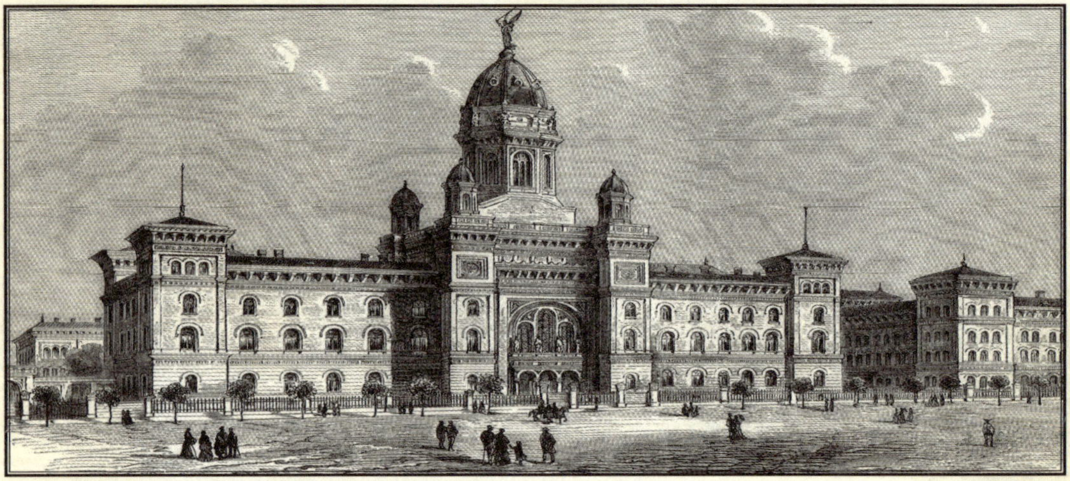

Ehemalige Preußische Hauptkadettenanstalt in Lichterfelde.

pel in Preußen in Form einer Halbkugel mit Spaltverschluss und Drehmechanismus. Das Observatorium war vom übrigen Gebäude getrennt erbaut, um die Übertragung von Schwingungen zu vermeiden.

Hier erstellte Artur Auwers (1838–1915), Astronom von 1866 bis 1900, den ersten Sternenkatalog, der 170.000 Sterne enthielt.

Die Höhenbezugsfläche von Normalnull wurde am 22. März am Nordflügel der Sternwarte festgelegt und markierte 37 Meter über Null nach dem Amsterdamer Pegel. Es war der Anlass des 82. Geburtstags von Kaiser Wilhelm I.

In einem Kino wurde ein Stück gegeben: „Die Leiden eines Kindes.“
Ein junges Mädchen erschien am Portal des Kinos.
Der livrierte Portier wollte sie nicht hineinlassen.
„Nee, Kleene“ sagte er, „Jugendlichen unter achtzehn Jahren ist der Eintritt verboten.“
„Wat? Jugendliche? Ick bin doch Mutter von det Kind!“

Geschäftiges Treiben auf dem Alexanderplatz um 1900. Die elektrische Straßenbahn benötigt ein großes Schienennetz. Trotdem fahren immer noch Pferdebahnen. In der Mitte des Platzes thront stolz die Berolina. Sie wurde 1871 zuerst auf dem Belle-Allianz-Platz aufgestellt. Sie wanderte dann zum Leipziger Platz und fand am 17. Dezember 1895 ihren letzten Standort. Die Figur war 17,55 Meter hoch. Während des letzten Krieges wurde sie dann eingeschmolzen.

Berolina auf dem Alexanderplatz.
Heute engagiert sich der Förderverein „Wiedererstellung und Pflege der Berolina e. V.“ für die Wiederherstellung der symbolträchtigen Berliner Statue.
Dazu weitere Infos: www.berolina-standbild.de

Das Jahrhundert der Attentate

Durch die Geschichte zieht sich ein roter Faden, wie mit andersgläubigen oder gesinnten Menschen umgegangen wurde. Die körperliche Beseitigung von solchen Personen ist seit alter Zeit eine praktizierte Methode. Menschen, die andere Personen als vermeintliche Hindernisse für ihren eigenen Lebensweg sahen, wurden beseitigt. Auch gab es Menschen, denen ihr eigenes Denken und Gemüt ein Hindernis zum Weiterleben darstellte,und sie griffen zur Selbstvernichtung. Zur Vervollständigung der Geschichte möchte ich einige Beispiele aus dem 19ten Jahrhundert beschreiben.

Heinrich von Kleist 1811

Beginnen wir mit Heinrich von Kleist, dem deutschen Lyriker und Dramatiker. „Der zerbrochene Krug“ und die Erzählung von „Michael Kohlhaas“ sind uns heute noch bestens bekannt. Seine stete Suche nach den wahren Idealen des Lebens ließ ihn keine Ruhe finden. Hinzu kamen finanzielle Sorgen. In Henriette Vogel fand Kleist eine Seelenverwandte, die an einem Karzinom unheilbar erkrankt war. Er mietete sich am Kleinen Wannsee, der damals noch außerhalb von Berlin lag, in einer Pension ein und feierte mit Henriette Vogel am Abend des 20. November 1811 ihren Abschied vom Leben. Am nächsten Morgen erschoss Kleist erst Henriette und danach sich selbst. Heute erinnert ein Denkmal an dieses tragische Ereignis.

Heinrich von Kleist (1777–1811)

Grabmal von Heinrich von Kleist am Kleinen Wannsee

König Friedrich Wilhelm IV. von Preußen1844

Am 26. Juli 1844 wollten König und Königin mit der Kutsche eine Reise nach Schlesien antreten. Als sie schon im Wagen saßen, feuerte Heinrich Ludwig Tschech mit zwei Pistolen auf das königliche Paar. Er verfehlte beide. Tschech wurde sofort überwältig. Er zeigte keine Reue und wollte auch kein Gnadengesuch zulassen. So wurde er zum Tode verurteil, und am 14. Dezember 1844 wurde in der Festung Spandau das Urteil mittels Beil vollstreckt.

Kronprinz Wilhelm von Preußen 1849

Am 12. Juni 1849 führte der Kronprinz Wilhelm preußische Truppen in der Pfalz gegen die Aufständischen an. Auf das Fahrzeug des Kronprinzen schoss jemand aus dem Kornfeld. Die Kugel traf den Postillion Johann K.J. Fries. Der Kronprinz blieb unverletzt. Der verhaftete Adam Schneider aus Nieder-Ingelheim wurde mangels Beweisen freigesprochen.

König Wilhelm I. 1861

Am 14. Juli 1861 verübte der Student Oskar Becker in Baden-Baden ein Attentat auf Wilhelm I., verwundete ihn aber nur leicht am linken Bein. Becker wurde vom Schwurgericht in Bruchsal zu 20 Jahren Zuchthaus verurteilt, im Oktober 1866 auf König Wilhelms Fürsprache hin begnadigt. Becker ging dann nach Nordamerika, kehrte aber nach zwei Jahren wieder zurück. Er wanderte erneut aus, diesmal in Richtung Orient und starb 1868 in Alexandria.

Kaiser Wilhelm I. 1878 – zum Ersten

Der Leipziger Klempnergeselle Max Hödel, ehemaliges Mitglied der Sozialdemokraten, gab am 11. Mai 1878, als der 81-jährige Kaiser mit seiner Tochter, der Großherzogin von Baden, im offenen Wagen durch die Straße „Unter den Linden“ fuhr, mit einem Revolver mehrere Schüsse auf ihn ab.

Bei dem Attentat, auf den in offener Kutsche fahrenden Kaiser, wurde niemand verletzt, da alle abgefeuerten Schüsse den Kaiser und seine Begleiter verfehlten.

Hödel wurde unmittelbar nach der Tat durch Schutzleute festgenommen und am 10. Juli 1878 vom Preußischen Staatsgerichtshof wegen Hochverrats zum Tode verurteilt. Er wurde am 16. August 1878 im Gefängnis Berlin-Moabit enthauptet.

Kaiser Wilhelm I. 1878 – zum Zweiten

Noch war die Aufregung über das erste Attentat nicht abgeklungen, als drei Wochen später, am Sonntag dem 02.06, der Kaiser allein in den Tiergarten fuhr. An fast gleicher Stelle feuerte ein Schütze aus einem Fenster des Hauses „Unter den Linden“ Nr. 18 zwei Schüsse auf den Kaiser ab, die ihn mit dreißig Schrotkörnern in Kopf und Armen schwer verwundeten. Er überlebte nur Dank seiner Pickelhaube. Der Täter, Karl Eduard Nobiling, ein junger promovierter Landwirt, wurde durch einen Selbstmordversuch schwer verletzt, gefasst. Eine weitere Vernehmung Nobilings war nicht möglich, da er nach seiner Festnahme das Bewusstsein verlor. Er starb im Gefängnis, ohne für längere Zeit wieder zur Besinnung gekommen zu sein.

Kaiser Wilhelm I. 1883 – zum Dritten

Bei der Einweihung des Niederwalddenkmals in Rüdesheim 1883 bereiteten Anarchisten um August Reinsdorf einen Anschlag mit Dynamit auf Wilhelm I. vor.
Wegen des feuchten Wetters versagte aber der Zünder. Reinsdorf wurde wegen Anstiftung zum Hochverrat am 22. Dezember 1884 vor dem Reichsgericht zum Tode verurteilt und am 6. Februar 1885 im Roten Ochsen in Halle zusammen mit Küchler hingerichtet.

Präsident Abraham Lincoln 1865

Dem 16. Präsidenten von Amerika, Abraham Lincoln, wird bei einem Theaterbesuch in Washington am Karfreitag, dem 14. April 1865, in den Kopf geschossen. Am Tag darauf erliegt er dieser Schussverletzung. Der Attentäter, John Wilkes Booth, war ein Sympathisant der Südstaaten, wo Lincoln in einem Bürgerkrieg (1861–1865) die Sklaverei abschaffte. Die Verfolgung des Attentäters dauerte 12 Tage. Auf einer kleinen Ranch wurde er endlich gestellt, er widersetzte sich der Verhaftung und wurde dabei erschossen. Vier Verschwörer wurden gefasst, verurteilt und durch den Strang hingerichtet, drei weitere erhielten Lebenslänglich. Im Laufe der Geschichte der Vereinigten Staaten von Amerika mussten vier weitere Präsidenten auf diese ungebührliche Art ihrem Amt entsagen. Später wurden ein weiterer Präsident und auch ein Papst angeschossen.

Kronprinz Rudolf von Österreich 1889

Wer kennt nicht die bezaubernde Kaiserin der Habsburger Monarchie, Sissi. Ihr Sohn Rudolf, Kronprinz von Österreich und Ungarn (1858–1889), scheint sich Heinrich von Kleist zum Vorbild genommen zu haben. Er war dem Druck der Erwartungen an ihn, als künftigen Kaiser von Österreich, nicht gewachsen. Unter seinem Vater, Kaiser Franz Joseph I., kam es zur Heirat mit der Prinzessin Stephanie, Tochter des belgischen Königs Leopold II. Rudolph war in dieser Ehe unglücklich. Auch seine verschiedenen Liebschaften halfen ihm über seine Depressionen nicht hinweg. Am 28. Januar verbrachte er den Abend bei seiner langjährigen Geliebten Mizzi Kaspar in Wien. Am anderen Morgen brach er zeitig zum Jagdschloss Mayerling auf, wo seine andere Geliebte, Baroness Mary von Vetsera auf ihn wartete. Wie der Abend verlaufen ist, wird wohl die Geschichte nicht mehr offenlegen können. Das Ergebnis aber ist bekannt. Er schoss zuerst der Baroness Mary Vetsera in den Kopf und dann sich selbst.
Der Kronprinz Rudolph war der einzige Sohn vom Kaiser Franz Joseph I. Nun wurde Franz Ferdinand als österreichischer Erzherzog neuer Österreich-Ungarischer Thronfolger.

Kaiserin Elisabeth – Sissi von Österreich 1898

Die berühmte Kaiserin Elisabeth von Österreich und Königin von Ungarn (1837–1898), bekannt als Sissi, war unterwegs auf einer Badekur in Bad Nauheim, um sich zu kurieren. Von dort reiste sie inkognito weiter zum Genfer See in Begleitung einer Hofdame. Sie hatte eine Einladung der Baronin Rotschild angenommen und dort die berühmte Orchideenzucht bestaunt. Voller Bewunderung soll sie die Worte gesprochen haben: „Ich wünschte mir, meine Seele könnte durch eine ganz kleine Öffnung in meinem Herzen in den Himmel entgleiten". Es liest sich wie ein Sehnsuchtswunsch. Am nächsten Tag, dem 10. September 1898, war sie auf dem Weg vom Hotel zur Weiterreise mit dem Dampfer. Dort wurde sie von dem italienischen Anarchisten Luigi Lucheni angegriffen. Er rammte eine Feile in ihr Herz. Der Attentäter wurde ergriffen und zu lebenslanger Haft verurteilt. Am 19. Oktober 1919 erhängte er sich im Gefängnis mit einem Gürtel.

Zar Alexander II. von Russland 1881

Alexander II. verließ am 13. März 1881den Michalowski-Palast von Sankt Petersburg und fuhr mit einer Kutsche entlang dem Gribojedow-Kanal. Der Student Nikolai Ryssakow warf eine Bombe in Richtung Kutsche. Der Kaiser blieb dabei unverletzt, und der Attentäter wurde sofort überwältigt. Dem sich entfernenden Kaiser rief er noch zu: „Freuen Sie sich nicht zu früh!" Ein weiterer Attentäter, Ignati Grinewitz, warf eine weitere Bombe, die ihn selbst sofort tötete und auch den Zaren sehr schwer verletzt. Er wurde in das nahe Winterpalais gebracht, in dem er innerhalb der nächsten Stunde verstarb. Sein zwölfjähriger Enkel Nikolaus war bei dem Anschlag dabei und musste miterleben, wie sein Großvater in seinen Armen starb. Dieser Nikolaus wurde dann im Jahr 1894 Zar Nikolaus II..

Am 15. April 1881 wurde Nikolai Ryssakow mit vier weiteren Verschwörern hingerichtet.

Clemens von Ketteler 1900

Ketteler war seit 1879 im auswärtigen Dienst tätig. Er war als Dolmetscher im deutschen Konsulat im chinesischen Kanton Tiensin tätig, später Gesandter in den Vereinigten Staaten von Amerika und Mexiko. Am 11. April 1899 wurde Ketteler dann deutscher Gesandter in Peking. Dort wollte er sich am 20. Juni 1900 in Begleitung seines Dolmetschers in das chinesische Außenministerium begeben. Es war die Zeit der Unruhen, die in der Geschichte als Boxeraufstände bekannt sind. Dort wurde er aus nächster Nähe von En-Hai, Korporal des mandschurischen Regiments, erschossen. Dieser gab an, auf Befehl seiner Vorgesetzten wegen einer Geldbelohnung gehandelt zu haben.

Kanne mit Passichtdrechselei.
Anfang des 17. Jahrhunderts.

Der Untergang von drei Kaiserreichen

Der deutsche protestantische Kaiser Wilhelm II., der katholische österreichische Kaiser Franz Joseph I. und der russisch-orthodoxe Zar Nikolaus II. spielen in der Weltgeschichte eine besonders makabere Rolle der Eigenzerstörung. Sie schafften es, nicht nur ihre eigene Person, sondern gleich ihre ganze Familie mit ins Verderben zu ziehen.

Am 21. Mai 1913 kam der russischer Zar Nikolaus II. zur Hochzeit der Kaisertochter Viktoria Luise nach Berlin. Feierlich wurde er am Anhalter Bahnhof empfangen. Die freundschaftliche Atmosphäre war ein Jahr später alles Makulatur. In Europa waren seit Jahrhunderten die mächtigen Monarchien durch wechselnde vertragliche Verpflichtungen verbunden. Je nach politischer Wetterlage, wenn ein Land zu mächtig wurde, ändern sich die Bündnisse. Ziel war es, dass kein Staat zu viel Macht erringen durfte. Im Jahr 1914 gab es zwei Allianzen. Berlin hatte sich diesmal mit Österreich verbunden.

Thronfolger Franz Ferdinand von Österreich 1914

Der Thronfolger Franz Ferdinand wurde bei einem Besuch in Sarajewo mit seiner Gemahlin Sophie Chotek, Herzogin von Hohenlohe, am 28. Juni 1914 von Gavrilo Princip erschossen.

Daraufhin sah sich Kaiser Franz Joseph I.. veranlasst, die Kriegserklärung zu unterzeichnen. Wie in den Jahrhunderten zuvor waren die europäischen Mächte in wechselnden Vertragsbeziehungen. 1914 war die Vertragslage so, dass sich Deutschland, Österreich, Frankreich, England und Russland, um nur die wichtigsten zu nennen, ihre Machtansprüche neu ordnen wollten.

Die Folge: nach vier Jahren Krieg war ein Desaster für alle Parteien. Die 500-jährige Habsburger Kaiserdynastie löste sich in Wohlgefallen auf. Das protestantische Hohenzollern Kaisertum endete nach 47 Jahren. Am schlimmsten aber traf es die Romanows.

Zar Nikolaus II. und Zarin Alexandra von Russland 1918

Auch im großen Zarenreich herrschte in den letzten Jahrzehnten ein Zustand, den man nicht als menschenfreundlich ansehen konnte. Es gab eine erste Entspannung nach der Abdankung des Zaren am 15. März 1917. Dies reichte den neuen Veränderern jedoch nicht. Zar Nikolaus II. wurde mit seiner Familie am 16. Juli 1918 in der Katharinenburg, im Uralgebirge, erschossen. Damit wurde gleichzeitig nach 300 Jahren die ganze Familie der Romanows ausgelöscht.

Und die Moral von der Geschicht',
willst du Kaiser bleiben, führe Kriege nicht.

Rund um das Brandenburger Tor

Pariser Platz

Der Architekt Carl Gotthard Langhans (1732–1808) bekam den Auftrag, das Brandenburger Tor neu zu gestalten. Im Zeitraum von 1788–1791 wurde das neue Brandenburger Tor erbaut. Als Vorbild des klassizistischen Baus dienten die Propyläen der Akropolis in Athen. 1793 wurde die von der Meisterhand des Bildhauers Schadow geschaffene Quadriga auf das Brandenburger Tor gesetzt, mit Blick in Richtung Unter den Linden. Das Brandenburger Tor ist 26 Meter hoch, 65,5 Meter breit und 11 Meter tief.

Der Pariser Platz um 1880
Von links nach rechts: Haus Sommer, heute Commerzbank, südliches Torhaus, heute Tourist-Info, Brandenburger Tor mit Quadriga, nördliches Torhaus, heute Raum der Stille, Max Liebermann-Haus

General von Pfuel und die Retourkutsche

Brandenburger Tor

Als Napoleon am 27. Oktober 1806 durch das Brandenburger Tor marschierte, drehte er sich um, sah zur Quadriga auf und sagte: „Einpacken!". Die Kisten wurden dann nach Paris versandt.
Der spätere General Ernst von Pfuel (1779–1866) war mit Heinrich von Kleist (1777–1811) befreundet. Beide wohnten der Krönung Napoleons in Paris bei, und Pfuel kämpfte später im österreichischen Heer gegen Napoleon. 1814 war Napoleon inzwischen geschlagen und Pfuel, im Generalstab bei Blücher, zog mit in Paris ein. Er wurde Kommandant eines Teils der französischen Hauptstadt. Er suchte und fand die Kisten mit der Quadriga und ließ sie wieder nach Berlin zurückbringen. Ihm haben wir es zu verdanken, dass die Viktoria mit ihrem Siegeswagen wieder an alter Stelle aufs Brandenburger Tor zurückkehrte. Und jetzt lieber Leser, wissen Sie, wo der Name „Retourkutsche" herkommt.
Aus Dankbarkeit dafür, ließ ihn der König durch die mittleren Säulen vom Brandenburger Tor fahren. Diese waren sonst nur dem König und seiner Familie vorbehalten.
Als frischgebackener Leutnant reiste Ernst von Pfuel mit seinem Freund Heinrich von Kleist nach Paris. Die Reise fand statt, wie damals üblich, mit der Postkutsche. In einem Dorf wurde Rast gemacht, und Leutnant Pfuel beobachtete in einem Dorfteich die Schwimmbewegungen der Frösche. Da kam ihm die Idee, diese Art zu schwimmen nachzumachen, was ihm auf Anhieb sehr gut gelang. Zur Erläuterung: Damals waren Schwimmbewegungen ähnlich wie das Hundekraulen üblich. In Prag gründete er dann die erste Muster-Schwimmschule für Brustschwimmen. Dem österreichischen Kaiser Franz gefiel dies so gut, dass er in Wien die gleiche Schwimmschule haben wollte. Natürlich hat er als späterer General Pfuel solche Muster-Schwimmschulen auch in Berlin eröffnet.

Max Liebermann Haus

Max Liebermann (1847–1935) ist Deutschlands bedeutendster Maler des Impressionismus. Im Jahr 1933, Max Liebermann war inzwischen Ehrenvorsitzender der Akademie der Künste, stand er auf seinem Balkon und beobachte, wie Hitlers braune Horden, Parolen brüllend, mit brennenden Fackeln durchs Brandenburger Tor marschierten. Zu einem Journalisten gewandt sagte er: „Ick kann jarnich so ville fressen, wie ick kotzen möchte!"

Der Direktor und bedeutende Chirurg der Berliner Charité, Ferdinand Sauerbruch (1875–1951), ließ sich von Max Liebermann porträtieren. Bei einer Sitzung bemerkte der Mediziner entsetzt, dass der Künstler das nahezu fertige Portrait wieder von der Leinwand kratzte. Voller Schrecken rief er: „Was tun Sie denn da? Es war doch sehr schön!" Der Künstler antwortete: „Et war eben nich scheen, et war falsch!" Sauerbruch sackte zusammen und meinte: „Na, ich hätte es so gelassen." Darauf Liebermann: „Tja, Ihre Irrtümer, Herr Geheimrat, die deckt der jrüne Rasen, aba meene, die hängen anna Wand!"

Für Interessierte: die Max Liebermann Villa am Wannsee ist wieder renoviert und mit ihrer Gartenanlage, Haus mit Ausstellung und kleinem Café, ein wunderschönes sehenswertes Anwesen geworden: 14109 Berlin, Colomierstraße 3.

Wrangelbrunnen im Tiergarten

Botschaften in Berlin

Rund um den Pariser Platz sind die Botschaften der Vereinigten Staaten von Amerika und von Frankreich, in der Wilhelmstraße neben dem Hotel Adlon die von Großbritannien und „Unter den Linden" die von Russland. Alle hatten schon vor 1945 ihren Sitz an gleicher Stelle.

Botschaft der Vereinigten Staaten von Amerika am Pariser Platz

Botschaft von Großbritannien in der Wilhelmstraße

Botschaft von Frankreich am Pariser Platz

Botschaft der Russischen Föderation Unter den Linden 63–65

Palais von Fürst Bismarck

Hotel Adlon

Um 1900 gab es bereits in den USA Luxushotels, die mehr als nur eine Übernachtung anboten. Es gab viel Raum für Vergnügungen, wie Spielzimmer, Bibliotheken, dazu Restaurants und Cafés sowie zusätzlich Zimmerservice. Kaiser Wilhelm II. wollte unbedingt gleich ziehen. Er beauftragte Lorenz Adlon, ein Hotel von Luxusklasse zu bauen. Im Oktober 1907 eröffnete das Hotel Adlon. Es wurde das schönste und luxuriöseste Hotel der damaligen Welt. Elektrisches Licht, Telefon, zentralbeheizt, Fahrstuhl, gekachelte Bäder mit fließend warmem und kaltem Wasser führten dazu, dass Adlige und auch der Kaiser aus seinem zugigen, kalten Schloss ins Hotel Adlon zogen. Hier wohnten Europas Könige und Kaiser, wie der Zar von Russland, der Maharadscha von Patiala, Henry Ford, John D. Rockefeller, Charlie Chaplin und viele weitere bekannte Persönlichkeiten.

Das Hotel Adlon am Pariser Platz

Das Hotel Adlon am Pariser Platz gehört heute wieder zu den besten Adressen von Berlin und ist eines der bekanntesten und luxuriösesten von Deutschland.

Akademie der Künste

Die Akademie der Künste am Pariser Platz. Sie geht zurück auf die von Kurfürst Friedrich III. von Brandenburg, dem späteren ersten König in Preußen, Friedrich I., die am 11.07.1696 gegründet wurde. Sie beruft sich auf die Tradition dieser Gelehrtengesellschaft, die mehrmals ihren Namen wechselte. Die Akademie ist seit dem 01.01.2004 eine von der Bundesrepublik Deutschland getragene Körperschaft des öffentlichen Rechts, die sich der Förderung der bildenden Kunst, der Baukunst, der Musik, der darstellenden Kunst sowie der Film- und Medienkunst widmet.

Reichstag

Der Reichstag, im Stil der Neorenaissance, wurde 1894 eröffnet. Der Architekt Paul Wallot (1841–1912) wollte die Kuppel des Reichstags mit 85 m Höhe errichten. Dies gefiel dem Kaiser überhaupt nicht, denn die Kuppel des Stadtschlosses war nur 67 m hoch. Daraufhin musste die Reichstagskuppel auf 75 m reduziert werden. 1894 fand die Einweihung statt. Die Größe betrug 400 m x 100 m. Auf den Ecktürmen befinden sich die Symbole, die den Staat ausmachen in Form von 16 Figuren.

Auf dem Nordwestturm finden sich Symbole für: Handel und Schifffahrt, Großindustrie, Klein- und Hausindustrie und Elektrotechnik, auf dem Nordostturm für: Erziehung, Unterricht, Kunst und Literatur,

auf dem Südostturm für: Wehrkraft zu Lande, Wehrkraft zur See, Rechtspflege und Staatskunst

und auf dem Südwestturm für: Ackerbau, Viehzucht, Weinbau und Bierbrauerei.

Ab 1996 fand der Umbau des Reichstages durch Sir Norman Forster statt, und seit April 1999 tagt der Deutsche Bundestag in diesem historischen Gebäude. Heute hat die Kuppel eine Höhe von 47 m. Die Inschrift „Dem Deutschen Volke“ am Reichstag wurde bereits im Jahr 1916 angebracht.

Vor dem Deutschen Reichstag steht seit dem 3. Oktober 1990 die Fahne der Deutschen Einheit. Sie misst sechs mal zehn Meter und ist Deutschlands größte Flagge. Die Höhe des Mastes beträgt 28,5 Meter. Diese Flagge weht das ganze Jahr und wird auch nicht auf Halbmast gesetzt, wenn der Bundespräsident, die Kanzlerin oder ihre Schwiegermutter gestorben wären.

Das Bundeskanzleramt ist Sitz der gleichnamigen Bundesbehörde. Im Rahmen des Umzugs der deutschen Bundesregierung von Bonn nach Berlin wurde der Neubau von den Architekten Axel Schultes und Charlotte Frank 1997–2001 im Stil der Postmoderne geplant und errichtet. Es ist 36 Meter hoch und hat eine Grundfläche von 19.000 m².

Es befindet sich in der Willy-Brandt-Straße 1 in 10557 Berlin (Tiergarten)

Das Paul-Löbe-Haus ist ein Funktionsgebäude des Deutschen Bundestages im Berliner Regierungsviertel. Es ist nach dem Reichspräsidenten des ersten Deutschen Bundestags, Paul Löbe (SPD), benannt und wurde 1997–2002 vom Architekten Stephan Braunfels geplant und gebaut. Das Gebäude enthält 1700 Räume und 61.000 m² Hauptnutzfläche. Es dient vorrangig der Unterbringung von Funktionsbereichen, die für den reibungslosen Ablauf des Parlamentsbetriebes die Nähe zum Reichstagsgebäude erfordern.

Bundeskanzleramt

Paul Löbe Haus

Rund um den Potsdamer Platz

Wollte man früher von Berlin nach Potsdam, so führte der Weg durch das Potsdamer Tor. Von hier wurde die erste Eisenbahnstrecke gebaut. Den Unternehmer, der bedeutenden Anteil an der weiteren Entwicklung der Bahn hatte, möchte ich hier vorstellen.

Johann Friedrich August Borsig

Als Zimmermann kam August Borsig (1804–1854) 1812 nach Berlin, besuchte die Gewerbeschule, schmiss sie jedoch ohne Abschluss. Der Direktor verabschiedete ihn mit den Worten: „Borsig, aus Ihnen wird nie etwas". Wie sollte er sich irren. Bei der Eisengießerei Egells lernte er sehr schnell das Handwerk des Eisengießens und den Umgang mit Dampfmaschinen. Borsig erhielt den Auftrag, in Schlesien zwei Webereien mit der neuen Technologie Dampfantrieb auszustatten. Er meisterte diese Arbeit wie auch weitere. Er wurde in allem erfolgreich und ließ sich nach 7 Jahren eine Abfindung auszahlen. Borsig wollte eine eigene Firma gründen und Eisenbahnen bauen.
Von seinen 10.000 Talern benötigte er 9.200, um ein geeignetes Grundstück zu erwerben. Nun war er pleite, für den Aufbau benötigte er aber 50.000 Taler. Borsig fand zwei Gönner, die ihm 40.000 und 9.000 Taler zu 3 % Zinsen liehen, um seine eigene Eisengießerei zu gründen. Am 1. Januar 1837 war es dann soweit. Borsig eröffnete seine eigene Firma mit fünfzig Mitarbeitern. Er leistete gute Arbeit und lieferte pünktlich, so erhielt er weitere Aufträge. Aber Borsig wollte Eisenbahnen bauen.

August Borsig (1804–1854)

1846 – Erstes Eisenbahn-Wettrennen der Welt

Die erste Eisenbahn in Preußen wurde am 24. Juni 1841 von Borsig fertiggestellt.
Zur Situation: Der Eisenbahnbau und der Betrieb der Bahnen waren zu dieser Zeit fest in englischer Hand. So kaufte Borsig von Amerika eine Lokomotive, zerlegte diese, verbesserte einiges, ergänzte sie mit Neuerungen und forderte nun die Engländer zu einem Wettrennen heraus. „Ich bin schneller als ihr" war die Herausforderung.
Am 21.07.1846 war es soweit. Von Berlin nach Jüterbog sollten im Abstand von 10 Minuten beide Loks fahren. Raten Sie mal, wer gewonnen hat? Obwohl die Dampflok nicht fahren wollte, weil der Maschinist gesehen hatte, dass eine Schraube falsch saß. Nachdem dies wieder korrigiert wurde, war Borsig um Minuten schneller und erhielt daraufhin von Preußen die Aufträge zum Bau der Eisenbahnen. Als am 25. März 1854 die 500. Lokomotive ausgeliefert wurde, musste diese durch Berlin zum Bahnhof gefahren werden. Die Berliner bejubelten die Lok mehr als sonst den König.

Borsig baute die erste Betriebskantine für seine Arbeiter, behielt 5 % vom Lohn ein, verzinste den mit zwei Prozent, um den Arbeitern Geld fürs Alter und eine Krankenversicherung zu ersparen. Er baute ein Schwimmbad für seine Leute und veranstaltete das erste Betriebsfest mit allen seinen Mitarbeitern, was ihn bei seinen Unternehmerkollegen nicht nur Freunde brachte.
Als 1848 die Berliner Revolution ausbrach, wollten sich einige wenige aufrührerische Gedanken in seiner Firma verbreiten. Borsig trat auf und sagte: „Was hier geschieht, bestimme ich“. Alle Arbeiter standen zu ihm.

Sony Center

Als die Planung nach dem Fall der Mauer rund um den Potsdamer Platz in Gang kam, gab es ein altes erhaltenes Gebäude, das des ehemaligen Weinhändlers Christian Huth in der Alten Potsdamer Str. 5.
Seine Geschichte: Um 1900 betrieb Huth eine Weinhandlung und hatte dazu eine florierende Gastronomie für gehobene Ansprüche. Um den steigenden Bedarf an Weinen zu decken, musste er sein Lager erweitern. Sein Enkel Willy Huth baute 1911 ein neues vierstöckiges Haus mit ca. 1.000 m² Lagerfläche für die großen Weinfässer. Der Stabilität wegen entschied er sich für eine Eisen-Stahl-Konstruktion. Die war für die damalige Zeit sehr teuer, aber das Geschäft florierte.
Als die böse Zeit über Berlin fegte und Bomben ihr zerstörerisches Werk taten, blieb das „Weinhaus Huth“ unversehrt und ist heute das einzige im Original erhaltene Gebäude am Potsdamer Platz. Es steht unter Denkmalschutz.

Das ehemalige Haus Huth am Potsdamer Platz ist erhalten geblieben und in das Ensemble der Neubauten integriert worden.

Sony Center am Potsdamer Platz mit dem Filmhaus-Museum

Hotel Esplanade

Als man schon mitten in der Planung vom Potsdamer Platz war, stellte man plötzlich fest, dass es noch ein zweites Gebäude am Rand der Bebauungsfläche gab. Das ehemalige Hotel Esplanade. Dieses Gebäude, mit leichter Beschädigung, stand am falschen Platz und dazu unter Denkmalschutz. In Deutschland hat ja alles seine Ordnung. Was tun? Die Lösung war eine sehr originelle. Auf Luftkissen wurden die Reste des Gebäudes über 70 m verschoben und stehen heute hinter Glas integriert im Sony Center. Die so erhaltenen Teile des historischen Hotels Esplanade bilden den Kern des Sony Centers, das einen Komplex von sieben Gebäuden umfasst und im Juni 2000 fertiggestellt wurde. Es bietet Platz für Wohnungen, Büros, aber auch für gastronomische Betriebe und den Einzelhandel.

Die Reste eines zweiten Gebäudes am Potsdamer Platz finden wir im Sony Center. Es sind die Überreste des Hotels Esplanade.

Boulevard der Stars

Am Potsdamer Platz, auf dem Mittelstreifen der doppelspurigen Potsdamer Straße, liegt der Boulevard der Stars. Hier werden Prominente aus dem deutschsprachigen Raum geehrt, die Herausragendes geleistet haben.

Marlene Dietrich
wurde am 27. Dezember 1901 in Berlin-Schöneberg geboren. Sie erhielt eine strenge preußische Erziehung, bei der besonderer Wert auf ihre musikalische Ausbildung gelegt wurde. Marlene Dietrich wirkte nicht allein durch ihr schauspielerisches Können, sondern gleichfalls durch ihre imponierende, elegante Erscheinung. Dabei legte sie eine große Vielfalt an den Tag – ob in Frack und Hose, in Fliegerkluft, in Zigeunergarderobe oder im Abendkleid. Sie verkörperte die emanzipierte Frau und avancierte zum Idol. Ab 1928 war Marlene fest im Berliner Kulturleben verankert. Sie spielte im Theater und im Film, aber kaum in herausragenden Rollen. Im Jahr 1987 publizierte die Diva ihre Memoiren unter dem Titel „Ich bin, Gott sei Dank, Berlinerin". Marlene Dietrich verstarb in Paris, am 6. Mai 1992, im Alter von 90 Jahren.

Zarah Leander
Zarah Leander (1907–1981) war Schauspielerin und Sängerin. „Kann denn Liebe Sünde sein?" und „Nur nicht aus Liebe weinen" sind ihre wohl bekanntesten Lieder. Zwischen 1937 und 1942 drehte Leander zehn Ufa-Filme, darunter „Eine rauschende Ballnacht" und „Das Herz einer Königin". Leander wurde zur „femme fatale" stilisiert und avancierte zu einem der beliebtesten und teuersten Stars der Ufa. In ihren Filmen, meist Melodramen, verkörperte sie häufig eine schöne, leidenschaftliche und selbstbewusste Frau.

Hildegard Knef
Als Hildegard Frieda Albertina Knef wurde sie am 28. Dezember 1925 in Ulm geboren. Im Sommer 1933 zog sie nach Berlin-Friedenau. Im Mai 1944 bekam Hildegard Knef ihre erste Filmrolle („Träumerei"; Regie: Harald Braun), aber die Nebenhandlung, in der sie spielte, wurde nach den Dreharbeiten herausgeschnitten.
Im Film „Die Sünderin" spielte sie eine junge Frau, Marina, die in den Wirren der Nachkriegsjahre zur Prostituierten wird und erst durch die Liebe zu einem todkranken Maler wieder auf den rechten Weg findet. Weil sie in einer kurzen Einstellung nackt als Modell vor einem Künstler liegt und später Sterbehilfe leistet, wurde die Vorführung des Films in Bayern vorübergehend verboten, und es kam zu einem handfesten Skandal.
Im Frühjahr 1969 nahm Hildegard Knef die Arbeit an ihrer ersten Autobiografie, „Der geschenkte Gaul", auf. Die kluge Autorin hatte etwas zu erzählen, und das tat sie in prägnanten Szenen, ohne Sentimentalität, aber mit viel Berliner Humor.
Am 01.02.2002 starb sie im Alter von 76 Jahren an einer Lungenentzündung.

Harald Juhnke
Harald Juhnke war der berühmt-berüchtigtste Schauspieler und Entertainer Deutschlands. Unvergessen seine zahllosen Alkohol-Eskapaden und seine öffentlich breitgewalzten Entziehungskuren. Bevor Harald Juhnke die Schauspielschule besuchte, absolvierte er ein Musikstudium. Nach der Ausbildung ging er ans Theater: Bühnendebüt in Neustrelitz, dann folgten Berlin, Hamburg, München. Als „Hauptmann von Köpenick" spielte er einen Urberliner, dem von deutschem Autoritätsgebaren zwar das Rückgrat gebrochen, aber die kesse Lippe nicht ganz mundtot gemacht worden war.
Auch als Entertainer war er erfolgreich: In Musicals, auf bunten Abenden und in Fernsehshows. Lackschuhe, Smoking, Champagner- oder Whiskyglas, Havanna, bubenhaftes Grinsen oder Dackelblick. Sinatra, das wusste jeder, war seit je her sein Vorbild.
Am 01.04.2005 starb der Schauspieler in einem Pflegeheim für geistig verwirrte Menschen, in der Nähe von Berlin.

Links: Der Kohlhoff-Tower wurde nach seinem Architekten Hans Kohlhoff benannt.
Er hat 101 Meter Höhe und befördert die Gäste mit dem schnellsten Personenaufzug zu einer fantastischen Aussichstplattform mit 360°-Panoramablick.
Mitte: Der Bahntower hat eine Höhe von 103 Metern.
Er ist der Sitz der Dachgesellschaft der Deutschen Bahn.
Rechts: Das Hotel Ritz-Carlton gehört zu den luxuriösesten Hotels der Stadt und ist 70 Meter hoch.

Auf dem Potsdamer Platz wurde 1924 die erste Verkehrsampel von Europa aufgestellt. Den stark aufkommenden Verkehr wollte man durch eine Ampel besser regeln. Als sie eingeweiht wurde, trat genau das Gegenteil ein. Alle wollten die neue Ampelanlage sehen. Es gab den totalen Verkehrsstau.

Der Potsdamer Bahnhof um 1880. Hier sind noch die Pferdebahnen in Betrieb.

Am 18. Februar 1902 wurde die erste Hochbahn vom Stralauer Tor zum Potsdamer Platz eröffnet.

Heute hat unsere Stadt eine sehr gute Infrastruktur der Verkehrswege mit der U-Bahn, die auch teils überirdisch läuft, der Straßenbahn, der S-Bahn und dem Busverkehr.

Die erste Fahrerlaubnis in Deutschland erhielt im Jahr 1888 Carl Benz, der Erfinder des Autos. Einen für ganz Deutschland gültigen Führerschein gab es seit dem 03.05.1909, der erst durch die EU 1999 abgeschafft und durch einen EU-Führerschein ersetzt wurde.

Das erste Dreirad-Motorgefährt von Benz fuhr in Berlin 1892. Es erhielt die polizeiliche Zulassung IA-1. Besitzer war der Textilhausbesitzer Rudolf Herzog in der Breitestrasse. Angeblich wollte Kaiser Wilhelm II. das Kennzeichen, musste sich aber trotz Interventionen mit dem nachfolgenden Kennzeichen zufrieden geben.

„Wat machen se eijentlich, wenn se ins Auto einsteigen, losfahren und nach 100 Metern merken, der Zündschlüssel steckt ja nich???“

„Na ick würde rechts ranfahren, aussteigen und kicken, welcher Dussel solange geschoben hat“.

Die gute Ausrede:

Ein Autofahrer wird mit über 40 km/h über dem Limit geblitzt. Ein Polizeiauto mit Blaulicht überholt den Fahrer und stoppt ihn. Der Polizist sagt zu dem Fahrer: „Jetzt brauchen Sie aber eine wirklich gute Ausrede“.

Der Fahrer antwortet verlegen: „Wissen Se, meine Frau ist mit einem Polizisten durchgebrannt und jetzt hat ich Sorge, er wollte sie mir zurückbringen“.

Kunstgewerbemuseum

Vom Potsdamer Platz führt uns jetzt der Weg in die Stresemannstrasse zur Niederkirchnerstrasse.

Martin Gropius (1824–1880)

Das ehemalige Kunstgewerbemuseum wurde vom Architekten Martin Gropius (1824–1880) im Stil der italienischen Renaissance errichtet und beherbergt jetzt große temporäre Ausstellungen.

Direkt gegenüber befindet sich der Preußische Landtag, 1899 nach Plänen des Architekten Friedrich Schulze (1843–1912) erbaut.
10117 Berlin, Niederkirchener Straße 7.
Es ist heute Sitz des Berliner Abgeordnetenhauses.

Das ehemalige Kunstgewerbe-Museum ist heute das Martin-Gropius-Museum in der Niederkirchenerstr. 7

Die Leipziger Straße

Der Hauptweg vom Potsdamer Platz ist die Leipziger Straße. Sie entstand in der Zeit der Stadterweiterung von Kurfürst Friedrich III., der 1688 für die Hugenotten die Friedrichstadt anlegte. Der „Große Kurfürst“ hatte als Tor seiner Festungsmauer von Berlin das Leipziger Tor erbaut. Es galt als das prachtvollste aller Tore. An deren Ende befanden sich die königlichen Mühlen. Mit beginnendem Verkehr und dem Ausbau von Straßen war sie, die B 1, die erste, die heute noch von Düsseldorf über Berlin und die Leipziger Straße bis an die Oder führt.

Bundesrat
1904 wurde in der Leipziger Straße 3-4 das preußische Herrenhaus errichtet. 1997 zog nach umfangreichen Sanierungsarbeiten der Bundesrat ein. Auf sechs Säulen thront das Portal, das von Otto Lessing, einem Nachfahre von Gotthold Ephraim Lessing, geschaffen wurde. Es zeigt die verschiedenen Symbole der einstigen preußischen Staatsgewalt.

Museum für Kommunikation –
Ein Museum der Zukunft
Das Museum für Kommunikation verbindet Vergangenheit und Zukunft unter seinem Dach. Mit der Dauerausstellung macht es die Herkunft, die Entwicklung und die Perspektiven der Informationsgesellschaft erleb- und begreifbar. Attraktive Wechselausstellungen richten den Blick auf die unterschiedlichen Aspekte der Kommunikation.

Museum für Kommunikation
10117 Berlin, Leipziger Straße 16

Hier finden Sie die teuerste Briefmarke der Welt: die blaue Mauritius.

Das ehemalige Postmuseum in der Leipziger Straße zeigt Modelle
von verschiedenen Postkutschen, mit denen auch Passagiere befördert wurden.

Hier sehen wir im Postmuseum weitere Ausstellungsstücke von den ersten Eisenbahnwaggons,
mit denen die Post ihre Sendungen in alle Welt versandt hat.

Von der Leipziger Straße rechts geht die Mauerstraße ab, 1780 mit der Dreifaltigkeitskirche

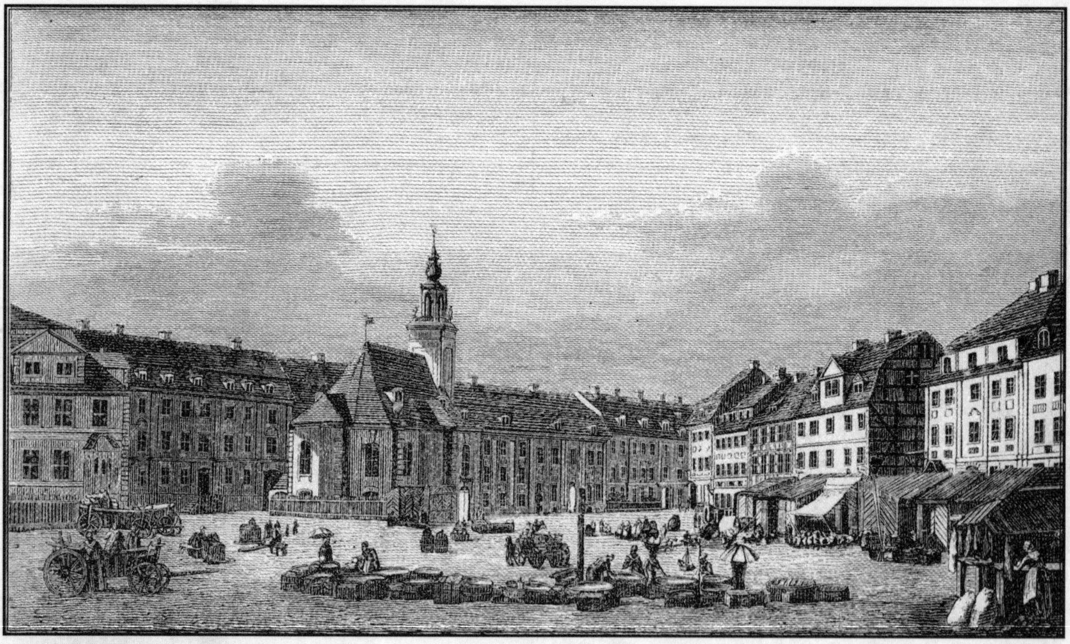

Spittelmarkt

Ehemaliger Spittelmarkt um 1783 mit der Gertraudenkirche. Nach Schleifen der Festungsanlage entstand hier ein florierender Marktplatz zwischen der Fischerinsel und der Leipziger Straße. Der Name des Marktplatzes stammt von dem ehemaligen Gertraudenkrankenhaus, dem Spital, dem Spittelmarkt. Das alte Stadtbild ist ganz verschwunden. Heute erinnert der U-Bahnhof Spittelmarkt an den ehemaligen betriebsamen Marktplatz.

Die Fischerinsel hat ihr altes Bild schon lange verändert. Wir sehen hier noch die alten schmalen Häuser, die zum Teil auf Pfählen errichtet waren. Das ehemalige Cölln war nur eine kleine Insel und hatte wenig Baufläche. So behalf man sich mit Häusern, die mehr in die Höhe gebaut wurden. Erst Ende des 19. Jahrhunderts wurden die letzten Pfahlbauten abgerissen.

Der Historische Hafen von Berlin, Fischerinsel 3, mit einem Restaurantschiff

Der Historische Hafen Berlin ist ein 1990 gegründeter Verein, der sich den Erhalt und den Betrieb von historischen Binnenschiffen zum Ziel gesetzt hat. Die Schiffe liegen im beginnenden Spreekanal, zwischen der Fischerinsel und dem Märkischen Ufer, gegenüber der Mühlendammschleuse. Die wertvollsten Stücke der großen Sammlung sind die Schleppdampfer Andreas und Seima. Darüber hinaus gibt es eine große Anzahl von weiteren Schleppkähnen, Schuten und Stoßbooten.

Märkisches Museum mit dem Zille-Denkmal

Das Märkische Museum am Köllnischen Park 5, 10179 Berlin beinhaltet Landes- und Kulturgeschichtliches. Es ist das Stammhaus der Stiftung Stadtmuseum Berlin als Landesmuseum für Kultur und Geschichte Berlins und wurde 1908 eröffnet.

Am Ende der Leipziger Straße befindet sich der Mühlendamm. Dieser Übergang über die Spree besteht schon seit den Anfängen der Besiedlung von Berlin und Cölln.

Kleine Geschichte vom Mühlendamm

Während der letzten Regierungsjahre begann Kurfürst Friedrich Wilhelm, den Mühlendamm zu erneuern. Er ließ ein massives Gewölbe über die Brücke mit Kolonnaden errichten und verpflichtete die Händler, ein steinernes Gebäude zu erbauen. So wurden aus den ehemaligen Budenbesitzern mit fliegenden Ständen die ersten Händler von Berlin mit festem Geschäftshaus.

Die von Arnold Nering erbauten Kolonnaden wurden im Februar 1688 für den Verkehr freigegeben. Die Anlage schloss auch die in der Dammmitte abgehende Fischerbrücke ein, die am Portal zwischen den Kolonnaden endete. Über dieser Friedrichspforte errichtete man einen Saal für die Kaufmannsgilde, der bis 1739 als erster Berliner Börsensaal diente.

Wir erinnern uns, dass Berlin um 1880 bereits 1 Million Einwohner zählte. Auch der Verkehr über den Mühlendamm bedurfte neuer Planungen. Seit 1886 befuhren bereits zehn Pferdebahnlinien den Damm, der nur 7,50 m breit war. Der tägliche Verkehr zwischen 6:00 und 24:00 Uhr betrug 2200 Pferdebahnwagen. Ab 1888 begann ein umfangreiches Abrissprogramm, bei dem auch die Kolonnaden und das Mühlengebäude von Persius fielen. Ab 1893 baute man die Schleuse, so dass sie wieder durchgängig befahrbar wurde. Alle beweglichen Teile der Schleusentore wurden in moderner Weise mit einer Hydraulik angetrieben. Die Füllung erfolgte über eine mit Wasserkraft betriebene 25 PS Turbine. Die Schleuse tat 50 Jahre lang ihren Dienst. Die neue Straßenbreite betrug nun 15 Meter. Sie sollte auch dem stärksten Verkehr genügen dürfen, so dachte die Bauverwaltung. Aber nach 1930 plante man den Mühlendamm auf eine Gesamtbreite von 37 Metern.

Das Ephraim-Palais und die gegenüber liegenden Häuser wurden gänzlich abgetragen, und es wurde eine Behelfsbrücke für den laufenden Verkehr errichtet. Fast 40.000 Pfähle mit einer Länge bis zu 15 Metern wurden bis zu 2 m unter Wasser eingeschlagen. Zwischen den Pfählen lagen noch die großen Findlinge. Trotz des Krieges wurden die Bauarbeiten bis 1942 fortgeführt und die neue Schleusenanlage betriebsfertig erstellt. Der Neubau der pfeilerlos geplanten Mühlendammbrücke und der Abbruch der alten Schleuse aber wurden zurückgestellt. Die Brücke ist schließlich 1968 fertiggestellt worden. Aber erst 1976 konnten die Abbrucharbeiten beendet werden.

Das Otto-Bock-Haus als Science-Center am Potsdamer Platz wurde 2009 eröffnet. Otto Bock hatte 1919 in Berlin die Orthopädische Industrie GmbH gegründet, um die vielen Kriegsversehrten mit Prothesen und orthopädischen Produkten zu versorgen. Heute ist die in 46 Ländern vertretene Firma Weltmarktführer mit allem, was mit Bewegung zu tun hat. Das Science Center Medizintechnik in der Eberstrasse zeigt eine Ausstellung über Orthopädie und Prothetik.

Das Otto Bock Haus als Science Center am Potsdamer Platz

Die berühmte Philharmonie und der Kammermusiksaal. Hier hatte das Berliner Philharmonische Orchester mit Herbert von Karajan eine große Blütezeit.

Die neue Nationalgalerie an der Potsdamer Straße überrascht immer wieder mit herausragenden Ausstellungen, wie z.B. mit der Moma von 2014 mit rund 1,2 Millionen Besuchern.

Kulturforum am Potsdamer Platz

Das Kulturforum umfasst eine Gemäldegalerie, das Kupferstichkabinett, die Kunstbibliothek und das Kunstgewerbemuseum.

Eingang zum Kunstgewerbemuseum

Der Kurfürsten Damm

Als Kurfürst Joachim II 1543 das Jagdschloss im Grunewald errichten ließ, führte der Reitweg dorthin durch bewaldete und sumpfige Gegenden. Mit Knüppeln wurde dieser zum Teil befestigt. So kam im Lauf der Zeit die Beschreibung des Weges, den der Kurfürst zum Jagdschloss nahm, als Knüppel oder Churfürsten Damm auf.
In Berlin begann das Industriezeitalter mit dem Beginn der Eisenbahn. Immer mehr Menschen kamen nach Berlin, um sich eine Existenz aufzubauen.
So war im Jahr 1862 bereits eine Planung für gehobene Wohnansprüche von James Hobrecht (1825–1902 preußischer Stadtplaner) für den Westteil der Stadt erstellt worden.
Wir erinnern uns, ab 1860 wurde die dritte Stadtmauer abgebaut.
Was einst im Umland Bauerhöfe mit Ackerland waren, wurde nun Bauland. Wie immer in solchen Umbruchszeiten gab es viel neureiches Bürgertum, Investoren und auch Spekulanten. Hinzu kam, dass nach dem Deutsch- Französischen Krieg die Wirtschaft weiter Fahrt aufnahm.
Berlin hatte um 1880 eine Million Einwohner erreicht und wuchs weiter. Auf Anregung von Bismarck verkaufte der Preußische Staat an die Kurfürstendamm-Gesellschaft 234 ha vom Grunewald.
Bismarck hatte bereits 1868 beim König Wilhelm I. angeregt, dass der Westteil erschlossen werden sollte. Durch einen Antrag Otto von Bismarcks vom 2. Juni 1875 wurde der ehemalige Reitweg vom Stadtschloss Berlin zum Jagdschloss Grunewald auf eine Breite von 53 Metern zu einer Prachtstraße ausgebaut. Nach der Fertigstellung am 5. Mai 1886 fuhr schon der erste Oberleitungsbus, und die Straße entwickelte sich alsbald zum Vergnügungs-, Kauf- und Pracht-Boulevard.
So nahm Berlin im 19ten Jahrhundert eine rasche Entwicklung zu einer der führenden Metropolen in Europa.

Kaiser-Wilhelm-Gedächtniskirche

Die Grundsteinlegung zur Gedächtniskirche war am 22. März 1891. Der monumentale Bau im neuromanischen Stil hatte den mit 113 m höchsten Hauptturm des damals noch selbständigen Stadtteils Charlottenburg. Die Innenausstattung war äußerst aufwendig. Heute steht der Rest vom 71 m hohen Turm als Teilruine, im Volksmund daher auch spöttisch „Hohler Zahn" genannt.
Nach den schweren Zerstörungen im Zweiten Weltkrieg wurde die Ruine nach Teilabriss gesichert und dient heute als Mahnmal. Der zerstörte alte Turm gilt als Symbol für die Schrecken des Krieges.

Seit 1987 gibt es in der ehemaligen Eingangshalle der alten Kirche eine Ausstellung mit den Resten der reichen Mosaikarbeiten. Hier befinden sich das Nagelkreuz der Kathedrale von Coventry, ein Ikonenkreuz der Russisch-Orthodoxen Kirche und die beschädigte Christusfigur vom Altar der alten Kirche.

Eine Touristin fragt den Handwerksmeister während der Bauarbeiten an der Kaiser Wilhelm Gedächtniskirche: „Was ist das dort oben auf dem Turm?"
Der Meister kratzt sich am Kopf und meint dann: „Also, wenn se sich bewejen, dann sinn det die Tauben, wenn nich, denn sinn det mene Jesellen".

Chorseite der Kaiser Wilhelm-Gedächtniskirche
in Berlin-Charlottenburg.

Deckenmosaik der Kaiser-Wilhelm-Gedächtniskirche Berlin.

Der Breitscheidplatz erhält ein neues Gesicht,
von links: das „Upper West“-Haus, das Hotel Walldorf Astoria, der Kirchenneubau an der Kaiser-Wilhelm-Gedächtniskirche von 1963 in Form eines Oktogons, Reste der Gedächtniskirche, der neue Glockenturm.

Rund um das Europacenter

Europacenter mit Breitscheidplatz und Wasserklops

Einst war das Romanische Café Treffpunkt der literarischen Welt. Nach Plänen von Professor Helmut Hentrich und Dipl.-Ing. Hubert Petschnigg begann 1963 der Bau des Europa-Centers. Am 2. April 1965 war die Einweihung vom 103 Meter hohen Komplex aus Glas und Aluminium. Es wurde durch den damaligen Regierenden Bürgermeister Willy Brandt eingeweiht.

Bis 1979 verfügte das Europa-Center sogar über eine eigene Kunsteisbahn. Nach einer zweiten Modernisierungsphase des Europa-Centers musste aus Kosten- und Effizienzgründen die Eisbahn weichen. Heute befindet sich an dieser Stelle das Terrassencafé.

Das Europa-Center besitzt eine Gesamtfläche von ca. 80.000 Quadratmetern. Es besteht aus dem Shopping-Center mit etwa 70 Geschäften, zahlreichen Restaurants, einer Bank, dem Kabarett „Die Stachelschweine", dem Office-Tower mit 13.000 Quadratmetern Bürofläche – auf 21 Etagen – und dem Hotel Palace mit seinem bekannten Restaurant First Floor. Im direkt angrenzenden Parkhaus stehen 1.100 Parkplätze zur Verfügung. Täglich besuchen ca. 25.000–40.000 Menschen das Europa-Center. Das Europa-Center und die Gedächtniskirche sind heute zum Wahrzeichen Berlins geworden. Im Keller ist jeden Abend im Irish Pup ab 21:00 Uhr Live Musik. Mit Hits am laufenden Band aus Rock und Pop, Oldies, Folk und Country ist für garantiert gute Stimmung gesorgt.

Wasseruhr im Europa-Center von dem Franzosen Bernard Gitton 1982 entworfen und erstellt. Sie ist 13 Meter hoch und geht über 3 Etagen. Sie gibt mit Hilfe von Flüssigkeitsstand in 12 großen und 30 abflachenden kleinen Kugeln der Zeit ein Gesicht. Die Uhr wird „Die Uhr der fließenden Zeit" genannt.

Der Weltkugelbrunnen mit seinen Wasserspielen, im Volksmund Wasserklops genannt, steht direkt vor dem Europa-Center auf dem Breitscheidplatz. Der Bildhauer Joachim Schmettau und Susanne Wehland haben ihn entworfen und 1983 aufgestellt. In die symbolische Weltkugel sind Schriftzeichen verschiedener Kulturkreise eingelassen. Das Wasserbecken hat einen Durchmesser von 16 Metern und besteht aus mehreren Granitblöcken. Die Kosten in Höhe von 75.000 € jährlich für die Inbetriebnahme werden von Sponsoren übernommen. Der Bezirk kann dies nicht alleine finanzieren.

Vom Europa-Center führt eine Einkaufsmeile über die Tauentzienstraße zum Wittenbergplatz.

Weltkugelbrunnen auf dem Breitscheidplatz

Auf der Tauentzienstraße Skulptur von Brigitte und Martin Matschinsky-Denninghoff Berlin.

Blick von der Tauentzienstrasse durch die Skulpturen zur MiniSkyline vom Kudamm Von Links: „Upper West-Haus, Höhe 118 Meter, Kaiser-Wilhelm-Gedächtniskirche, Höhe 113 Meter und das Europa-Center, Höhe 103 Meter.

Das KADEWE

Das KaDeWe (Kaufhaus des Westens) am Wittenbergplatz wurde nach nur einem Baujahr am 27. März 1907 fertiggestellt und ist heute mit 60.000 m² Verkaufsfläche das größte und bekannteste Kaufhaus Deutschlands und Kontinental-Europas. Als etwas Besonderes gilt der 6te Stock, die Feinschmeckeretage. Seit 1920 gibt es bereits im KaDeWe eine Feinkostabteilung.

U-Bahnhof Wittenbergplatz

Die alte Bahnhofshalle prägte den Charme alter Zeiten, der auch heute noch auf die Besucher wirkt.

Der U-Bahnhof wurde 1902 in einfacher Ausfertigung erbaut. Er gehört zur Stammstrecke der ersten Hochbahnstrecke der Hauptstadt des Deutschen Reichs und wurde im Auftrag der Gesellschaft für elektrische Hoch- und Untergrundbahnen in Berlin nach Plänen von Paul Wittig mit zwei Gleisen an zwei Seitenbahnsteigen am 11. März 1902 eröffnet; 1913 wurde der Bahnhof mitsamt der Bahnsteige und Außenwände abgerissen und nach Plänen des Architekten Alfred Grenander neu gebaut.

Berlin hat inzwischen 20 Fünfsterne Hotels. Mit dem Hotel Walldorf Astoria ist das erste Fünfsterne plus Hotel in Berlin etabliert. Im Jahr zählt unsere Stadt über 30 Millionen Übernachtungen und 13 Millionen Gäste, die Tendenz steigt.

Die Ausstellung „The Story of Berlin" umfasst anschaulich eine zeitgeschichtliche Reise durch das Berlin des 20ten Jahrhunderts.

THE STORY OF BERLIN am Kurfürstendamm 207 ist das Erlebnismuseum der Hauptstadt. Auf rund 6.000 m² begeben sich die Besucher auf einen spannenden Spaziergang durch 800 Jahre Berliner Geschichte. In 23 Themenräumen – jeder individuell gestaltet, begehbar und mit moderner Multimediatechnik ausgestattet – wird die Alltagswelt der Berliner Bevölkerung für jeden erlebbar. Ein Höhepunkt ist die Führung durch einen originalen Atomschutzbunker unter dem Kurfürstendamm, der noch heute im Ernstfall 3.592 Menschen Schutz bieten kann. THE STORY OF BERLIN wurde am 24. Juni 1999 eröffnet. Die Gestalter – Museumspädagogen, Historiker und Künstler – haben Szenenbilder entstehen lassen, die emotionale Erfahrung mit sachlichen Informationen zu verbinden wissen.

Weitere Informationen unter www.story-of-berlin.de

Das Theater des Westens, Kantstr. 12, gehört zu den schönsten Theaterhäusern in ganz Deutschland.

Berlin und seine Cafés

Im 18ten Jahrhundert wurde der Kaffee immer beliebter bei den Berlinern. König Friedrich II. besaß das Kaffeemonopol und hatte es hoch besteuert. Seit 1766 verbot er außerdem die private Einfuhr und den privaten Handel mit Kaffee. Wie immer förderte dies den Schmuggel, denn die Berliner wollten sich ihren Kaffee nicht verbieten lassen. So rösteten sie heimlich die Kaffebohnen. Daraufhin stellte der König ab 1780 Kaffeeprüfer ein, die durch Schnüffeln herausfinden sollten, wo unerlaubt Kaffee geröstet wurde. Trotz hoher Strafen konnten die Berliner ihr Lieblingsgetränk nicht missen. Der Nachfolger König Friedrich Wilhelm II. schaffte gleich nach Amtsantritt 1786 diese unsägliche Steuer ab.

Über Preußen, nicht geheuer,
schwebte einst die Kaffeesteuer

Café Kranzler am Kudamm

Das Café Kranzler am Kudamm

Das Café Kranzler am Kudamm war einst das berühmteste Caféhaus in Berlin. Der Wiener Zuckerbäcker Johann Georg Kranzler erwarb 1824 das „Berliner Bürgerrecht“. 1833 kaufte er das Haus Unter den Linden 25. Ein Jahr später eröffnete er die erste Konditorei, und hier schrieb er Café-Terrassen-Geschichte. Er baute auf die Straße ein Podest und stellte trotz Polizeiverbots Tische und Stühle im Außenbereich auf. Das Sehen und Gesehenwerden wurde Konzept.

Noch heute, wenn der Frühling die ersten warmen Strahlen schickt, sitzen die Berliner in ihren geliebten Terrassen-Cafés. Auch das erste Raucherzimmer hat Kranzler in seinen Räumen errichtet. 1932 eröffnete ein zweites Café Kranzler am Kudamm.

Kaffee Bauer und Kaffee Kranzler
„Unter den Linden“ Ecke Friedrichstrasse

Im Bild rechts das Kaffee Kranzler um 1880 Unter den Linden Ecke Friedrichstraße. Geraderüber lag das berühmte Kaffee Bauer, wo jeden Tag über 700 verschiedene Tageszeitungen aus Europa zum Lesen ausgelegt waren. Es gab zwar noch die Zensur, aber die Zeitungen von außerhalb konnten zum Teil mit ein- bzw. zweiwöchiger Verzögerung gelesen werden.

Kaffeehaus-Atmosphäre im 19ten Jahrhundert im Kaffee Bauer

Rund um die Museumsinsel

Die Geschichte vom morastigen Platz zum Lustgarten und der Museumsinsel – heute UNESCO-Weltkulturerbe

Zur Zeit, als Berlin und Cölln das Stadtrecht erhielten, lag vor den Mauern von Cölln eine morastige und wüste Fläche, die durch die beiden Spreearme eingefasst war. Erst 1573 wurde diese Fläche durch den Hofgärtner von Schönburg-Glauchau als ein Obst- und Küchengarten angelegt und von den späteren Regenten gepflegt und verschönert. Während des Dreißigjährigen Krieges verfielen das Schloss und die Gartenanlage.

Zwischen Spree und Kupfergraben, an der nördlichen Spitze der Spreeinsel, liegt die weltberühmte Museumsinsel. Das „Alte Museum“ (1830), das „Neue Museum“ (1859), die „Alte Nationalgalerie“ (1876), das „Bode-Museum“ (1904), das „Pergamonmuseum“ (1930), der „Berliner Dom“ (1905) und der „Lustgarten“ bilden ein einzigartiges Ensemble auf der Museumsinsel.

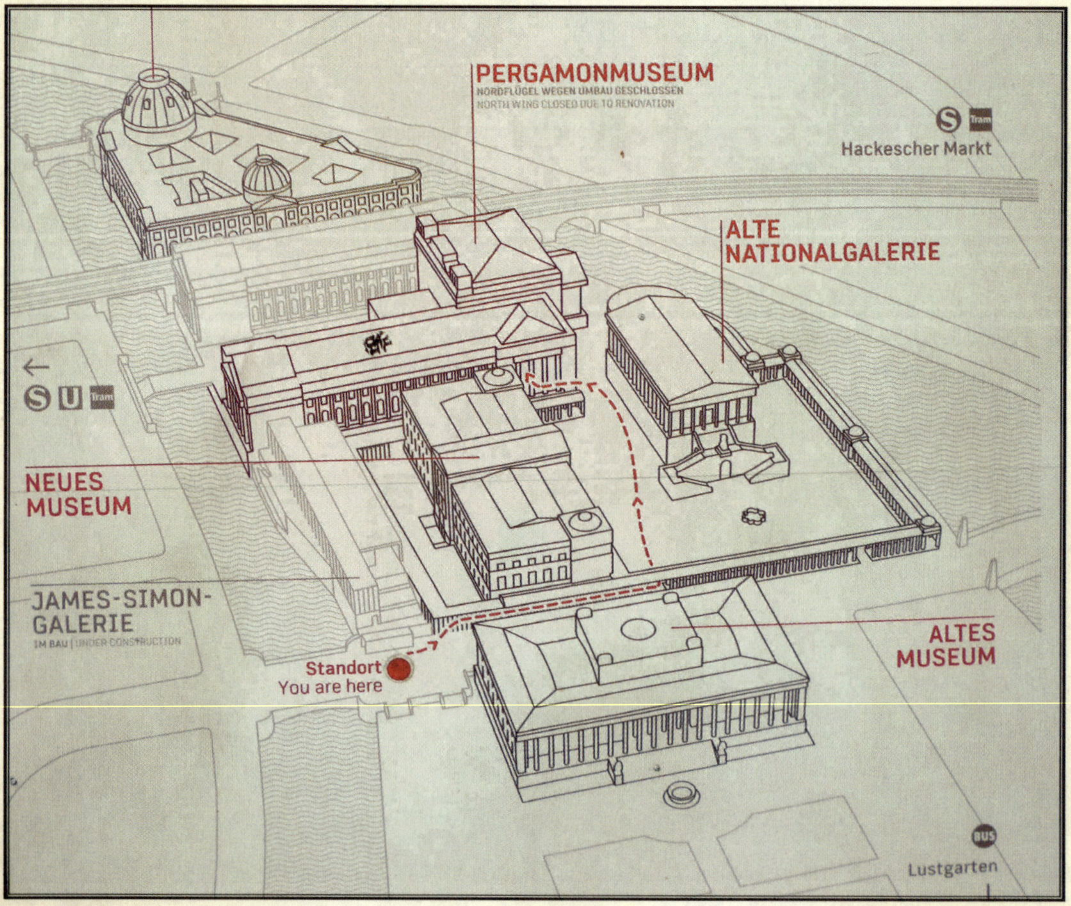

Neugestaltung der Museumsinsel

Altes Museum

König Friedrich Wilhelm III. wollte ein Museumsgebäude für die Öffentlichkeit errichten lassen. Kunstschätze sollten der Bevölkerung zugänglich gemacht werden. Nach Plänen von Schinkel entstand so das „Königliche Museum“ im klassizistischen Stil, heute das „Alte Museum“. Im Jahr 1830 wurde es feierlich den Berlinern übergeben.

Das Alte Museum beherbergt heute die Antikensammlung der Staatlichen Museen zu Berlin

Der Götter- und Heroensaal im Alten Museum

Neues Museum

Nach Schinkels Plänen wurde auf der Museumsinsel das Konzept eines Museum-Ensembles entwickelt. Unter der Leitung des Architekten Friedrich August Stüler (1800–1865) wurde ein zweites Museum im klassizistischen Stil erbaut und 1859 eröffnet, das „Neue Museum".

Im Zweiten Weltkrieg wurde dieses Gebäude jedoch stark zerstört, und die Berliner stritten sich darum, was mit der Ruine geschehen solle. Die eine Seite wollte einen historischen Wiederaufbau, die andere Seite wollte ein ganz modernes Gebäude errichten, und die dritte letztlich wollte die Ruine als Mahnmal gegen den Krieg so belassen. Der Architekt Chipperfield hat eine brillante Lösung aus allen Komponenten entwickelt. Wenn Sie heute vor dem „Neuen Museum" stehen, erblicken Sie eine Komposition aus Originalem, aus Restauriertem und nach altem Vorbild neu Gestaltetem. Diese Komposition zieht sich im Innenbereich durch alle vier Ebenen weiter. Dort befindet sich heute auch die Ägyptische Sammlung mit der weltberühmten Büste der Nofretete.

Das Neue Museum mit der Sammlung des Ägyptischen Museums und des Museums für Vor- und Frühgeschichte.

Das Alte Museum beherbergt heute die Antikensammlung der Staatlichen Museen zu Berlin

Alte Nationalgalerie

Die „Alte Nationalgalerie" wurde 1876 von Stüler, Busse und Strack d.Ä. errichtet. Sie zeigt bedeutendste Kunst des 19ten Jahrhunderts. Für die Romantiker unter den Lesern seien nur z. B. Caspar David Friedrich und Adolph Menzel erwähnt.

Im Kolonnadenhof des Neuen Museums, des Pergamonmuseums und der Alten Nationalgalerie lädt eine gepflegte Parkanlage mit kleinem Springbrunnen zur Besinnung und Entschleunigung ein.

Bode-Museum

Im Jahr 1904 wird das „Kaiser-Friedrich-Museum" im Neobarock eingeweiht. Heute trägt es den Namen des ersten Direktors und Initiators Wilhelm von Bode (1845–1929, Kunsthistoriker und Museumsfachmann) das „Bode-Museum".

Das Bode-Museum beherbergt die Skulpturensammlung, das Musum für Byzantinische Kunst und das Münzkabinett.

Pergamon-Museum

Seit 1907 arbeitete Alfred Messel nach einem Konzept von Wilhelm von Bode an dem letzten Museum, dem Pergamon-Museum, das 1930 eingeweiht wurde. Ein Teil der Antikensammlung, Vorderasiatische Kunst, Islamische Kunst und vor allem der berühmte Pergamon-Altar vervollständigen dieses einmalige Museumsensembles. Es ist das meist besuchte Museum in Berlin mit durchschnittlich 1 Million Besucher pro Jahr.

Die fünf Museen erhalten einen zentralen Eingang, im Rahmen eines Masterplanes. Infos unter www.museumsinsel-berlin.de

Die größte Suppenschüssel der Welt

Nach Schinkels Plänen für das erste Museum in Berlin sollte eine Granitschale im Kuppelsaal aufgestellt werden. Sie sollte größer sein, als die aus dem antiken Rom, die sich heute im Museo Pio-Clementino des Vatikans befindet. Man suchte im Nahbereich von Berlin nach entsprechend großen Granitblöcken und wurde fündig.

Aus diesem Steinblock, dem „Markgrafenstein“ aus den Rauenschen Bergen bei Fürstenberg wurde 1825 eine Hälfte zur großen Schale im Lustgarten gehauen.

Die bearbeitete Granitschale wurde 1827 verladen und zu Schiff nach Berlin transportiert. Als Schinkel 1828 diesen Koloss zum ersten Mal sah und feststellte, dass diese Schale doppelt so groß war wie sein antikes Vorbild, entschied er, sie im Außenbereich aufzustellen.

Hier im Lustgarten vor dem Königlichen Museum hat dieser Koloss als Riesenschale nun seine letzte Ruhestätte gefunden, nachdem er bei der letzten Eiszeit von Norwegen in die Gegend nach Brandenburg verschoben wurde. Die Berliner, die für alles einen Namen finden, sagten dazu: „Det is de größte Suppenschüssel der Welt“.

Geschichte vom Berliner Dom

Als erste Domkirche wurde 1535 vom Kurfürsten Joachim II. die ehemalige Kirche des Berliner Dominikanerklosters umgebaut und 1536 eingeweiht. Sie befand sich am südlichen Portal des damaligen Berliner Stadtschlosses, wo nebenan eine mittelalterliche Reitturnieranlage, die Stechbahn, existierte.

Nachdem Kurfürst Joachim II. 1539 zum evangelischen Glauben wechselte, wurde aus dem katholischen – ein evangelischer Dom.

König „Friedrich der Große“ ließ diesen Dom 1747 auf dem Schlossplatz abreißen und im Lustgarten einen barocken Neubau errichten. Nach Plänen von Karl Friedrich Schinkel ließ König Friedrich Wilhelm III. diesen bis zum Jahr 1821 erneuern.

Kaiser Wilhelm II. genügte Schinkels Dom nicht. Er wünschte sich einen repräsentativen Kirchenbau. So entstand der Berliner Dom mit seiner prächtigen Kuppel als protestantische Antwort auf den katholischen Petersdom in Rom. Es ist das größte evangelische Gotteshaus. Von den drei Orgeln ist eine Sauer-Orgel von 1905 dabei. In der Gruft sind von 1536 bis 1916 die Mitglieder der Hohenzollern beigesetzt, unter anderem der „Große Kurfürst“.

Schloß, Schloßplatz und Dom von Berlin.
Originalzeichnung nach einem Kupferstich aus dem Jahre 1690.

Erster Dom von 1535, der auf dem Schloßplatz errichtet wurde.

Der Lustgarten mit dem Königlichen Museum und dem Berliner Dom von Schinkel

Der Berliner Dom wurde nach den Plänen des Architekten Julius Raschdorff (1823–1915) in Anlehnung an die italienische Hochrenaissance und den Barock 1894–1905 errichtet. Die Gesamthöhe beträgt 116 Meter auf einer Grundfläche von etwa 73 m x 93 m.

Berliner Stadtschloss

Der 21. Juni 2012 gilt als offizieller Baubeginn des Berliner Stadtschlosses. Also meine lieben Leser, tragen Sie sich den Termin am 3. Oktober 2019 ein, 10:00 Uhr, in feinem Zwirn, um bei der feierlichen Eröffnung anwesend zu sein. (Sollte sich dieser Termin um Jahre verschieben, liegt es nicht am guten Willen, Sie sollten dann aber trotzdem zur Einweihung kommen)

Nach Fertigstellung des Humboldt-Forums, so der offizielle Name des Stadtschlosses, sind 2/3 als Museum und 1/3 als Bibliothek vorgesehen. Hier werden unter anderem Exkursionsexponate Alexander von Humboldts aus Nord- und Südamerika, Asien und Ozeanien präsentiert.

Die vorhandenen fünf Monumentalbauten auf der Museumsinsel beinhalten 100.000 Jahre Menschheitsgeschichte Europas und des Mittelmeerraumes.

Nach Einweihung des Stadtschlosses ist dann als Weltneuheit die komplette Menschheitsgeschichte für die Besucher aus allen Ländern zu besichtigen.

Alte Schlossapotheke

Das Königliche Barocke Schloss von der Spreeseite

Blick vom Dachgarten des Berliner Stadtschlosses um 1850, links sehen wir die neue Schlossbrücke über den Kupfergraben, es schließt sich der Boulevard „Unter den Linden“ an, links die Kommandantur, die Kuppel der St. Hedwigkathedrale,das Zeughaus, im Vorderbereich der große Lustgarten mit Wasserspiel und dahinter das erste Königliche Museum, heute „Altes Museum“ und Schinkels Berliner Dom.

Das Königliche Barocke Schloss von der Spreeseite

Der Weg vom Schloß führte einst über die ehemalige hölzerne Hundebrücke. Schinkel entwarf den Plan für eine neue steinerne Schlossbrücke, die 1824 fertiggestellt wurde. Für den Neubau mußten zwölf Meter lange Stützpfähle in den Untergrund gerammt und Spundwände eingesetzt werden. Mit 32 Metern Breite reicht sie immer noch für den heutigen Verkehr.
Auf der Brücke stattete Schinkel jeweils vier überlebensgroße Figuren aus, die aber erst nach seinem Tod im Jahr 1857 fertiggestellt wurden.

Auf der Südseite, von West nach Ost
- Nike lehrt den Knaben Heldensagen – von Emil Wolff, 1847
- Athena unterrichtet den Jungen im Waffengebrauch – von Hermann Schievelbein, 1853
- Athena bewaffnet den Krieger – von Karl Heinrich Möller, 1851
- Nike krönt den Sieger – von Friedrich Drake, 1853

Auf der Nordseite, von West nach Ost
- Nike richtet den Verwundeten auf – von Ludwig Wilhelm Wichmann, 1853
- Der Jüngling wird von Athena in neuen Kampf geführt – von Albert Wolff, 1853
- Der junge Held wird von Athena beschützt – von Gustav Blaeser, 1854
- Iris trägt den gefallenen Helden zum Olymp empor – von August Wredow, 1857

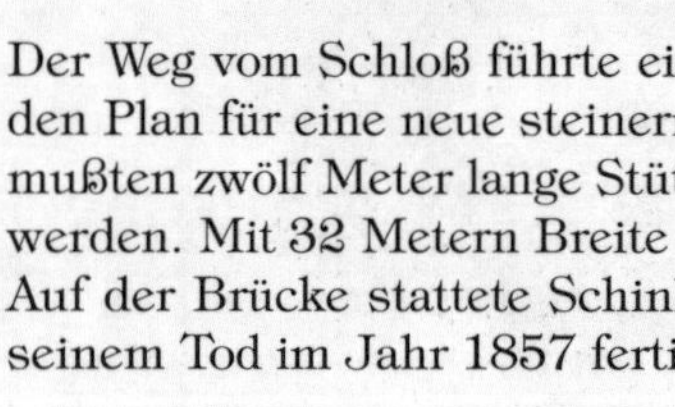
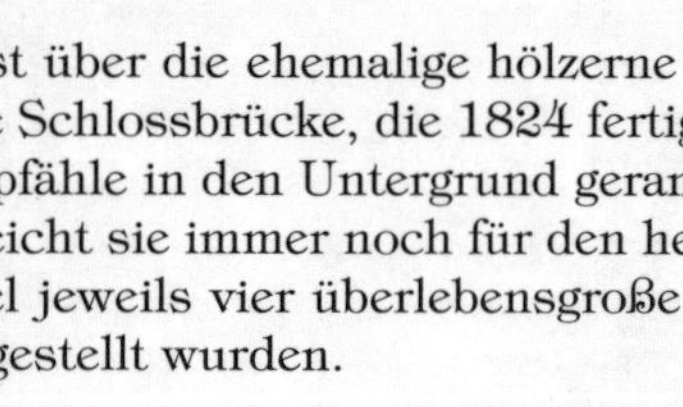
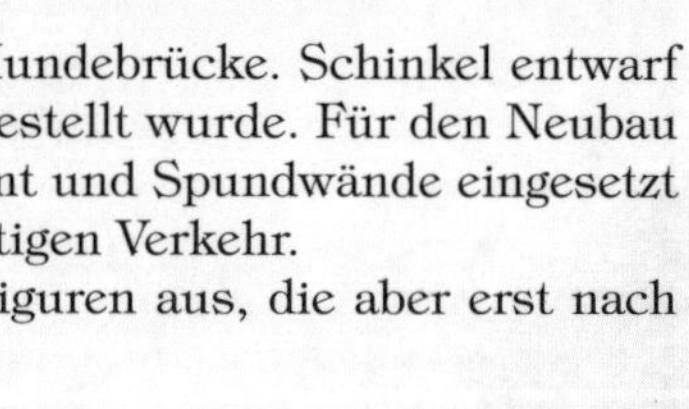

Die Brückengeländer bestehen aus gusseisernen Verbindungsstücken. Schinkel hat hier mythologisch-maritime Motive gwählt.

Die Singakademie

Carl Friedrich Fasch (1736–1800)

Carl Friedrich Zelter (1758–1832)

Die Singakademie gilt als ältester gemischter Chor der Welt. Sie wurde 1791 von Carl Friedrich Fasch (1736–1800) gegründet. Fasch war ehemals Hofcembalist Friedrich des Großen und vereinte Männer wie Frauen jeglicher Konfession zu einem Chor.

Man sang alte und neue Kompositionen mehrstimmig. Fasch hatte die Proben aus seinen privaten Räumen in die Königliche Akademie der Künste verlegt. So nannte man den Chor „Sing Akademie". Als Fasch am 3. August 1800 starb, war der Chor schon über die Grenzen Berlins bekannt und hatte 100 Mitglieder.

Sein Nachfolger wurde Carl Friedrich Zelter (1758–1832, Maurer und Architekt) und führte diesen Chor erfolgreich weiter. Er ließ ein eigenes Haus errichten. Schinkel lieferte dazu den Entwurf, der aber zu teuer wurde. Karl Theodor Ottmer (1800–1843, Architekt) überarbeite ihn, und 1827 konnte das Haus für die Singakademie eröffnet werden. Hier musizierten bedeutende Künstler wie Paganini, Clara und Robert Schumann, Anton Rubinstein, Brahms, Felix Mendelssohn Bartholdy ua.

Das Gebäude der Singakademie wurde von dem Architekten Carl Theodor Ottmer (1800–1843) erbaut und am 8. April 1827 feierlich eingeweiht. Heute beherbergt es das „Maxim Gorki Theater" und ist mit 440 Plätzen Berlins das kleinste Staatstheater.

Das Palais am Festungsgraben wurde auf dem ehemaligen Festungsgraben errichtet. Ab 1808 wurde es Sitz des preußischen Finanzministeriums.
Das Palais am Festungsgraben wird heute kulturell, museal und gastronomisch genutzt.

Ehemaliges Finanzministerium um 1810

Zur Ergänzung der Zeitgeschichte möchte ich Ihnen, lieber Leser, noch einen Entwurf zur

Berlins erste Strandbar mit Blick auf die Spree und das Bodemuseum.

Museumsinsel von Klingenberg aus dem Jahre 1884 vorstellen, der so nicht umgesetzt wurde.

Der Tiergarten von Berlin

So, liebe Leser, jetzt beginnt ein Teil von Berlin, der den Freunden von Gartenlandschaften und Parks, Liebhabern der Natur und besonders auch den Romantikern das Herz höher schlagen lässt. Der Tiergarten in Berlin Mitte ist eine „Grüne Lunge“ und mit ca. 210 ha die älteste, gestaltete Parklandschaft unserer Stadt.

Lesen wir den Bericht von 1880:

Unser Tiergarten besteht nun seit dem Jahre 1527, als der Kurprinz Joachim im Namen seines Vaters, des Kurfürsten Joachim I., die ersten Grundstücke vom Rathe zu Cölln wegen Anlegen eines Tiergartens kaufte. Das erworbene Terrain, das gegen Cölln zu durch die Spree begrenzt wurde, bestand aus Wiesen und Äckern, die teilweise noch längere Zeit im Besitz der Bürger blieben, und aus Wald. Im Jahre 1542 findet sich zuerst der Name eines Gärtners Hieronimus, der im Tiergarten einen Gemüsegarten anlegte. 1573 ließ Kurfürst Johann Georg den Gemüsegarten auf dem Platz anlegen, der heute zum Lustgarten gehört. Anfang des 16ten Jahrhunderts hatte man einige Flächen dazu gekauft und mit Stakenzäunen umgeben und Hirsche und andere Wildtiere zur Jagd gehalten. Daher der Name Tiergarten. Beim Bau der Befestigungsanlage von Berlin durch den Großen Kurfürsten fiel ein Teil des Parks dem zum Opfer. Auch die Schenkung des Gebiets an seine zweite Frau Dorothea, welches heute „Unter den Linden“ bis zur Spree reicht, verkleinerte den Tiergarten. Die Gemahlin von König Friedrich I. ließ als erstes Pflanzungen und symmetrische Wege anlegen und König Friedrich II. den Plankenzaun entfernen.

Er beauftragte 1742 seinen Architekten, Georg Wenzeslaus von Knobelsdorff (1699–1753), aus dem Jagdrevier einen Lustpark für die Bevölkerung zu entwerfen. Die Große Sternallee wurde bis zur Tiergartenstraße verlängert und an der Stelle des heutigen Zoos eine Fasanerie errichtet. Am Kudamm erinnert die Fasanenstraße noch daran.

Schon 1745 hat er den Franzosen Dortu und Thomassin die Erlaubnis erteilt, an der Spreeseite zwei Leinwandzelte aufzustellen, um

Eingang zum Tiergarten von der Bellevuestraße, welche schon 1734 angelegt wurde, (beginnt heute am Sony Center) weiter geradeaus zur Bellevueallee in Richtung Schloss Bellevue.

Bier, Limonade und andere Getränke zu verkaufen. Später erweiterte er die Genehmigung auf sechs Zelte. Als 1786 das Schlittschuhlaufen aufkam, durften die Zelte auch im Winter stehen bleiben, um Gäste darin zu versorgen. Heute erinnert der Straßenname „In den Zelten“ daran.

Die Grundzüge der heutigen Parkanlage des Tiergartens wurden dann im Auftrag von König Friedrich Wilhelm III. zwischen 1833–1840 durch den preußischen Gartenkünstler und Landschaftsarchitekten Peter Joseph Lenné (1789–1866) gestaltet. Es entstand eine weiträumige Parkanlage mit Reit-, Fahr- und Spazierwegen und auch immer wieder mal kleinen verschlungenen Pfaden. Waldgebiete, durchbrochen von kleinen Lichtungen, Wiesen zum Ausruhen oder auch Ballspielen. Weiterhin durchziehen kleine Wasserläufe den gesamten Tiergarten.

Peter Joseph Lennè (1789–1866) war Landschaftsarchitekt und General-Gartendirektor in Preußen.

Im Jahr 1816 beauftragte Fürst Hardenberg den Gärtnergehilfen Peter Joseph Lennè mit einem Entwurf zu einer Gartenanlage in Glienicke. Er hatte ihn zuvor mit Schinkel bekannt gemacht, woraus sich eine fruchtbare Zusammenarbeit über lange Zeit ergab. Hier an der Havel entstand der erste englische Landschaftspark, der heute unter dem Namen „Schlosspark Glienicke“ berühmt ist. Lennè hat ein halbes Jahrhundert an der Stadtplanung Berlins maßgeblich mitgewirkt. Sein umfangreiches Schaffenswerk ist wesentlicher Teil der Berlin-Potsdamer Kulturlandschaften und seit 1990 Weltkulturerbe.

Schloss Bellevue 1787 von der Spreeseite gesehen

Die Berliner feine Welt promenierte einst vor den Toren von Berlin, in den Zelten, im Tiergarten. Heute steht dort die größte stationäre Zeltbühne Europas, „Tipi am Kanzleramt“ und präsentiert

ein sehr abwechslungsreiches Unterhaltungsprogramm, das von Show, Musical, Comedy bis Chanson reicht. Programminformationen: www.tipi-am-kanzleramt.de

Historischer Spaziergang

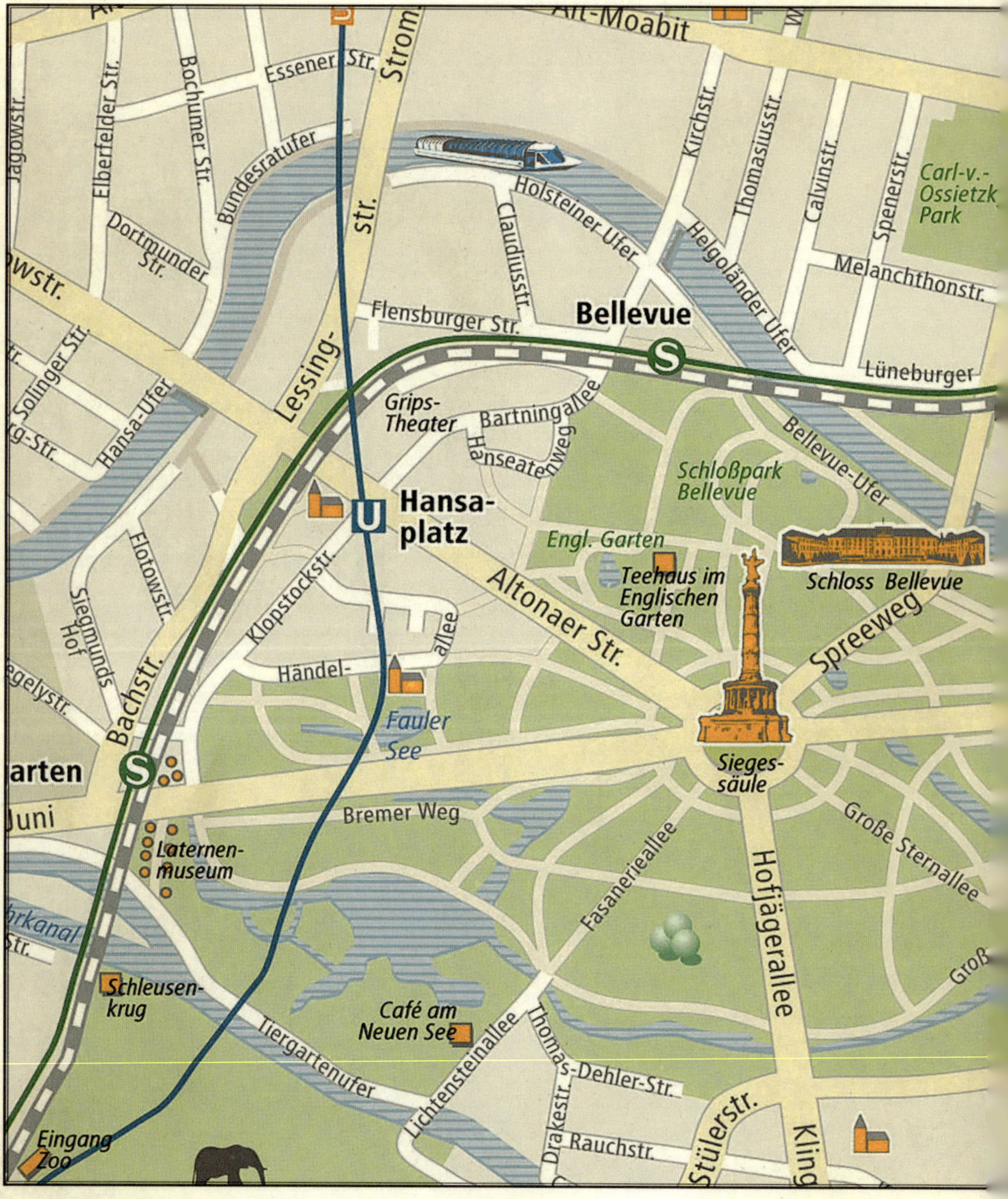

durch den Tiergarten

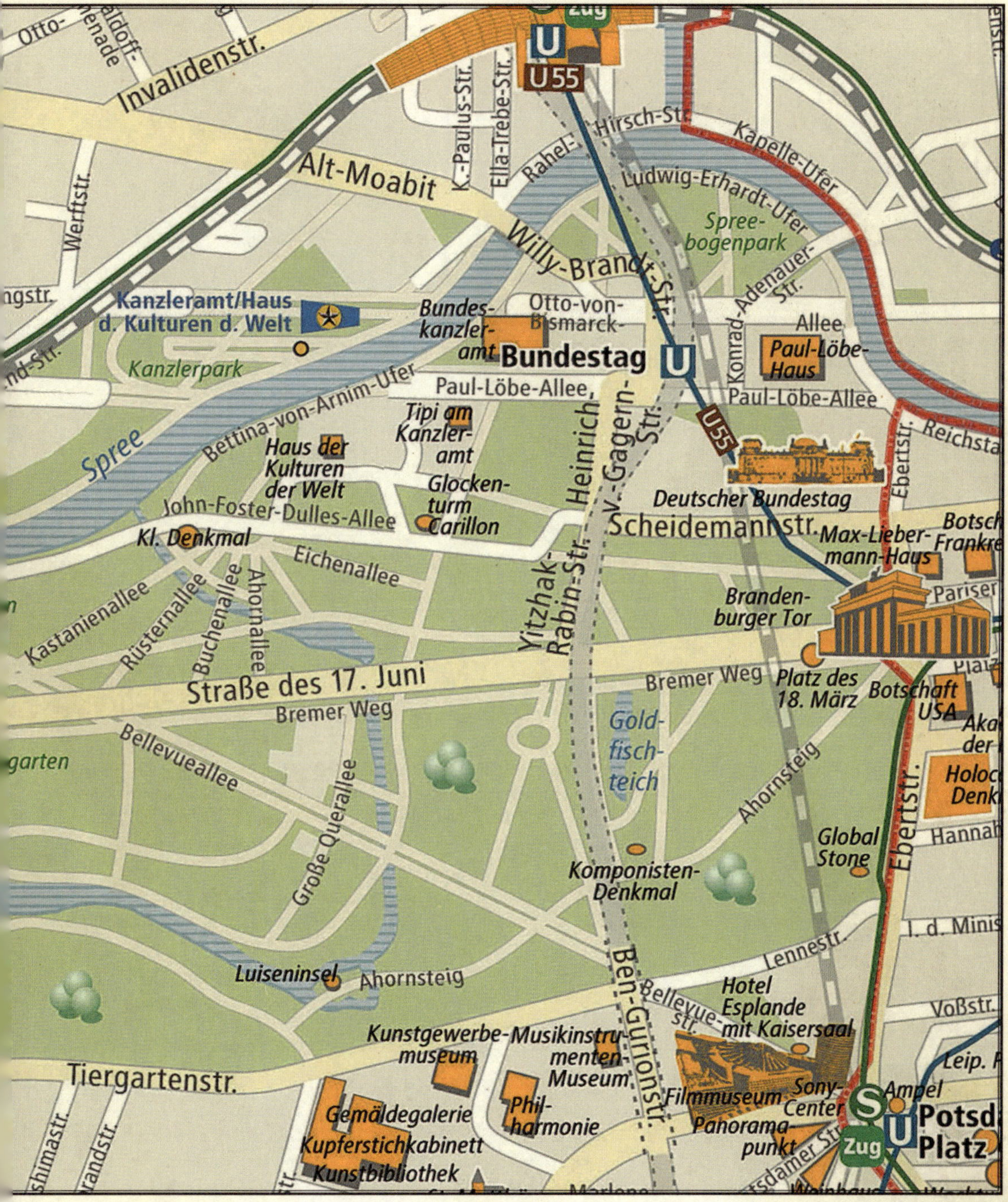

„Platz des 18. März“ am Brandenburger Tor

Friedrich Heinrich Ernst Graf von Wrangel (1784–1877), preußischer Generalfeldmarschall

Begleiten Sie mich nun auf einem Spaziergang zu den schönsten Plätzen im Tiergarten. Wir beginnen am Brandenburger Tor und stehen auf der Westseite. Hier befinden wir uns auf dem Platz des 18. März, wo jedes Jahr zu Silvester eine riesige Leinwand steht und die größte Silvesterparty der Welt übertragen wird. Die Partymeile geht dann bis zur Siegessäule. Hier feiern manchmal bis zu 1 Million Menschen.

Der Platz gedenkt des Berliner kleinen Aufstandes vom 18. März 1848. Alles begann mit einem großen Menschenauflauf vor dem Stadtschloss. Pressefreiheit, Gleichheit vor dem Gesetz sowie eine Verfassung waren die Hauptforderungen von den Berlinern an König Friedrich Wilhelm IV. Die Geschichtsschreiber berichten, dass die Versammlung friedlich verlief, bis irgendwo in der Menge ein Schuss losging und darauf der Ruf nach Vergeltung die Barrikadenkämpfe in Gang brachte. Genaues über die eigentliche Ursache weiß niemand zu berichten. Der Aufstand ergriff die ganze Stadt. Nach wenigen Tagen, mit blutigen Auseinandersetzungen und 180 Toten, beruhigte sich alles wieder. Der König machte Zugeständnisse zu einer neuen Verfassung, und die Soldaten zogen von Berlin ab.

General Wrangel wurde einmal nach einer Einladung zu einem Fest gefragt: Wie war denn gestern das Essen bei der Feierlichkeit? Wrangel: „Also, wenn die Suppe so warm gewesen wäre wie der Wein, der Wein so alt wie die Gans und die Gans so fett wie die gnädige Frau, dann wäre das Mahl vorzüglich gewesen“.

General Wrangel reitet durch den Tiergarten. Er war ein Berliner Urtyp und stadtbekannt. Seine derbe Art, Witze zu machen, eilte seinem Ruf voraus.

Als im Sommer 1848 alle wieder dem normalen Alltag nachgingen, wollte der König sein Militär zurück in die Stadt holen. General Wrangel, der das Heer befehligte, war bei den Berlinern beliebt und wurde liebevoll „Papa Wrangel" genannt. Seine Frau befand sich zu dieser Zeit in Stettin. Wrangel erhielt einen anonymen Brief mit der Androhung: „Papa Wrangel, wenn er es wagen sollte, nach Berlin zu kommen, hängen wir im selben Augenblick deine Frau!"

Wrangel ließ sich nicht beirren und marschierte mit seinen Truppen im November 1848 durchs Brandenburger Tor nach Berlin ein (wir erinnern uns, es ist die Zeit der dritten Mauer). Unter dem Torbogen vom Brandenburger Tor hielt er kurz inne und fragte seinen Adjutanten: „Ob se wohl jetzt hängt?". „Ick globe wohl nich." antwortete dieser. Daraufhin sinnierte Wrangel: „Uff de Leute is och keen Verlass!"

Straße des 17. Juni

Vom Brandenburger Tor aus blicken wir in Richtung Siegessäule. Die Straße, die dahin führt, ist mit 12,50 die breiteste Straße. Sie trägt den Namen „Straße des 17.Juni“ und erinnert an den ersten Volksaufstand gegen den von Moskau verordneten Kommunismus im Juni 1953. Anfänglich wollten Bauarbeiter nur gegen die überhöhten Normen auf dem Bau demonstrieren. Aber die allgemeine Unzufriedenheit in der gesamten sowjetischen Besatzungszone, genannt DDR, mobilisierte im ganzen Land die Menschen. Vor dem Ministerium in der Leipziger Straße, Ecke Wilhelmstraße versammelte sich die Protestbewegung. Mit russischen Panzern wurde der Aufstand niedergerollt. Das Ergebnis: Keine Freiheit für die Menschen, dafür Tote, Verhaftete, Verurteilungen zu Todesstrafen und lange Haftstrafen. Der nächste Aufstand gegen den Kommunismus war 1956 in Ungarn. Wieder keine Freiheit, dafür Panzer, Tote, Verhaftete und Verurteilungen zu Todesstrafen und langen Haftstrafen. Der nächste dann 1968 in Prag, auch Prager Frühling genannt (hier war ich als Soldat dabei), wieder russische Panzer, Tote, Verhaftete und Verurteilungen. Dann dauerte es noch 20 Jahre, bis das gesamte große sowjetkommunistische Herrschaftsimperium in sich zusammenbrach.

Und die Moral von der Geschicht',
mit Panzern schafft man Frieden nicht.

Siegessäule

Am Großen Stern steht die Siegessäule. Eingeweiht wurde sie am 2. September 1873 nach dem Entwurf von Heinrich Strack (1805–1881, deutscher Architekt der Schinkelschule und unter anderem Professor der Kunstakademie). Ursprünglich hatte sie drei Segmente, eingebettet von den erbeuteten Kanonen der drei Vereinigungskriege. Vom Königreich Dänemark wurden 1864 Schleswig und Holstein wieder Preußen angegliedert, Österreich zurückgedrängt und Frankreich 1870/71 gehindert, sich erneut über den Rhein auszubreiten. Lieber Leser, ich bitte Sie, mir nachzusehen, dass ich in diese Details der sich wechselnden Machtverhältnisse und kriegerischen Auseinandersetzungen nicht weiter einsteige. Deutschland war noch kein Einheitsstaat, sondern in dieser Zeit ein Gebilde von 36 souveränen Einzelstaaten, das Kaiserreich Österreich ein Vielvölkerstaat, dessen Grenzen von Sardinien bis Ungarn und Kroatien reichten. In Frankreich herrschte Kaiser Napoleon III., eine Monarchie, die sich seit Jahrhunderten mit England prügelte. Alle waren mit Allen irgendwie verwandt oder durch Heirat verschwägert und durch ständig wechselnde Verträge verbunden, die manches Mal an den Spruch eines Schwaben erinnern: „Was interessiert mich heute mein dummes Geschwätz von gestern“. Egal, 60 Kanonen aus den Kriegen

Die Siegessäule mit der Viktoria – unserer „Goldelse“ auf dem Königsplatz vor dem Reichstag, die von Friedrich Drake (1805–1882, Berliner Bildhauer), geschaffen wurde.

wurden vergoldet und sind an der Siegessäule zu betrachten. Hitler hat die Siegessäule 1939 vom ehemaligen Standort vor dem Reichstag umsetzen lassen und noch ein viertes Segment mit vergoldeten Girlanden hinzugefügt. Und da steht sie heute unter Denkmalschutz – mit dem Gleichnis: Machthaber kommen und gehen, der Berliner aber bleibt.

Nach 285 Stufen einer Wendeltreppe erreichen wir auf einer Höhe von 50,66 m eine Aussichtsplattform, die einen grandiosen Blick auf unsere einzigartige Berliner Naturlandschaft frei gibt. Über uns thront die Siegesgöttin, unsere „Goldelse". Die vergoldete Bronzefigur ist 8,30 m hoch und wiegt 35 Tonnen. Ihre Schuhgröße beträgt 93.

In der Eckkneipe:
Paule. „Wollmer ma wetten, wer am besten Lüjen kann?" „Um watt denn" fragt Kurt. „Um fünf Mark", antwortet Paule
„Jut" sagt Kurt. Paule: „Also, ik bin neulich uf de Siegesäule jestiejen und von Oben wie ein Vogel runter jeflohgen!" Wortlos steckt Kurt beide Fünfmarkstücke ein. „Watt denn", ruft Paule: „Du hast doch noch jar nich jelohgen". Darauf Kurt: „Ick hab dir fliejen seh'n.

Aufforstung des Tiergartens nach 1946

Nach dem Krieg war der Winter im Jahr 1946 ein sehr strenger und kalter. Den Berlinern dienten die Bäume der vielen Parks als dringend benötigtes Heizmaterial. Im Tiergarten hatten ca. 700 Bäume überlebt. Gleich nach dem Krieg erließ der Berliner Magistrat einen Beschluss, den Tiergarten wieder aufzuforsten. Auch der britische Stadtkommandant General Bourne war bestürzt über die Zerstörungen. Er rief 1947 zu einer großen Spendenaktion auf und organisierte die Wiederherstellung des beliebten Stadtparks. Die Engländer und das britische Königshaus stifteten allein über 5000 Bäume. Auch viele westdeutsche Städte unterstützten mit Baumspenden den Wiederaufbau. Eine Dankessäule im Park, nahe der Rousseauinsel, ist mit den Namen der Städte beschriftet und erinnert an die großartige Hilfe.

Am 17. März 1949 pflanzte der Berliner Oberbürgermeister Ernst Reuter (1889–1953) am Kreisverkehr bei der Siegessäule eine erste Linde. Eine Gedenktafel erinnert heute an Ernst Reuter, der während der russischen Blockade von 1948, am 9. September 1948 vor dem Reichstag eine Rede hielt und die Welt aufschreckte:

„...Ihr Völker der Welt, ihr Völker in Amerika, in England, in Frankreich, in Italien! Schaut auf diese Stadt und erkennt, dass ihr diese Stadt nicht preisgeben könnt! Es gibt nur eine Möglichkeit für uns alle: gemeinsam so lange zusammenzustehen, bis dieser Kampf gewonnen, bis dieser Kampf endlich durch den Sieg über die Feinde, durch den Sieg über die Macht der Finsternis besiegelt ist..."

11 Monate lang versuchte der kommunistische Diktator Stalin, die Stadt auszuhungern – ohne Erfolg. Die West-Alliierten versorgten die Stadt durch die Luft. Ein Rosinenbomber, so nannte man die Flugzeuge, ist heute im Flughafen Tempelhof zu besichtigen.

Ernst Reuter musste noch 40 Jahre warten, bis sein sehnlichster Wunsch erfüllt wurde: Die finstere Macht des Kommunismus war endlich besiegt.

Der Englische Garten mit dem Teehaus

Am 29. Mai 1952 wurde den Berlinern von Bürgermeister Ernst Reuter und dem britischen Außenminister Sir Anthony Eden hinter dem Schloss Bellevue eine Gartenanlage mit einem Teehaus übergeben. Sie wurde von den Engländern gestiftet und trägt daher den Namen „Englischer Garten". Als ganz seltene Bäume finden wir nahe dem Teehaus einen Pflügelnussbaum aus dem Kaukasus und mehrere Sumpfzypressen. Deren Besonderheit ist im Herbst die rötliche Farbenpracht.

Im Park wurden durch Zukäufe im Laufe der Jahre über 20000 Bäume und ca. 3000 Gehölze neu gepflanzt. Am eindrucksvollsten sind die fast einen Kilometer langen Rhododendronwege, nahe der Luiseninsel. Ende Mai jeden Jahres verwandeln sie den Tiergarten mit ihren üppigen Blüten in einen einmaligen Prachtgarten.

Sumpfzypressen aus Nordamerika, sie können bis zu 700 Jahre alt werden

Der Berliner lässt sich nicht unterkriejen

Dass die Berliner sich nicht unterkriegen lassen, zeigt auch ein Beispiel aus jener Zeit, als ein Rentnerehepaar eine Zuweisung eines Holzstumpens durch den Senat bekommen hatte. Nun stellen Sie sich diese beiden alten Leutchen vor, wie sie im Winter, schlecht bekleidet bei 20 Grad minus, wenig im Magen, mit einer Axt und mit Bollerwagen in den Grunewald zogen. Bei 20 Grad minus ließ sich das Holz schlecht spalten. Nach einer Stunde unverrichteter Dinge sagte dann der Mann: „Komm Mutter, lass uns jehn." Sie packten ihre Sachen zusammen und zogen wieder heim. So in sich gekehrt sagte dann der Vater: „Weste Mutter, se sinn ja selber schuld dass wir noch lebn, Bomben hats ja jenuch jejeben!"

Wir lassen uns nich unterkriejen

Und nun endlich beginnen wir unseren Spaziergang vom Brandenburger Tor über die Straße in den linken Teil vom Tiergarten.

Als erstes sehen wir einen Löwen, der über seiner mit einem Pfeil tödlich verwundeten Löwin wacht. Friedrich Wilhelm Wolff (1816–1887, Bildhauer) gestaltete die Löwengruppe. Sie wurde 1874 im Tiergarten aufgestellt.

Weiter gehen wir zum Komponisten-Denkmal. Das Komponisten-Denkmal am Goldfischteich wurde 1904 von Rudolf und Wolfgang Siemering zu Ehren der Komponisten Ludwig van Beethoven (1770–1827), Joseph Haydn (1732–1809) und Wolfgang Amadeus Mozart (1756–1791) geschaffen.

Lessingdenkmal im Tiergarten

Luiseninsel

Weiter geht es zu der reizvollen Luiseninsel mit dem Denkmal von Königin Luise und der sich anschließenden Rhododendron-Allee. Napoleon hatte 1806 Berlin besetzt. König Friedrich Wilhelm III. und Königin Luise waren ins Exil nach Königsberg gegangen. Als das Königspaar 1809 nach Berlin zurückkam, hatten die Berliner den Wunsch, für ihre geliebte Königin in dem Teil des Tiergartens, in dem sie gern mit ihren Kindern spazieren ging, ein Denkmal zu setzten. Gottfried Schadow schuf dieses Marmordenkmal. Eine Insel wurde aufgeschüttet und eine Gartenanlage gestaltet. Die Luiseninsel mit dem Denkmal war geschaffen und ist heute eines der unzähligen Kleinodien der Stadt, die zum Verweilen und zum Seelebaumelnlassen die Berliner und alle Gäste einlädt.

Falls Sie die Gelegenheit haben, Ende Mai zur Rhododendronblüte den ca. 1.000 Meter langen Weg entlangzugehen und die verschwenderische Blütenpracht zu sehen, werden Sie Berlin spätestens dann in Ihr Herz schließen.

Hier sehen wir Königin Luise mit ihren beiden ältesten Söhnen im Tiergarten spazieren gehen. Rechts ist Kronprinz Wilhelm, der spätere König Friedrich Wilhelm IV., und links der jüngere Bruder, der spätere König Wilhelm I. und ab 1871 Deutscher Kaiser.

Königin Luise auf der Luiseninsel, 1880 wurde das Marmor-Standbild vom Bildhauer Erdmann Enke (1843–1896) geschaffen.

König Friedrich Wilhelm III. wacht über seine geliebte Königin.

Ein romantischer Weg führt
an einem Baumgeist vorbei

Der Baumgeist vom Tiergarten

Wir gehen weiter zu einem kleinen Gewässer mit einer Insel, die den Namen Rousseau (französisch-Schweizer Philosoph), trägt. Die Säule steht schon, zur Büste hat es nicht gereicht.

Und weiter geht es bis zur Schildkröteninsel. Dort kann man bis zu sieben Schildkröten beobachten. Wahrscheinlich hat nach Weihnachten ein Kind sein Geschenk hier ausgesetzt und zur Freude der Besucher zu dieser kleinen Population beigetragen.

Fragt ein Tourist am Bahnsteig einen Berliner: „Können Sie mir bitte sagen, wann der nächste Zug kommt?“ Der Berliner kratzt sich am Kopf: „Na ja, eijentlich müsste er bald kommen, die Schienen hammse ja schon jelecht!“

Am Schildkrötenteich sonnen sich die Tiere auf einem Baumstamm

Der Rosengarten

Im Jahr 1909 wurde von Peter Lambert (1859–1939, Rosenzüchter) im Tiergarten ein Rosengarten angelegt. Heute ist er in verkleinerter Form in wundervoller Pracht neu entstanden. Mit 1100 Beet-, Strauch- und Kletterrosen, über 5000 Sträuchern, Kletterpflanzen, Stauden und Gräsern befindet sich dieses Kleinod etwas versteckt nahe der Siegessäule. Im Zentrum des Gartens ruhen majestätisch zwei Wapitihirsche, gestaltet von Rudolf Siemering (1835–1905, Berliner Bildhauer).
Für die Romantiker unter den Lesern habe ich hier einen besonderen Tipp. Laden Sie ihre Herzdame zu einem Spaziergang in den Tiergarten ein. Packen Sie in Ihren Rucksack eine Flasche Rotwein oder eben ihr Lieblingsgetränk ein, dazu einen leckeren Käse, etwas Weintrauben und Baguette. Lustwandeln Sie mit ihr durch den Park, um unter den Arkaden im Rosengarten ein kleines weißes Tuch auszubreiten und all die leckeren Dinge zu zelebrieren. Natürlich gehört auch richtiges Glas dazu, und Sie werden dann sehen, lieber Leser, wie Sie da richtig Punkte sammeln können. Aber auch jeder andere Park oder jede Grünanlage in Berlin eignet sich für solch ein Rendezvous der Herzen. Das Besondere unserer Stadt ist, dass man sich überall zur Muße hinsetzen kann.

Der Rosengarten heute mit dem Wandelgang.

Überall im Tiergarten erinnern Denkmäler von Komponisten und Schriftstellern an den Geist, der schon immer über Berlin schwebte. Die Standbilder von Richard Wagner und Albert Lortzing im Tiergarten stammen von Gustav Eberlein (1847–1926, Bildhauer, Maler und Schriftsteller)

Johann Wolfgang von Goethe (1749–1832)

Albert Lortzing (1801–1851) Schauspieler, Sänger, Dirigent und Komponist der Opern: „Zar und Zimmermann" und „Der Wildschütz"

Turmglockenspiel, genannt Carillon

Der 42 Meter hohe Glockenturm wurde von der Firma Daimler Benz zur 750-Jahr-Feier Berlins gestiftet. Er ist mit schwarzem Granit verkleidet und beherbergt 68 Glocken im Turm. Die größte wiegt 7,8 Tonnen. Die Tastatur aus Holzstöcken ist ca. 2 Meter breit. Der Carillonneur, so wird der Spieler genannt, schlägt beim Konzert mit geballter Faust auf die Holzstäbe. Diese sind mit einem Drahtseil so verbunden, dass dann ein Klöppel an die jeweilige Glocke schlägt.

Glockenturm im Tiergarten
Infos über Konzerte:
www.carillon-berlin.de

Haus der Kulturen der Welt

Im Jahre 1957 wurde auf dem Gelände „In den Zelten“ eine Kongresshalle eingeweiht. Das Geschenk der Amerikaner sollte eine internationale Begegnungsstätte werden. Auf Grund der eigenwilligen Form gaben ihr die Berliner den Spitznamen „Die schwangere Auster“. Seit 1989 ist sie „Haus der Kulturen der Welt“ und betreibt dort ein internationales Programm mit Lesungen, Konzerten, Workshops, Theateraufführungen, Festivals und Filmreihen.
Weitere Infos: www.hkw.de

Haus der Kulturen der Welt, auch „Schwangere Auster“ genannt.
Im Wasser scheint die acht Tonnen schwere Skulptur: „Butterfly“, die letzte Arbeit von Henry Moore (1898–1986 Bildhauer für abstrakte Skulpturen), zu schweben. Zur 750-Jahr-Feier von Berlin wurde die Bronzefigur 1987 für 3,5 Millionen Mark von der Stadt erworben.

In der Nähe befindet sich das kleinste Denkmal von Berlin – mit nur 58 cm.

Der Gefreite Will aus der 1. Schwadron des 2. Garde-Ulanen-Regiments, ist in Ausübung seines königlichen Dienstes am 14.08.1889 vom Blitz erschlagen worden. Kaiser Wilhelm II. hat ihm dieses Denkmal gesetzt, in Dankbarkeit für seine Pflichterfüllung.

Picknick im Grunewald mit der ganzen Familie

Im Grunewald, im Grunewald ist Holzauktion, Holzauktion.... Meine älteren Berliner Leser werden sofort an eines der vielen Lieder erinnert, die den Charme der Stadt widerspiegeln. Der Hintergrund stammt aus der Zeit, als Hindenburg den Knüppeldamm zum Grunewald ausbauen ließ, dem heutigen Kurfürstendamm. Neue Bauparzellen wurden erschlossen. Das geschlagene Holz versteigerte man, eben auf Holzauktionen.

Und dann war'n da noch die Lieder:
„Und wenn dann untern Linden die Bäume wieder blühn, dann wird es sich schon finden, Berlin bleibt doch Berlin…"
Oder „Es war in Schöneberg, im Monat Mai, ein junges Mädele war auch dabei, sie hat mich angelacht …"
Und dann „Das ist die Berliner Luft, Luft, Luft, wo so selten was verpufft, pufft, pufft, pufft…"
Die Berliner liebten ihre frische Luft und gingen an den freien Tagen ins Jrüne, man nannte sie auch Sommerfrischler. Am Brandenburger Tor standen Kremser, die die Gäste nach Schöneberg, Charlottenburg oder sogar bis zum Grunewald brachten.

Berlins Personenverkehr beginnt mit Simon Kremser (1775–1851, Fuhrunternehmer und Preußischer Hofrat)

Simon Kremser diente in der Zeit von Napoleons Besetzung unter General Blücher. Er betreute die Kriegskasse, die er mehrere Male vor den Feinden rettete. Dafür bekam er das Eiserne Kreuz und das Privileg einer exklusiven Fuhrunternehmer- Existenz. Am 20. Mai 1825 eröffnete er in Berlin die erste Pferdeomnibuslinie in Deutschland. Sie ging vom Brandenburger Tor nach Charlottenburg. Ab 1840 wurde vom Brandenburger Tor zum Potsdamer Platz die erste innerstädtische Linie eingerichtet. Erst 1923 wurde die letzte Pferdeomnibuslinie stillgelegt. Der Name Kremser, für von Pferde gezogene Transportwagen, hat sich erhalten. Wenn Sie heute am Brandenburger Tor sind, finden sie immer noch Pferdedroschken, die Ihnen eine nostalgische Fahrt durch die Altstadt von Berlin anbieten.

Der Eiserne Gustav

Ein Vertreter dieser Zunft hat die Erinnerung bis in unsere Zeit erhalten. Gustav Hartmann (1859–1938) wollte gegen den drohenden Niedergang im Droschkengewerbe – durch die steigende Zahl der Auto-Taxen – protestieren. Gustav Hartmann war mit Leib und Seele ein richtiger Droschkenkutscher. Er spannte seinen Wallach „Grasmus“ vor die Kutsche und startete am 2. April 1928 von Berlin zu einer Fahrt nach Paris. Durch die Presse erfuhr man im ganzen Land von seiner Reise und bereitete ihm überall einen herzlichen Empfang. Nach über 1000 km Wegstrecke kam er am 4. Juni 1928 in Paris an. Leider war der Empfang für ihn dort nicht so jubelnd, denn Charles Lindbergh hatte ihm zuvor die Show gestohlen. Er schaffte als erster, vom 20. bis 22. Mai 1927, den Nonstop-Flug von New York nach Paris.

Als er wieder in Berlin am Brandenburger Tor einfuhr, jubelten ihm die Berliner trotzdem begeistert zu. Er war nun eine bekannte Persönlichkeit. Ein Denkmal an der Potsdamer Brücke ehrt diesen Mann.

Hier, an der Potsdamer Straße mit Blick zum Landwehrkanal mit der Potsdamer Brücke, steht der „Eiserne Gustav“ und wacht seit 2000 über den Verkehr. Gestaltet wurde das Denkmal von Gerhard Rommel (1934–2014, Bildhauer, Medailleur, Münzgestalter und Maler)

Zoo- und Grünanlagen von Berlin

Wo erholten sich einst die Berliner

Außerhalb von Berlin hatte man an der Panke eine Springquelle entdeckt, die 1751 von dem Chemiker Andreas Sigismund untersucht und als eisenhaltig festgestellt wurde. So entstand der Ruf einer Heilquelle. Heinrich Wilhelm Behm (1708–1780 Arzt und Hofapotheker von König Friedrich II), erhielt Unterstützung vom König und so entstand eine Kur- und Badeanstalt mit dem Namen „Friedrichs-Gesundbrunnen". Die Gäste kamen zur Linderung von chronischen und rheumatischen Krankheiten und Augenleiden. Selbst König Friedrich II war hier mit seinem Gefolge zu Gast. Nach dem Einzug Napoleons 1806 kam der Kurbetrieb zum Erliegen. Der Name vom Stadtteil Gesundbrunnen ist geblieben.

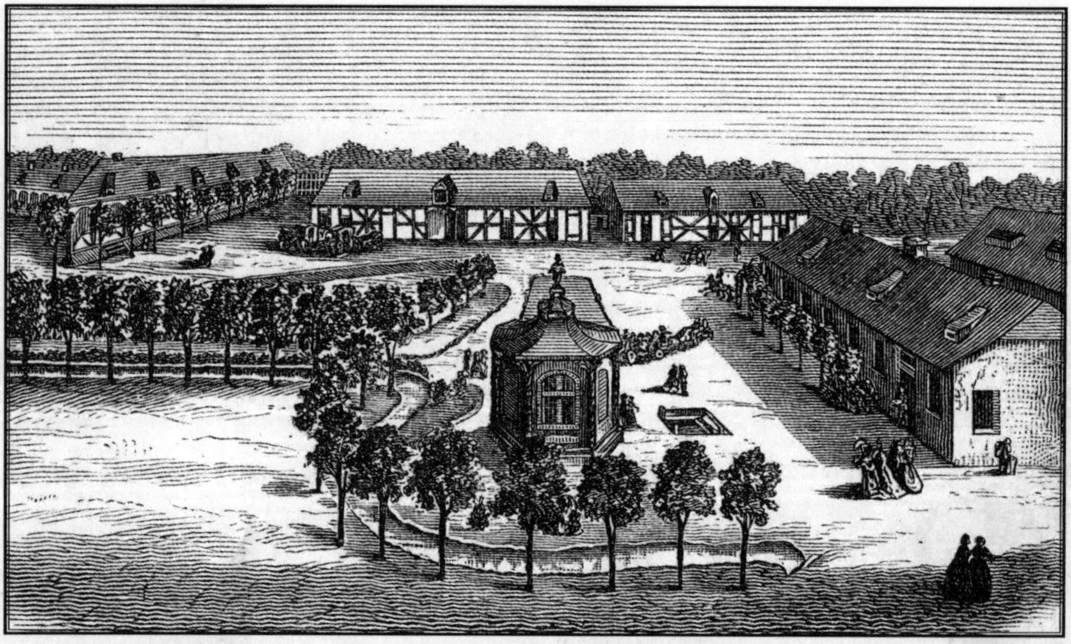

Der Gesundbrunnen im Jahr 1760. Er befand sich außerhalb von Berlin und war ein beliebter Ausflugsort.

Berlin wird Kurstadt

Im Jahr 1808 erwarb Christian Gottfried Flittner (1770–1828 Apotheker, Arzt und Buchhändler) den Brunnen, renovierte ihn und konnte durch Beziehungen zur Königin Luise diese als Namenspatronin gewinnen. So entstand der Name Luisenbad.

Daraus wurde die Mineralbrunnen Trinkanstalt 1833, die sich beinahe zu einem luxuriösen Badekurort entwickelt hätte. Eine weitere Attraktion bot der in der Nähe gelegene Galgen. Er stand in der Liesenstraße am Gesundbrunnen. Vor dem Galgen auf dem Gartenplatz befand sich auch noch ein Pranger. Auch auf dem Molkenmarkt hat letztmalig 1849 eine Frau am Pranger gestanden.

Öffentliche Hinrichtungen waren zu der Zeit immer noch ein Schauspiel. 1842 wurde der Galgen dann abgerissen. Die Quelle wurde 1882 bei den Bauarbeiten der neuen Kanalisation versehentlich verschüttet und nie wieder aufgebaut. Heute erinnert die Bezirkszentralbibliothek am Luisenbad, Badstraße 38/39 an das bei den Berlinern ehemals beliebte Ausflugsziel.

Mineral-Brunnen Trinkanstalt 1833

Zoologischer Garten Berlin

Der erste Zoo von Berlin wurde am 1. August 1844 eröffnet. Sein Gründer und Direktor war Martin Hinrich Lichtenstein (1780–1857 Arzt, Forscher und Zoologe). Er hatte bereits 1810 das Zoologische Museum in Berlin gegründet. König Friedrich Wilhelm II hatte die ehemalige Fasanerie und einen Teil vom Tiergarten gestiftet.

Das 1899 errichtete Elefantentor im ostasiatischen Stil ist das Wahrzeichen des Zoos.

Heute gilt er mit rund 1400 Arten und über 18600 Tieren als der artenreichste Zoo der Welt.

Als etwas Besonderes gilt der Eingang mit seinem Elefantentor an der Budapester Straße. Der Berliner Zoo zählt heute zu den meistbesuchten Sehenswürdigkeiten Berlins. Er hat zwei Eingänge: 10787 Berlin, Hardenbergplatz 8 und das Elefantentor in der Budapester Straße 34 Weitere Informationen unter: www.zoo-berlin.de

Im Jahr 1871 wurde dann ein Antilopenhaus errichtet, das vor allem wegen seines exotischen Stils zu einer Sehenswürdigkeit wurde. In der darauf folgenden Zeit wurden ein Elefantenhaus, ein Straußenhaus, ein Stelzvogelhaus und 1899 das Elefantentor gebaut.

Für Jung und Alt ist unser Berliner Zoo seit jeher ein beliebter Erholungs- und Freizeitspaß. Heute ist ein entscheidender Erfolg des Zoos, dass er für alle Schulklassen Führungen als direktes Naturerlebnis anbietet. Immer wieder bietet der Nachwuchs kleine Sensationen. Am bekanntesten war Knut der Eisbär, der ein internationales Medienphänomen wurde.

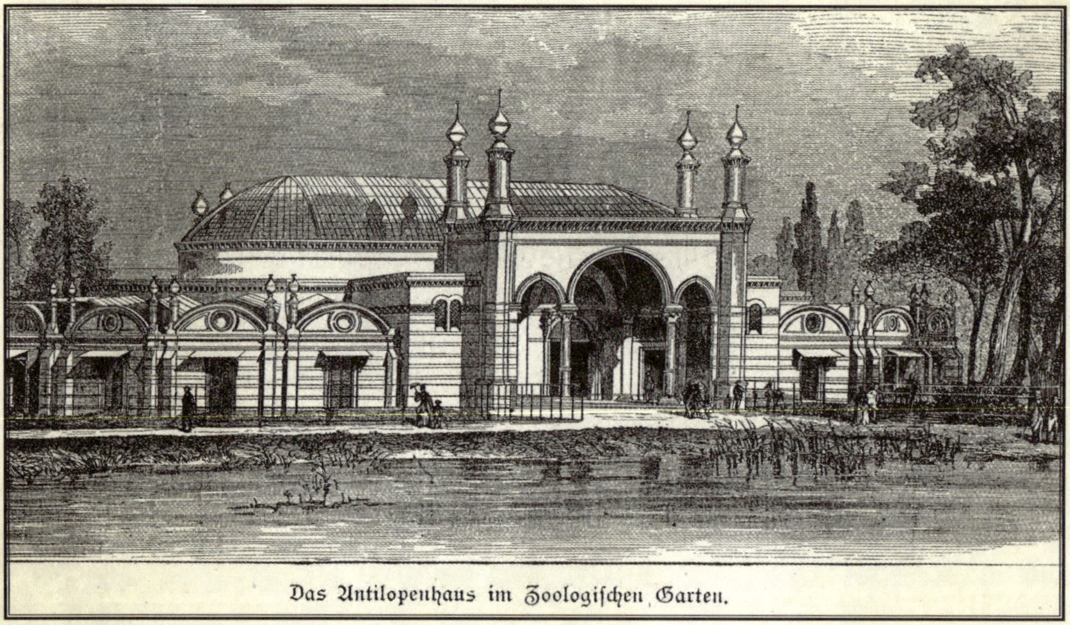

Das 1871 errichtete Antilopenhaus im Zoologischen Garten

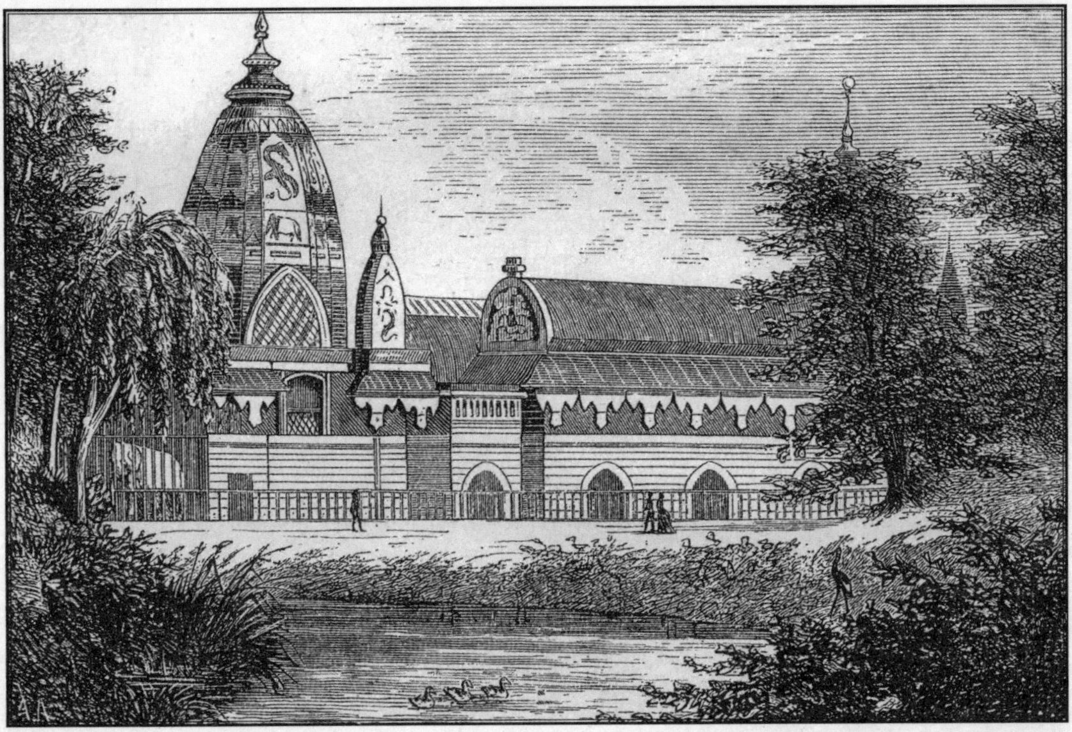

Das 1899 errichtete Elefantentor im ostasiatischen Stil ist das Wahrzeichen des Zoos.

Zoo Aquarium Berlin

Seit 1913 befindet sich neben dem Zoo ein Aquarium, das auf drei Etagen Fische, Reptilien, Amphibien, Insekten und vieles mehr zeigt. Rund 13.000 Tiere in mehr als 1000 Arten werden hier gehalten. Ebenso rund 250 verschiedene Pflanzenarten und Tiere, die einen tropischen Regenwald zum Leben benötigen. Von Montag bis Donnerstag gibt es 13:30 Uhr Schaufütterungen der großen Raubfische und anderer Fische.

10787 Berlin, Budapester Str. 32
Weitere Informationen unter:
www.aquarium-berlin.de

Tierpark Berlin-Friedrichsfelde

Seit 1954 hat Berlin Friedrichsfelde im Ostteil der Stadt den inzwischen größten Landschaftszoo Europas. Peter Joseph Lenné hatte 1821 um das Schloss Friedrichsfelde einen Landschaftspark angelegt. Dieser diente als Basis für den Aufbau des Tierparks; er blieb weitgehend erhalten. Heute ist der Tierpark Friedrichsfelde der einzige Zoo in der Welt mit einem eigenen Schloss. Mehr als 7.500 Tiere mit 900 verschiedenen Arten leben in den Gehegen, inmitten einer wunderschönen parkähnlichen Gartenanlage.

Breite Alleen, naturbelassene Waldbestände und großzügige Tiergehege, die oft nur durch Wassergräben vom Besucher getrennt sind, prägen vor allem den alten Teil des Tierparks. Teich- und Wiesenanlagen erweitern den Park.

10319 Berlin, Am Tierpark 125
Infos unter: www.tierpark-berlin.de

Die Pfaueninsel

An der Havel liegt ein weiteres Berliner Kleinod, die Pfaueninsel. Der Name könnte entstanden sein, als der Große Kurfürst die Pfauen, die sonst im Lustgarten spazierten, dort auf die Insel umgesetzt hatte. Um 1683 ließ er ein Waldhaus erbauen und ließ Kaninchenzucht betreiben. 1679 stellte er dem Chemiker Johannes Kunkel die komplette Insel zur Verfügung. Niemand außer dessen Gesellen und natürlich der Kurfürst, durfte die Insel betreten. In der Nähe der Meierei legte er eine Versuchsstation an, baute Spezialöfen zu Versuchen der Kristallglasfabrikation. Wegen dieser Geheimniskrämerei munkelte man, Kunkel sei Alchimist und besitze den „Stein der Weisen“ und mache auf der Insel Gold.

Andreas Cassius (1600–1673) hatte das Goldpurpurpigment, welches zum Färben von Glas, das Rubinglas, benötigt wurde, erfunden. Johannes Kunkel verbesserte dieses Verfahren auf der Pfaueninsel zur Produktionsreife. Gold hat er jedenfalls nicht hergestellt. 1689 brannte die Hütte ab.

Die erste öffentliche Fähre gab es bereits 1821. Auch heute gelangen Sie mit der Fähre auf die Insel.

König Friedrich Wilhelm II ließ 1797 ein Schloss als romantische Ruinenarchitektur errichten. Gedacht war es als romantischer Rückzugsort mit seiner geliebten Wilhelmine Encke, die man auch die „preußische Pompadour“ nannte.

Der Botanische Garten und Botanisches Museum Berlin-Dahlem

König Friedrich Wilhelm I. baute den Lustgarten am Schloss in Berlin zu einem Exerzierplatz um. Als Ersatz für den Schlossgarten schenkte er der Akademie der Wissenschaften einen Botanischen Garten, der in Schöneberg am Heinrich Kleist Park angelegt wurde. Als dieser immer größere Ausmaße annahm, wurde er auf Betreiben von Adolf Engler (1844–1930) an den heutigen Standort, nach Berlin Lichterfelde, verlegt, wo er am 13. April 1903 eröffnet wurde. Inzwischen ist er Deutschlands größter Botanischer Garten mit 43 ha und über 22.000 Pflanzenarten aus der ganzen Welt.
Adolf Engler war Botaniker und der führende Pflanzenexperte seiner Zeit. Er gestaltete das Freigelände als Landschaftsgarten. Die größten Bereiche nehmen die 12,9 Hektar großen landschaftbezogenen Anlagen ein. Auf einem ca.14 Hektar umfassenden Gelände sind Nadelgehölze aus allen Kontinenten gepflanzt. Um die Vielfalt der Pflanzen der verschiedenen Erdteile zu zeigen, wollte Engler sie in ihrer natürlichen Umgebung pflanzen. Hierzu wurden Struktur und Art des Untergrundes angepasst, und 136.000 m³ Erde wurde bewegt.

Nicht nur an Regentagen laden sieben große Glashäuser ein, tropische Pflanzen und Bäume aus aller Welt zu bestaunen.
Seit 1993 wurde eine Langzeit-Samenlagerung für vom Aussterben bedrohte Pflanzen eingerichtet. Inzwischen sind dort über 5000 verschiedene Samenarten vorrätig.
Das Botanische Museum, das Herbarium und die Bibliothek sind im Gebäude in der Königin Luise Straße.

Der Botanische Garten hat zwei Eingänge. 12203 Berlin, Unter den Eichen 5-10 und 14195 Berlin, Königin Luise Platz.

Das Victoria Regia-Haus im Botanischen Garten.

Das Victoria Regia-Haus im Botanischen Garten war für tropische Pflanzen

Was Sie noch über Berlin wissen sollten

Literarische Salons in Berlin

Wie war es damals, um 1800, das gesellschaftliche Leben in den Städten, als es noch keine Handys und E-Mails gab? Frauen hatten am öffentlichen Leben keinen Anteil. Es gab aber Frauen von Stand mit Geist, die am gesellschaftlichen Leben teilhaben wollten. So luden sie in ihre Wohnung, sprich Salon, Persönlichkeiten von Bildung, Geist und Stand ein. Hier gab es keine Klassenunterschiede. Es wurde diskutiert, gelesen, debattiert und natürlich auch Tratsch und Klatsch verbreitet. Die geistige Vorbereitung der Französischen Revolution von 1789 in Paris fand in solchen Salons statt.

Diese Salonkultur hatte sich zum Ende des 18ten Jahrhunderts in Paris, Wien und London entwickelt. Einer der ersten literarischen Salons in Berlin war der von Rahel Varnhagen von Ense, nach ihrer Heirat Rahel Levin (1771–1833). Große Persönlichkeiten trafen sich bei ihr. In Erinnerung an sie gibt es eine Gedenktafel am Eingang ihres Salons in der Jägerstr. 54, am Gendarmenmarkt. Dort, in der dritten Etage, befand sich ehemals ihr Roter Salon, wie sie ihn nannte.

Rahel Varnhagen von Ense

Rahel Levin wohnte in der Jägerstrasse 54 in der dritten Etage, von wo aus sie ihren Salon betrieb. Dieses Gebäude ist nachgebaut worden.

Berlin und seine Dichter und Denker

Lieber Leser, hier möchte ich mit Ihnen eintauchen in den Zeitgeist der Epoche nach König Friedrich II. Er wusste schon zu Lebzeiten, dass nach ihm eine bedeutsame Epoche kommen würde. In diesem Bild wurden Geistesgrößen dieser Zeit zusammengeführt.

Von Goethe nach links:
Ludwig Tieck, (1773–1853), Dichter, Schriftsteller
Jean Paul (richtiger Name: Johann Paul Friedrich Richter), (1763–1825), Schriftsteller
Johann Friedrich Pestalozzi, (1746–1827), Pädagoge, Philosoph
Johann Gottlieb Fichte, (1762–1814), Philosoph
Friedrich Gottlieb Klopstock, (1724–1803), Dichter
Johann Friedrich Blumenbach, (1752–1840), Zoologe, Anthropologe
Georg Wilhelm Friedrich Hegel, (1770–1831), Philosoph
Heinrich von Kleist, (1777–1811), Dramatiker, Lyriker, Publizist
Johann Heinrich Voß, (1751–1826), Dichter, Übersetzer
Lorenz Oken/ Lorenz Okenfuß, (1779–1851), Naturphilosoph
Johann Georg Schlosser, (1739–1799), Jurist, Historiker, Staatsmann (Schwager von Goethe)
Peter Cornelius, (1824–1874), Komponist, Dichter

Von Goethe (1749–1832) nach rechts:
Wilhelm von Humboldt, (1767–1835), Reformer im Schulwesen, Philosoph, Sprachgelehrter
Alexander von Humboldt, (1769–1859), Naturwissenschaftler
Christoph Martin Wieland, (1733–1813), Dichter
Nieburg
Friedrich Schleiermacher, (1768–1834), Theologe
Johann Gottfried Herder, (1744–1803), Dichter, Theologe, Übersetzer
Andreas Gau, (1800–1862), Theologe
August Wilhelm von Schlegel (1767–1845), Theologe, Philologe
Johann Wilhelm Ludwig Gleim, (1719–1803), Dichter
August Wilhelm Iffland, (1759–1814), Schauspieler, Intendant
Friedrich Schiller, (1759–1805), Dichter, Philosoph, Historiker,
Friedrich Maximilian Klinger, (1752–1831), Dichter, Dramatiker

Mendelssohn Remise

Sie erinnert an die Familie der Mendelssohns, deren Vorfahre Moses Mendelssohn (1729–1786, Philosoph und Aufklärer, Freund Lessings) für Berlin große Bedeutung erhielt. Sein Enkel Felix Mendelssohn Bartholdy (1809–1847, Komponist, Pianist und Organist) ist für Musikliebhaber klassischer Musik weithin als Musiker der Romantik bekannt. Er setzte sich maßgeblich für die Aufführung der Werke von Johann Sebastian Bach (1685–1750) ein und förderte damit das allgemeine Verständnis der klassischen Epoche deutscher Musik.

Felix Mendelssohn Bartholdy

In der Jägerstraße 51 finden wir ein Kleinod für Musikliebhaber, die Mendelssohn Remise.
Weitere Infos: www.mendelssohn-remise.de/

Turnvater Jahn

Im Jahr 1811 schuf er den ersten Turnplatz in der Hasenheide. Anfänglich wollte er die Jugend auf den Kampf gegen die Besetzung durch Napoleon vorbereiten und entwickelte die Grundlagen für das heutige Geräteturnen, die noch immer Gültigkeit haben.

Turnvater Jahn

Friedrich Ludwig Jahn (1788–1852) war auch ein Kind dieser Zeit des Aufbruchs. Er war der Initiator der deutschen Sportbewegung.

Adolf Glasbrenner (1810–1876)

Adolf Glasbrenner war ein Berliner Humorist und Satiriker. Manche bezeichnen ihn als Vater des Berliner Witzes. Unter dem Pseudonym Brennglas schrieb er Monatshefte. Besonders seine Geschichten über Eckensteher Nante fanden großen Anklang. Hier ein Auszug aus Berlin, wie es isst und trinkt, 1. Heft „Eckensteher" von 1845:

„Vorwort zur zehnten Auflage:
In grenzenloser Demuth und ganz außergewöhnlicher Bescheidenheit wage ich es, dem weiten Publikum die 10. Auflage dieser kleinen Lebensbilder vorzulegen.
Es würde mir sehr angenehm sein, und meinem Herrn Verleger noch angenehmer, wenn sich jedes Gottesgeschöpf, dem das Glück zu Theil wurde, in dem freien Deutschland geboren zu sein, dies und die nachfolgenden Hefte des „Berlin, wie es isst und trinkt" käuflich zueignen wollte.
Solche Dedication erfüllte einen Zweck. Denn hätte ich in Frankreich oder England Schriften herausgegeben, denen so viel Beifall wie den vorliegenden geworden wäre: ich könnte längst ein Rittergut besitzen, eine Marquise fouteniren, in glänzender Equipage durch die Straßen der Residenz fahren, und mich nicht nur von denjenigen armen Menschen bewundern und beneiden lassen, die ich hier gezeichnet, sondern von viel besser gekleideten und Dummeren. – Statt dessen erlauben es mir meine Verhältnisse sehr selten, eine Flasche Champagner auf das Wohl der erhabenen deutschen Landesväter und der Bundesversammlung zu trinken.
Die Kritik für mich und diese launigen Volkscharaktere einzunehmen, bezweckt dieses Vorwort durchaus nicht. Wenn England oder Frankreich zuerst die arbeitende Menschenklasse in der Literatur emanzipiert hätte, so würde die gelehrte deutsche Michel-Kritik ein groß Geschrei erheben. Das Deutsch-Populäre verachtet sie wie – wir Produktiven sie verachten.
Und da ich auch weder Orden noch Titel haben will, so sehe ich nicht ein, warum dies Vorwort hier nicht beendet sein sollte. Allenfalls könnte ich noch alle fröhliche, gescheite Menschen herzlich grüßen, und die lächerlichen Wichtigtuer auf diesem Staubkorne des Weltalls auslachen.
Neustrelitz, im Mai 1845. Ad. Brennglas."

Hauptmann von Köpenick

„Ein als Hauptmann verkleideter Mensch führte gestern eine von Tegel kommende Abteilung Soldaten nach dem Köpenicker Rathaus, ließ den Bürgermeister verhaften, beraubte die Gemeindekasse und fuhr in einer Droschke davon."

So zu lesen war es am 17. Oktober 1906 in den Berliner Zeitungen. Dieser Mensch hieß Wilhelm Voigt. In jungen Jahren war der Schustergeselle aus Not mit dem Gesetz in Konflikt geraten. 15 Jahre Zuchthaus war die Strafe dafür, dass er die Reichspost um 300 Mark geschädigt hatte. Er geriet in den Teufelskreis der Bürokratie. Ohne polizeiliche Aufenthaltserlaubnis fand er keine dauerhafte Arbeit, ohne Arbeitsnachweis erhielt er keine Anmeldung. Voigt wurde wieder straffällig; mit 56 Jahren hatte er mehr als 30 Jahre seines Lebens im Zuchthaus verbracht. In diesem Augenblick seines Lebens stieß er auf jene Hauptmann-Uniform im Trödlerladen, in der Berliner Grenadierstraße, die von nun an sein weiteres Schicksal bestimmt hat.
Das Ende war eine Verurteilung am 1. Dezember 1906 wegen unerlaubten Tragens einer Uniform, Vergehens wider die öffentliche Ordnung, Freiheitsberaubung, Betruges und schwerer Urkundenfälschung zu vier Jahren Gefängnisstrafe im Strafgefängnis Tegel. Am 15. August 1908 wurde er in Gnaden vorzeitig entlassen.

Dieses „Deutsche Märchen" wurde 1931 das erste Mal verfilmt und ist heute eines der bekanntesten Stücke Zuckmayers. Die Verfilmung mit Heinz Rühmann in der Hauptrolle ist vielen Zuschauern unvergesslich.

Beglaubigte Abschrift.

Landesarchiv Berlin

2
146

Auf Jhren Bericht vom 8.August d.Js., dessen Anlagen ohne den Aktenauszug anbei zurückfolgen, will Jch dem Schuhmacher Wilhelm V o i g t aus Berlin, zur Zeit im Strafgefängnis in Tegel, den nicht verbüßten Teil der ihm durch das rechtskräftige Erkenntnis des Landgerichts II in Berlin vom 1. Dezember 1906 wegen unerlaubten Tragens einer Uniform, Vergehens wider die öffentliche Ordnung, Freiheitsberaubung, Betruges und schwerer Urkundenfälschung auferlegten Gefängnisstrafe von vier Jahren hierdurch in Gnaden erlassen.- Wilhelmshöhe, den 15. August 1908.

gez. W i l h e l m R.

ggez. Beseler.

An den Justizminister.

Mit der Urschrift gleichlautend.
Berlin, den 17. August 1908.

KÖN. PREUSS. JUSTIZ-MINISTERIUM GEHEIME KANZLEI

Länger

Geheimer Kanzleisekretär.

Arch. Zug. 399

Generalstaatsanwalt
bei dem Landgericht

zu Nr. 54

Gnadenerlass von 1908 vom Hauptmann von Köpenick

Über das Wetter kann man immer reden

Lieber Leser, wenn Sie gerne übers Wetter reden, habe ich eine interessante Statistik gefunden. Die Temperatur wurde hier noch mit der 1730 in Europa eingeführten Reaumur angegeben. Sie galt noch im 19ten Jahrhundert und wurde dann von Celsius abgelöst.

Celsius	Reaumur
-20	-16
-10	-8
0	0
10	8
20	16
30	24

Das im Jahr 1848 neu errichtete meteorologische Institut hat diese Zahlen von Berlin zusammengestellt. Die höchste Temperatur wurde im Juli 1781 und 1819 mit 37° Celsius gemessen. Die größte Kälte im Januar 1823 mit -31° Celsius.

	Zeitraum der Beobachtung.	Januar.	Februar.	März.	April.	Mai.	Juni.	Juli.	August.	September.	Oktober.	November.	Dezember.	Jahrmittel bzw. Summen.
Mittlere Temperatur nach Réaumur	1719 — 1865 1848 — 1872	—1,04 —0,65	0,48 0,74	2,66 2,68	6.72 6,76	10,91 10,71	13,73 13,88	14,86 15,05	14,39 14,48	11,47 11,62	7,22 7,75	3,03 2,84	0,70 0,53	7,09 7,11
Mittel der höchsten Temperaturen	1822 — 39 und 1848 — 65	0,15	2,31	5,41	10,31	14,87	18,12	19,22	18,40	15,22	10,96	4,61	2,10	—
Mittel der tiefsten Temperaturen .		— 3,24	—1,55	—0,41	3,21	6,89	10,16	11,28	10,79	8,17	5,25	1,11	—0,82	—
Mittel der täglichen Veränderung .		3,39	3,86	5,82	7,10	7,98	7,96	7,94	7,61	7,05	5,71	3,50	3,00	—
Luftdruck in Millimetern	1848 — 65	757,89	757,37	755,75	756,87	757,05	756,90	756,51	756,98	758,79	756,59	757,05	758,21	757,16
Relative Feuchtigkeit der Luft in Prozenten	1848 — 65	82,8	79,5	75,1	68,0	64,6	63,8	65,9	69,5	73,6	79,5	82,1	84,8	74,1
Mittlere Regenhöhe in Millimetern	1728 — 39 1848 — 72	34,17 38,05	34,60 43,21	29,57 37,69	34,23 44,94	47,64 50,33	67,94 73,00	64,52 73,18	48,77 61,04	46,20 40,06	35,48 42,02	36,30 46,20	43,51 50,73	521,88 600,12
Monatliche Maxima der Regenhöhe im Jahr:	1848 — 72	71,76 (1850)	86,49 (1850)	68,73 (1851)	81,95 (1848)	115,64 (1858)	140,85 (1848)	235,94 (1858)	153,21 (1870)	96,66 (1863)	133,05 (1870)	117,83 (1851)	104,29 (1854)	— —
Durchschnittliche Anzahl der Regentage im Jahr	1701 — 1800 1801 — 25	6,72 8,28	6,37 8,60	7,05 9,18	9,76 10,20	10,62 11,92	11,40 13,56	14,29 15,48	13,02 14,12	11,09 12,20	11,03 11,20	9,81 12,84	8,94 10,48	120,10 138,06
Durchschnittliche Anzahl der Schneetage im Jahr	1701 — 1800 1801 — 25	6,37 7,44	5,81 7,40	5,48 5,96	2,36 3,40	0,36 0,36	— 0,04	— —	— —	0,01 —	0,32 3,00	2,96 3,40	5,60 6,88	29,27 37,88
Durchschnittliche Anzahl der Gewitter im Jahr	1701 — 1800	0,02	0,05	0,07	0,12	0,54	1,54	2,37	2,46	2,06	0,75	0,11	0,03	10,12
Durchschnittliche Anzahl der Stürme	1701 — 1800	1,61	1,93	1,91	1,83	1,42	0,92	1,09	1,11	1,55	1,74	1,80	2,22	19,13

Römisches Konsular-Diptychon.

Der Blaue Montag

Der Blaue Montag hat eine Jahrhunderte alte Tradition. Die ersten Berichte darüber fand ich im Jahr 1733 von König Friedrich Wilhelm I., „dem Soldatenkönig“ und dem Gründer der preußischen Ordnung und Tugend. Er erließ am 12. März 1733 ein Edikt, welches sämtlichen Herbergswirten bei einer Strafe von 10 Talern untersagte, einem Gesellen am Werktage Bier auszuschenken. Der Zweck dieser Anordnung war die Abstellung des Blauen Montags, aber ohne großen Erfolg damit zu erreichen. König Friedrich II., der „Alte Fritz“, wollte dieses Übel ebenfalls beseitigen mit einer am 24. März 1783 erlassenen Handwerkerordnung. Die Handwerkergesellen feierten am Sonntag in den Herbergen bis in die Nacht. Am Montag früh sammelten sich alle Handwerksburschen, welche nach einer alten Tradition von Zünften auf die Wanderung, die Walz, gehen wollten. Sie wanderten von Stadt zu Stadt, um bei verschiedenen Handwerksmeistern ihre Handwerkskunst zu erlernen. Die Zurückbleibenden begleiteten die Gesellen hinaus durch das Stadttor, um nochmals einen Abschied zu feiern. So war der Montag ein Tag des Müßiggangs. Aber auch mit dieser Verordnung schaffte der „Alte Fritz“ nur eine Abmilderung, ganz abgeschafft ist er bis heute nicht.

So isst Berlin

„Bring er mir Sak, Schurke!“ so bestellte Devrient den moussierenden Wein. Der Name Sekt war geboren.

Lutter & Wegner

In die um 1780 von Carl von Gontard erbauten Gebäude am Gendarmenmarkt richtet der Weinhändler Christian Sigismund Trenck um 1806/07 eine Weinhandlung ein. Im Jahre 1811 pachten die Kaufleute Christoph Lutter und August Friedrich Wegner das Lokal, im Jahr 1818 kaufen sie es, ab dem Jahr 1827 wird Lutter Alleineigentümer. Der Keller, der den Schauplatz der Rahmenhandlung von Jaques Offenbachs Oper „Hoffmanns Erzählungen“ abgibt, wird 1835 eingerichtet. Berühmte Stammgäste des Restaurants sind E.T.A. Hoffmann und der Schauspieler Ludwig Devrient. Letzterer trinkt seinerzeit allabendlich seinen Champagner im Lutter & Wegner. Eines Abends im November 1825 gibt Devrient seine Bestellung mit einem Shakespeare-Zitat auf: „Bring er mir Sak, Schurke!“ Den shakespeareschen Begriff für Sherry, Sack [sæk], kennt der Kellner nicht und bringt das, was Devrient immer trinkt: Schaumwein. Die Stammgäste übernehmen die Bezeichnung für den moussierenden Wein. Der Name Sekt ist geboren.

E.T.A. Hoffmann gegenüber von Lutter & Wegner am Gendarmenmarkt

Die Berliner Currywurst

Wo gibt es die beste Currywurst in Berlin? Diese Frage ist nicht so leicht zu beantworten, denn erstmal gibt es zwei Varianten, mit und ohne Darm, und jeder bietet eine eigene Variante der Ketschupsoße an. Mal warm, mal kalt, mal extra scharf, mal mit Zwiebeln; egal es ist Kult!
Nach dem Krieg hatte Herta Heuwer 1949 einen Imbisstand Ecke Kantstr./Kaiser-Friedrich-Straße. Sie soll in Ermangelung von Zutaten den von den Amerikanern mitgebrachten Ketchup mit Curry verfeinert haben. Zur gleichen Zeit stellte in Spandau der Schlachter Max Brückner wegen fehlender Därme eine Wurst ohne Darm her, genannt die „Spandauer ohne Pelle“. Wie immer gibt es kein Richtig oder Falsch, schmecken musset!

Kassler

Etwa 1860 legte der Metzger Cassel zufällig ein Stück gepökeltes Schweinefleisch in die Räucherkammer. Geschehen in dem Feinkostgeschäft in Schöneberg in der Potsdamer Straße Nummer 15. Das Ergebnis war ein geschmacklich beeindruckendes Ergebnis. Ein neues Rezept war geboren.
Das Kasseler, ein länger haltbares Fleisch, welches nur kurze Garzeiten benötigt.

Kanne.
Anfang des 17. Jahrhunderts.

Kanne mit Passichtdrechselei.
Anfang des 17. Jahrhunderts.

Ausflug nach dem Kreuzberg

Schon im Mittelalter, um 15hundert, nutzt man den Berg zum Anbau von Wein. Durch den sehr strengen Winter im Jahr 1740 kam der Weinanbau in der ganzen Berliner Region zum Erliegen. Nachdem Napoleon geschlagen war, erhielt Schinkel den Auftrag zum Bau eines Nationaldenkmals. Es wurde am 30. März 1821 eingeweiht.

Nach dem Aufstellen von Schinkels Gedenkbau nannte man den Berg Kreuzberg. Er ist für die Berliner ein willkommenes Ausflugsziel.

Das National-Denkmal auf dem Kreuzberge mit den zukünftigen Anlagen.

Das 18 Meter hohe Nationaldenkmal trägt auf der Spitze das ebenfalls von Schinkel entworfene Eiserne Kreuz.

Aussichtpunkt am Kreuzberg mit Blick auf die Stadt Berlin um 1850

So liebe Leser, jetzt bekomse mal so ne richtige Berliner Anekdote:

Das warme Abendbrot

Der Viehhändler E. hat die Schneiderin P. auf der Straße geohrfeigt und muss sich nun wegen tätlicher Beleidigung verantworten.

Richter: „Also, erzählen Sie mal die Entstehung der Sache."

E: „Meine Frau lässt nämlich alles ins Haus machen, ick liebe det ja nich, aber jejen de Weiber is ja nischt zu wollen. Die Kinder war'n in de Schule, meine Frau mit's Dienstmeechin in de Markthalle, un ick war allene mit de Schneiderin. Na, nu mache ick mein' Ulk mit se und sage: Wenn ick nich schon in sojenannte feste Hände wäre, denn möchte ick bloß noch Klärchen heiraten. So heißt det Biest. Die lachte nu und meinte: Schade, et wär so schön jewesen, et hat nich sollen sein. Nu will ick immer ihre Hand fassen, und sie piekt mir immer mit de Nadel in de Finger; kurzum, et war sehr jemütlich. Wir beede amisierten uns wie Bolle. Nu fragte ick ihr, ob sie nich mal mit mir warm Abendbrot essen jeh'n wollte. „Jewiss doch, jleich heite Abend!" Det war'n ihre Worte, det falsche Biest! Nu kam aber meine Frau aus de Halle, un ick hielt's Maul un jing nach'n Viehhof. Vielmehr ick fuhr hin. Bei et Mittag meint meine Frau: „Se will sich mal den Dicken Thielscher ansehn in et Thalia-Theater." Na det paste doch nich zu meine Verabredung. Ick fragte also: „Weeszte, Miezelin, jehn ma morjen, heite hab't mir mit mein Freind Willem zu'n Schkat verabredet." „Jut," meent meine Frau, „jehn ma morjen!" Ick freite mir nu mächtig, det ick die Schose so fein jedeichselt hatte un trat de Schneiderin untern Disch uff'n Fuß. Det falsche Biest lachte un hat mir ooch uff'n Stiebel jetreten. Wie se nu rausjing, ick ihr nach un sagte zu ihr, se soll mir um neine Uhre vor't Restaurant Paradiesgarten erwarten. Wie ick Abends hinkomme, steht se schon da. Wir beede also rin. Kaum det ick mir hinjesetzt habe, de denke ick, mir huppt'n Floh ieber de Leber! Kommt meine Frau rin mit'n Scherschanten von't zweete Jarderejiment. Na ick stand uff, jing uff'n zu un fragte ihn, wie er dazu kommt, mit meine Frau in't Restaurant zu jehn. Na da kam ick aber scheene an. Der Kerl wurde noch grob. Denken Se sich bloß an. Herr Jerichtsrat, hat det falsche Biest meine Frau alles jefiffen (verraten); die hat sich den Breitjam von die Schneiderin jeholt un so ha'm se mir abjefasst un in't janze Lokal blamiert. Die janzen Leite ha'm jejrient. Un nu erst zu hause den Tratsch. Natierlich kam ick dadurch in Wut, un wie ick det falsche Biest zufällig jedrofen habe, da ha'ck ihr eene jelöscht, na det hätten Sie doch ooch jetan, Herr Jerichtsrat!"

Das Urteil lautete auf 3 Tage Gefängnis.

Angekl.: „Ja ja, die Biester sind alle falsch."

(Aus Endel, Humor vor Gericht. Verlag A. Michow, Berlin)

Zuallerletzt kommt immer der Schluss

So lieber Leser, damit neigt sich unsere gemeinsame Zeitreise durch die Geschichte von Berlin dem Ende. Es versteht sich von selbst, dass ich hier nicht allem gerecht werden konnte. 30 laufende Meter Bücher lassen sich eben nicht in 300 Seiten packen. Sollte ich einiges nicht verständlich formuliert haben, so bitte ich um Vergebung. Berichten Sie mir davon, wenn Sie Unklarheiten gefunden haben. Ich werde sie in der nächsten Auflage korrigieren.

Alles in allem waren es mein Wunsch und meine Absicht,
Sie angenehm beim Lesen zu unterhalten.

Und vielleicht lesen wir uns bald mal wieder.

Mit freundlichen Grüßen
Das antiquarische Trüffelschwein, Ihr Friedhelm Reis

Hallo Ihr lieben. Nun wiil ick mir ooch noch vaabschieden.
Es war doch nett, dass wir darüber mal gelesen habn.

Und nu noch ne letzte Frage:
Was ist das: Hängt an de Wand, macht tick tack
und wenns runter fällt, ist die Uhr kaputt.
Wat is det?

(Antwort nächste Seite)

DAS IST PECH!

Zeitleiste Deutsche Geschichte / Berlinische Geschichte

Bis 12tes Jahrhundert

919	Krönung König Heinrich I.
928/929	erster Slawen Feldzug bis zur Oder zur Tributpflicht
928	Beginn der Christianisierung der slawischen Völker
946	König Otto I. errichtet die Bistümer Havelberg und 948 Brandenburg, Beginn der Christianisierung
962	König Otto I. wird der erste deutsche Kaiser des Heiligen Römischen Reiches
965	Markgraf Gero stirbt, die sächsische Ostmark wird aufgeteilt
965	Dietrich Graf von Haldensleben wird Markgraf der Nordmark, sie umfasste im Wesentlichen das Gebiet zwischen Elbe und Oder
1157	Albrecht der Bär erobert die Brandenburg, eine deutsche Herrschaft. Dieses Ereignis gilt als Geburtsstunde der Mark Brandenburg.

Bis 13tes Jahrhundert

1210	Niederlassungen der Templer: Tempelhof, Mariendorf, Marienfelde
1212	Köpenick erhält Stadtrecht
1232	Spandau erhält Stadtrecht
1232	Cölln erhält Stadtrecht
1241	Gründung der Hanse
1242	Berlin erhält Stadtrecht
1245	Gründung des Franziskanerklosters
1280	Einrichtung einer Münzprägeanstalt

Bis 14tes Jahrhundert

1307	Zusammenschluss Berlins und Cöllns, gemeinsame Verteidigung und Vertretung nach Außen
um 1319	die gemeinsame Stadtmauer um Berlin und Cölln wird fertiggestellt
1325	Ermordung des Propstes Nikolaus von Bernau durch eine antipäpstliche Volksmenge während eines Markttages, päpstliche Bannung der Stadt als Folge
1338	erstmals ziert der Berliner Bär die Mittelfläche eines Siegelmedallions eine Ratsurkunde über Pfandgelder
1347	der 1325 über Berlin und Cölln verhängte Kirchenbann wird aufgehoben
1359	Berlins Aufnahme in die Hanse
1369	Berlin erhält das Münzrecht

Bis 15tes Jahrhundert

1415	erhält Kurfürst Friedrich VI. die erbliche Würde des Kurfürsten und nennt sich Friedrich I. Kurfürst von Brandenburg
1440–1471	Kurfürst Friedrich II. „Eiserner Zahn“ (1413–1471)
1442	Mit 600 Reitern besetzt er die Stadt, sie wird Residenzstadt
	Bau der ersten Burgfeste an der Spree auf der heutigen Museumsinsel
1443	Auf der Spreeinsel in Cölln wird der Grundstein zum späteren Berliner Stadtschloss gelegt
1448	Die Baugruben zum Bau der Burganlage werden von den Berlinern geflutet, Wände wieder eingerissen, Bauzäune zerstört. Die versuchte Verhinderung des Baues vom Burgschloss bezeichnet die Geschichte als Berliner Unwillen. Einwohnerzahlen: Berlin um die 6000 und Cölln um die 3000 Bürger
1471–1486	Kurfürst Albrecht Achilles (1414–1486)
1486–1499	Kurfürst Johann von Brandenburg, der wegen seiner Bildung den Beinamen Cicero erhält. Johann ist der erste Hohenzollern (1455–1499).
1488	Kurfürst Johann „Cicero“ führt die Biersteuer ein
1492	Kolumbus entdeckt Amerika
1499–1535	Kurfürst Joachim I „Nestor“ versucht durch blutige Bestrafung, das Faustrecht in seinem Land abzuschaffen. Binnen zweier Jahre ließ er 40 adlige Raubritter hängen oder köpfen. (1484–1535)

Bis 16tes Jahrhundert

1516	Gründung des Kammergerichts, höchste zentrale Gerichtsinstitution des Landes
1518	Der Berliner Stiefel, die Berliner Elle und das sogenannte Berliner Gewicht werden in der gesamten Mittelmark als Maßeinheit eingeführt
1535–1571	Kurfürst Joachim II. „Hektor“ (1505–1571)
1539	Reformation in Brandenburg. Am 1. November nimmt Kurfürst Joachim II. in der Spandauer St. Nikolai-Kirche erstmals das Abendmahl nach lutherischem Ritus ein. Rat und Bürgerschaft von Berlin/ Cölln folgen in einer öffentlichen Feier einen Tag später. Im Sommer 1540 wird die Reformation durch eine neue Kirchenordnung für ganz Brandenburg allgemein verkündet.
1571–1598	Kurfürst Johann Georg (1525–1598)
1550	Einwohnerzahl Berlins und Cöllns: 12.000, 1800 Häuser
1572	Der Berliner Bürgermeister Johann von Blankenfelde lässt die erste Wasserleitung in Berlin und Cölln anlegen.

bis 17tes Jahrhundert

1598–1608	Kurfürst Joachim Friedrich (1546–1608)
1608–1619	Kurfürst Johann Sigismund (1572–1619)
1613	Übertritt Johann Sigismunds zum reformierten Glauben; Streit mit den Lutheranern
1617	Der Kurfürstliche Botenmeister Christoph Frischmann lässt bei Georg Runge im Grauen Kloster die erste Berliner Wochenzeitung drucken.

1618	erste Feuerordnung für Berlin
1618	Mit dem Prager Fenstersturz beginnt der 30 jährige Krieg (1618–1648).
1619–1640	Kurfürst Georg Wilhelm (1595–1640)
1632	In Berlin wird die Zensur eingeführt. Veit Frischmanns Zeitung muss von nun an erst den Geheimen Räten vorgelegt werden.
1640–1688	Friedrich Wilhelm, der „Große Kurfürst" (1620–1688)
1643	Eine kurfürstlich Verordnung bestimmt, dass von nun an alle Bürger Berlins, auch die Adligen im Falle einer Gefahr, Wachdienst zu versehen haben.
1646	Mit der Anlage des Lustgartens beginnt in Berlin die Geschichte der Gartenbaukunst.
1648	Während des 30 jährigen Krieges ist die Bevölkerungszahl um ca. 50 % gesunken.
1659	Kurfürst Friedrich Wilhelm lässt im Schloss zu Cölln eine Bibliothek einrichten.
1671	Die Berliner Jüdische Gemeinde wird gegründet. Bis 1700 wächst sie auf 114 Familien mit über 1.000 Personen. Ein Jahr später erfolgt die Gründung der Hugenotten-Gemeinde zu Berlin mit anfangs 100 Mitgliedern. Bis 1677 wächst ihre Zahl auf über 700 Réfugiés.
1647	Zwischen Stadtschloss und Tiergarten, dem kurfürstlichen Jagdrevier, westlich der Stadt, wird eine Allee angelegt: die spätere Straße „Unter den Linden".
1688–1701	Kurfürst Friedrich III.
1701–1713	König Friedrich I. (1657–1713), 1701 Krönung der Herzogin Sophie Charlotte von Hannover durch König Friedrich I., den sie auch 1701 ehelichte. (1668–1705)
1685	Einwanderung der in Frankreich verfolgten Hugenotten
1695	Baubeginn des Zeughauses nach Plänen von Arnold Nehring, Fertigstellung 1706 durch Martin Grünberg, Andreas Schlüter und Jan de Bodt
1695	Kurfürst Friedrich III. lässt westlich von Berlin/Cölln, bei Lietzenburg, eine Sommerresidenz für seine Frau Sophie Charlotte errichten. Nach ihrem Tod 1705 wird es in „Schloss Charlottenburg" umbenannt.
1698	Beginn des Schlüterbaus des Schlosses, Vollendung 1716 durch Eosander von Göthe
1700	Gründung der Akademie der Wissenschaften durch Gottfried Wilhelm von Leibniz und die Kurfürstin/Königin Sophie Charlotte

bis 18. Jahrhundert

1701	Berlin wurde zur Hauptstadt des neu gegründeten Königreichs Preußen; Selbstkrönung Friedrichs I. in Königsberg; Bau der Friedrichstadt
1706	Das erste Spritzenhaus der Feuerwehr wird für Berlin erbaut.
1709	Zusammenschluss der Stadtgemeinden Berlin, Cölln, Friedrichswerder, Dorotheenstadt, Friedrichstadt: 50.000 Einwohner
1713–1740	König Friedrich Wilhelm I. (1688–1740)
1714	Verbot von Hexenprozessen
1717	Einführung der allgemeinen Schulpflicht in Preußen
1726	Gründung der Charité (früheres Pesthaus)

1730	Zuzug böhmischer Glaubensflüchtlinge
1732	Zuzug Salzburger Protestanten
1734	Bau einer 14,5 km langen Mauer mit 14 Toren zur Verhinderung von Desertationen und Zollbetrügereien
1739	Die Berliner Börse wird gegründet.
1740	Maria Theresia von Österreich (1740–1780)
1740	Die Einwohnerzahl beträgt jetzt 100.000
1740–1786	König Friedrich II., auch Friedrich der Große oder der „Alte Fritz" genannt (1712–1786)
1747	Baubeginn der Sankt Hedwigskathedrale, erste katholische Kirche in Berlin, Vollendung 1773
1748	Lessing kommt nach Berlin, um als freier Schriftsteller zu leben.
1748	Bau eines Stadtpalastes für Prinz Heinrich: seit 1810 Humboldt-Universität
1751	Gründung einer Porzellanmanufaktur; seit 1763 Königliche Porzellanmanufaktur KPM
1754	Abschaffung der Folter in Kriminalverfahren
1756	Der Siebenjährige Krieg beginnt(1756–1763)
1760	Die Russen und Österreicher besetzen während des 7 jährigen Krieges vorübergehend Berlin.
1764	Berlin bekommt das erste deutsche Theater, die Oper gilt als die beste der Welt
1767	Die erste Klassenlotterie wird in Berlin gegründet.
1772	Nach einer Hungersnot wird auf Befehl Friedrichs des Großen die aus Amerika eingeführte Kartoffel in großem Stil angebaut
1776	Jedes Haus erhält eine Hausnummer. J. W. v. Goethe trifft in Berlin ein.
1785	Bau des Schlosses Bellevue
1786–1797	König Friedrich Wilhelm II. (1744–1797)
1787	Kaffeebrennen ist wieder erlaubt.
1788	Bau des Brandenburger Tors; Einführung des Abiturs an den Jungengymnasien
1793	In Berlin wird die erste Dampfmaschine in Betrieb genommen.
1797–1840	König Friedrich Wilhelm III. (1770–1840) Hochzeit mit Königin Luise (1776–1810)
1800	Erste innerstädtische Briefpost

bis 19 tes Jahrhundert

1802	Die seit 1735 eingerichtete Stadt – Umwallung, die im Norden Berlins nur durch einen Palisadenzaun bestand, wird durch eine durchgehende Mauer ersetzt.
1803	Im Berliner Schloss wird das Zentrale Archiv des Staates Preußen eingerichtet.
1806	Einzug Napoleons durch das Brandenburger Tor, Berlin erlebt ein dreijähriges Besatzungsregime
1807	Preußische Reformen nach der Niederlage gegen Napoleon: Agrarreform (Bauernbefreiung), Militärreform, Städteordnung, Bildungsreform

1809	Gründung der „Friedrich-Wilhelm-Universität" – Wilhelm von Humboldt wird ihr erster Rektor (deshalb heute Humboldt-Universität)
1809	Einführung der Selbstverwaltung im Zuge der Steinschen Städteordnung (Preußische Reformen)
1810	Tod der Königin Luise; Eröffnung der Berliner Universität; Einführung der Gewerbefreiheit
1811	Einrichtung des ersten deutschen Turnplatzes durch Turnvater Friedrich Ludwig Jahn in der Hasenheide
1812	Gleichberechtigung der jüdischen Mitbürger durch das Emanzipationsedikt
1814	Rückkehr der von Napoleon geraubten Quadriga für das Brandenburger Tor
1815	Zulassung von 32 Pferdedroschken
1816	Bau der Neuen Wache durch Karl Friedrich Schinkel
1818	Ein neues Zollgesetz wandelt Preußen in ein einheitliches Zollgebiet um und ebnet dem Freihandel den Weg.
1818	Gründung der ersten städtischen Sparkasse
1825	Erste Berliner Pferdebahn
1826	Erste Gasanstalt; Gaslaternen „Unter den Linden"
1832	Nante erobert die Herzen der Berliner(innen).
1837	Gründung der Maschinenfabrik August Borsig
1835	Zwischen Nürnberg und Fürth fährt die erste deutsche Eisenbahn – ein Signal für die beginnende Industrialisierung.
1838	Erste 26 km lange Eisenbahnlinie von Berlin nach Potsdam wird fertig gestellt.
1839	Untersagung der Kinderarbeit in den Fabriken
1840–1861	König Friedrich Wilhelm IV. (1795–1861)
1844	Eröffnung des Zoologischen Gartens
1846	Zulassung von fünf privaten Pferdeomnibuslinien
1847	Bau einer Telegraphenanstalt durch Werner von Siemens und Georg Halske
1847	Beginn der Gasbeleuchtung
1848	Ausbruch der Märzrevolution
1850	Gründung der Industrie- und Handelskammer; Beginn des Dampfverkehrs auf der Spree
1854	Berlin hat das größte Eisenbahnnetz Europas
1855	Erste Plakatsäulen: Litfaß-Säulen benannt nach dem Buchdrucker Ernst Litfaß
1856	Erstes Wasserwerk
1861	König Wilhelm I.
1866	Eduard Knoblauch vollendet den Bau der Synagoge in der Oranienburger Straße
1866	Die Allgemeine Berliner Omnibus AG (ABOAG) wird gegründet.
1866	Hauptstadt des Norddeutschen Bundes; deutscher Bruderkrieg zwischen Preußen und Österreich
1868	Beginn der Demontage der Zollmauer

1870	In Berlin werden die ersten Volksschulen eingerichtet
1870-71	Preußisch-deutscher Krieg gegen Frankreich
1871–1888	Kaiser Wilhelm I. (1797–1888)
1871	Reichshauptstadt; 827.000 Einwohner; Gründerzeit (Bautätigkeit, Wohnungsnot, industrieller Aufschwung, Bodenspekulation)
1871	Bau der Siegessäule; Beginn der Kanalisation
1877	1.000.000 Einwohner
1879	Erste elektrische Eisenbahnlokomotive (Siemens & Halske)
1880	Berufung Robert Kochs nach Berlin, Entdeckung des Tuberkuloseerregers (1882) und des Choleraerregers (1884)
1881	Erste elektrische Straßenbahn in Lichterfelde
1881	Einführung des Fernsprechbetriebs, Ausbau des Kurfürstendamms
1882	Eröffnung der S-Bahn zwischen Charlottenburg und Schlesischem Bahnhof
1883	Gründung der Allgemeinen Elektrizitäts-Gesellschaft (AEG) durch Emil Rathenau
1885	Eröffnung des Modehauses der Gebrüder Wertheim, später Warenhauskonzern
1886	Die Zentrale Markthalle am Alexanderplatz wird eröffnet
1886	Gründung des Verlags Samuel Fischer
1888	Kaiser Friedrich III., der 99 Tage Kaiser (1831–1888)
1888	Dreikaiserjahr: Tod Wilhelm I., Tod Friedrich III., Thronbesteigung Wilhelms II.; Regierungszeit 1888–1918 (1859–1941)
1888	Erste Fahrerlaubnis erhielt Carl Benz
1891	Erste Gleitflüge Otto Lilienthals; Gründung der Zeitschrift Berliner Illustrierte (Vorbild fast aller illustrierten Zeitschriften der Welt)
1894	Fertigstellung des Reichstagsgebäudes; Beginn der Bauarbeiten am Dom
1895	Fertigstellung der Kaiser-Wilhelm-Gedächtniskirche; erste Kinovorführungen im Wintergarten
1898	Gründung der Berliner Secession (führende Kunstvereinigung)
1899	Baubeginn der Siegesallee im Tiergarten („Puppenallee“)
1900	Begründung der modernen (Atom-) Physik durch Max Plancks Quantentheorie

bis 1928

1901	Erstes Privatauto
1902	In Berlin fährt die erste U-Bahn vom Stralauer Tor zum Potsdamer Platz. Eine neue Ära des Personennahverkehrs bricht an.
1902	Erste Hochbahn zwischen dem Halleschen Tor und der Warschauer Brücke (U-Bahn).
1904	Der Ullstein Verlag bringt die „BZ am Mittag“ heraus, das erste deutsche Blatt im Straßenverkauf.
1905	Die ersten motorbetriebenen Omnibusse verkehren in Berlin.

1905	Berlin hat die 2 Millionengrenze überschritten. 2.040.148 leben nun in der Hauptstadt, aber nur 822.000 echte Berliner.
1906	Auftreten Wilhelm Voigts, des „Hauptmanns von Köpenick“
1907	Das Strandbad Wannsee wird eröffnet
1907	Kaiser Wilhelm II. eröffnet das Luxushotel „Adlon“, „Unter den Linden“ am Pariser Platz.
1909	Am 03.05.1909 wurde der Führerschein für ganz Deutschland eingeführt.
1910	Gründung der Kaiser-Wilhelm-Gesellschaft, seit 1948 Max-Planck-Gesellschaft
1910	Der Sportpalast wird eröffnet
1911	Die Vereinsbrauerei Rixdorf beschließt, den Namen in Berliner Kindl AG umzubenennen
1911	Gründung des Zweckverbands Groß-Berlin
1912	In der Charlottenburger Bismarckstraße wird das „Deutsche Opernhaus“ eröffnet
1913	Eröffnung des Osthafens
1914	Für Berlin und die Provinz Brandenburg wird der Kriegszustand erklärt. Kaiser Wilhelm II. hält vor mehreren tausend Menschen seine erste Rede vom Balkon des Berliner Schlosses aus
1916	Der Reichstag beschließt die Herabsetzung der Altersgrenze von 70 Jahren auf 65 Jahre
1918	Abdankung Wilhelms II., Ausrufung der Republik durch Philipp Scheidemann
1920	Bildung einer einheitlichen Stadtgemeinde aus Berlin und seinen Vororten (7 Städte, 59 Landgemeinden, 27 Gutsbezirke), 878,35 km², 20 Bezirke, 3,8 Millionen Einwohner
1921	Die AVUS (Automobil-Verkehrs- und Übungs-Straße) wird als erste reine Autostraße (Autobahn) Europas für den öffentlichen Verkehr freigegeben
1923	Der Zentralflughafen Tempelhof wird in Betrieb genommen
1923	Geburtsstunde des deutschen Rundfunks
1924	Erste Funkausstellung in Berlin
1926	Der Funkturm in Berlin wird eröffnet und zum Wahrzeichen Berlins
1928	Auf der 5. Großen Deutschen Funkausstellung wird erstmals das Fernsehen präsentiert.
1928	Der „Eiserne Gustav“ (Gustav Hartmann) startet seine Fahrt mit der Pferdedroschke von Berlin nach Paris und von Paris nach Berlin
1928	Luftschiff „Graf Zeppelin“ über Berlin

Die Hohenzollern in Berlin

Friedrich I. (1371–1440)	erster Kurfürst von Brandenburg 1415 bis 1440
Friedrich II., „Der Eiserne" (1413–1471)	Kurfürst von Brandenburg 1440 von 1470
Albrecht Achilles (1414–1486)	Kurfürst von Brandenburg 1470 bis 1486
Johann Cicero (1455–1499)	Kurfürst von Brandenburg 1486 bis 1499
Joachim I. Nestor (1484–1535)	Kurfürst von Brandenburg 1499 bis 1535
Joachim II. Hektor (1505–1571)	Kurfürst von Brandenburg 1535 bis 1571
Johann Georg (1525–1598)	Kurfürst von Brandenburg 1571 bis 1598
Joachim Friedrich (1546–1608)	Kurfürst von Brandenburg 1598 bis 1608
Johann Sigismund (1572–1619)	Kurfürst von Brandenburg 1608 bis 1619
Georg Wilhelm (1595–1640)	Kurfürst von Brandenburg 1619 bis 1640
Friedrich Wilhelm (1620–1688)	„Der Große Kurfürst", Kurfürst von Brandenburg 1640 bis 1688
Friedrich III. (1657–1713)	Kurfürst von Brandenburg 1688–1713, und ab 1701 König in Preußen bis 1713 als Friedrich I.
Friedrich Wilhelm I., „Der Soldatenkönig" (1688–1740)	König von Preußen 1713 bis 1740
Friedrich II., „Friedrich der Große" auch der „Alte Fritz" (1712–1786)	König von Preußen 1740 bis 1786
Friedrich Wilhelm II., (1744–1797)	König von Preußen 1786 bis 1797
Friedrich Wilhelm III. (1770–1840)	König von Preußen 1797 bis 1840
Friedrich Wilhelm IV. (1795–1861)	König von Preußen 1840 bis 1858
Wilhelm I. (1797–1888)	Regent 1858–1861, König von Preußen und ab 1861–1888, Deutscher Kaiser 1871–1888
Friedrich III. (1831–1888)	Deutscher Kaiser 1888 (Dreikaiserjahr)
Wilhelm II. (1859–1941)	Deutscher Kaiser von 1888 bis 1918

Quellennachweise

Titel Rubrik	Titelbeschreibung	Autor	Jahr	Verlag
Geschichte				
Merian Topographia Germaniae	Brandenburg.Pommern 1652	Matthäus Merian	1652 Faksimile Ausgabe 1965	Bärenreiter Verlag Kassel und Basel
Altes und Neues Berlin	Vollständige Nachricht von der Stadt Berlin, derselben Erbauern, Lage, Kirchen usw.	Johann Christopf Müllers und Georg Gottfried Küsters	1737 Band 1	Berlin Bey Johann Peter Schmid
Beschreibung der königlichen Residenzstädte Berlin und Potsdam		Friedrich Nicolai	1786 Band 2	Berlin Bey Friedrich Nicolai
Einleitung der Historie der Vornehmsten, Reichen und Staaten	Asien, Afrika und Amerika	Freiherr Samuel von Pufendorf	1707	Verlag von Friederich Knochen, Frankfurt a. Main
Gründlicher Bericht von dem Zustande des Heiligen römischen Reiches deutscher Nationen	„Severin von Monzambano" Pseudonym von Freiherr Samuel von Pufendorf	Freiherr Samuel von Pufendorf	1715	Verlag Leipzig bei Johann Ludwig Kleditsch und Moritz Georg Weldmannen
Einleitung in die Historie der vornehmsten europäischen Staaten	Spanien, Portugal, Großbritannien, Frankreich, Holland, Deutschland, Dänemark, Polen, Russland und vom Papst	Freiherr Samuel von Pufendorf	1746	Verlag Friedrich Daniel Knochs,Wittib und Johann Georg Eßlinger, Frankfurt/Leipzig
Über die Verfassung des deutschen Reiches	Klassiker der Politik	Freiherr Samuel von Pufendorf (Severinus von Monzambano)	1922	Verlag von Reimar Hobbing/Berlin
Oracul	Kunst = Regeln der Klugheit	Balthasar Gracians	1717	Leipzig. Caspar Jacob Eysseln
Berlin	Die deutsche Kaiserstadt Berlin und Ihre Umgebung	Max Ring	1883 Band 1	Verlag Heinrich Schmidt und Karl Günther Leipzig
Berlin	Die deutsche Kaiserstadt Berlin und Ihre Umgebung	Max Ring	1884 Band 2	Verlag Heinrich Schmidt und Karl Günther Leipzig
Berlin seit 500 Jahren	Vom Fischerdorf zur Weltstadt – Geschichte und Saga	Adolph Streckfuss	1864 Band 1	Verlag von Alexander Jonas
Berlin seit 500 Jahren	Vom Fischerdorf zur Weltstadt – Geschichte und Saga	Adolph Streckfuss	1864 Band 2	Verlag von Alexander Jonas
Berlin seit 500 Jahren	Vom Fischerdorf zur Weltstadt – Geschichte und Saga	Adolph Streckfuss	1864 Band 3	Verlag von Alexander Jonas
Berlin seit 500 Jahren	Vom Fischerdorf zur Weltstadt – Geschichte und Saga	Adolph Streckfuss	1864 Band 4	Verlag von Alexander Jonas
Die Städteverordnung von 1808 und die Stadt Berlin	Festschrift zur 100-jährigen Gedenkfeier der Einführung der Städteverordnung	Dr. Clauswitz	1908	Berlin, Verlag von Julius Springer
Costümgeschichte	Costümgeschichte der Kulturvölker	Jakob von Falken	1890	Stuttgart Verlag von W. Spemann
Die Geschichte der deutschen Hanse	Die Geschichte der deutschen Hanse	Dr. F. W. Barthold	1909	Magdeburg/Leipzig Dollbach und Lindemann Verlag
Geschichte des Tempelherrenordens	Geschichte des Tempelherrenordens	Wilhelm Ferndinand Wilcke	1826 Band 1	Verlag Leipzig, bei E. Hartmann
Geschichte des Tempelherrenordens	Geschichte des Tempelherrenordens	Wilhelm Ferndinand Wilcke	1827 Band 2	Verlag Leipzig, bei E. Hartmann
Bildatlas zur Weltgeschichte	Nach Kunstwerken alter und neuer Zeit	Prof. Ludwig Weisser	1884	Stuttgart Verlag von Paul Neff
Fürst von Bismarck in Friedrichsruh		E. W. Allers	1892	Union Deutsche Verlagsgesellschaft Stuttgart Berlin Leipzig
Das Buch von der Weltpost		O. Veredarius	1885	Berlin, Verlag von Herrn J. Weidinger

Titel Rubrik	Titelbeschreibung	Autor	Jahr	Verlag
Die Wunder der Welt	Europa – Eine malerische Wanderung	Adolf Prennecke	1886	Straßburg i.E. R. Schultz & Company Verlag
Berliner Kalender	Berliner Kalender von 1903–1919		1903-1919	Verlag v. Fischer und Franke Berlin
Historischer Bildersaal oder Denkwürdigkeiten	Lehr- und Lesebuch für gebildete Stände	Christian Ferdinand Schulze	1817 Band 3	Gotha, Justus Perthes
Erdbeschreibung	Portugal, Spanien, Frankreich, Großbritannien	Anton Friedrich Büsching	1758 3. Auflage	Hamburg, Johann Carl Bohn
Büschings große Erdbeschreibung	Der schwäbische Kreis	Anton Friedrich Büsching	1786 18. Band	Brúnn. Joseph Georg Traßler, Verlage der Kompanie
Severin von Monzambano	Gründlicher Bericht von dem Zustande des Heiligen Römischen Reichs	Freiherr Samuel von Pufendorf	1715	
Erdbeschreibung	Vereinigte Niederlanden	Anton Friedrich Büsching	1783	Leipzig.
Einleitung zu der Historie der vornehmsten Reiche und Staaten von Asia, Afrika und America		Freiherr Samuel von Pufendorf	1707	Frankfurt Verlag von Friedrich Knochen
Erdbeschreibung	Obersächsischer Kreis und die Mark Brandenburg	Anton Friedrich Büsching	1787 20. Band	Brúnn. Joseph Georg Traßler, Verlage der Kompanie
Karl von Rottecks Allgemeine Geschichte	vom Anfang der historischen Kenntnis bis auf unsere Zeiten		1861 11. Band	Verlag von George Westermann
Europäische Fürstenhöfe – zwischen Donau uns Bosporus		August Heinrich Rober	1938	Societäts Verlag Frankfurt
Die Geschichte der deutschen Hanse		F. W. Barthold	1909 Band 1	Deubach & Lindemann Verlag
Die Geschichte der deutschen Hanse		F. W. Barthold	1910 Band 2	Deubach & Lindemann Verlag
Weltgeschichte	Zeit der Kreuzzüge	Joh. Bapt. V. Weiß	1891 5. Band	Graz u. Leipzig
Groß Berlin	Bilder von der Ausstellungsstadt	Albert Kühnemann - Redigiert von Richard Schott	1896/97	Verlag von W. Paulis Nachf. (H. Jerosch)
Bildersaal Deutscher Geschichte	Zwei Jahrtausende deutschen Lebens in Bild und Wort	Adolf Bär und Paul Quensel unter Mitwirkung von A. Großkopf und M. Merker	1890	Union Deutsche Verlagsgesellschaft Stuttgart Berlin Leipzig
Eckensteher	Berlin wie es isst und trinkt	Ad. Brennglas	1845 1. Heft, 10. Auflage	Verlag von Ignaz Jackowitz, Leipzig
J. G. Zimmermann vom Nationalstolze			1783	Karlsruhe Christian Gottlieb Schmieder

Titel Rubrik	Titelbeschreibung	Autor	Jahr	Verlag
Baugeschichte				
Berlin und seine Bauten	Baugeschichte Berlins	Architektenverein zu Berlin	1877 Band 1 und 2	Druck von Graichen und Riehl, Leipzig
Preußische Geschichte	Mit einer historischen Karte von Prof. H. Kiepert	Prof. Williams Pierson	1881 Band 1	Verlag von Gebrüder Paetehl, Berlin
Die Preußische Geschichte	Schilderung und Darstellung von Hellwig, Raumers, Preußen usw.	Karl Schwingen	1860 Band 1	Verlag Gustav Hempel in Berlin
Buch der Erfindung der Gewerbe und Industrie	Rundschau auf allen Gebieten der gewerblichen Arbeit	Prof. Dr. E., Prof. E. Böttger u.a.	1873	Leipzig und Berlin, Verlagsbuchhandlung von Otto Spamer
Lexika 1892				
Schlosser's Weltgeschichte	Band 1 Geschichte der alten Welt	Friedrich Christoph Schlosser	1892	Berlin Verlag von Oswald Seehagen
Schlosser's Weltgeschichte	Band 2 Geschichte der alten Welt	Friedrich Christoph Schlosser	1892	Berlin Verlag von Oswald Seehagen
Schlosser's Weltgeschichte	Band 3 Geschichte der alten Welt	Friedrich Christoph Schlosser	1892	Berlin Verlag von Oswald Seehagen
Schlosser's Weltgeschichte	Band 4 Geschichte des Mittelalters	Friedrich Christoph Schlosser	1892	Berlin Verlag von Oswald Seehagen
Schlosser's Weltgeschichte	Band 5 Geschichte des Mittelalters	Friedrich Christoph Schlosser	1892	Berlin Verlag von Oswald Seehagen
Schlosser's Weltgeschichte	Band 6 Geschichte des Mittelalters	Friedrich Christoph Schlosser	1892	Berlin Verlag von Oswald Seehagen
Schlosser's Weltgeschichte	Band 7 Geschichte des Mittelalters	Friedrich Christoph Schlosser	1893	Berlin Verlag von Oswald Seehagen
Schlosser's Weltgeschichte	Band 8 Geschichte des Mittelalters	Friedrich Christoph Schlosser	1893	Berlin Verlag von Oswald Seehagen
Schlosser's Weltgeschichte	Band 9 Geschichte der neueren Zeit	Friedrich Christoph Schlosser	1893	Berlin Verlag von Oswald Seehagen
Schlosser's Weltgeschichte	Band 10 Geschichte der neueren Zeit	Friedrich Christoph Schlosser	1893	Berlin Verlag von Oswald Seehagen
Schlosser's Weltgeschichte	Band 11 Geschichte der neueren Zeit	Friedrich Christoph Schlosser	1893	Berlin Verlag von Oswald Seehagen
Schlosser's Weltgeschichte	Band 12 Geschichte der neueren Zeit	Friedrich Christoph Schlosser	1893	Berlin Verlag von Oswald Seehagen
Schlosser's Weltgeschichte	Band 13 Geschichte der neueren Zeit	Friedrich Christoph Schlosser	1893	Berlin Verlag von Oswald Seehagen
Schlosser's Weltgeschichte	Band 14 Geschichte der neueren Zeit	Friedrich Christoph Schlosser	1893	Berlin Verlag von Oswald Seehagen
Schlosser's Weltgeschichte	Band 15 Geschichte der neueren Zeit	Friedrich Christoph Schlosser	1893	Berlin Verlag von Oswald Seehagen
Schlosser's Weltgeschichte	Band 16 Geschichte der neueren Zeit	Friedrich Christoph Schlosser	1893	Berlin Verlag von Oswald Seehagen
Schlosser's Weltgeschichte	Band 17 Geschichte der neueren Zeit	Friedrich Christoph Schlosser	1893	Berlin Verlag von Oswald Seehagen
Schlosser's Weltgeschichte	Band 18 Geschichte der neueren Zeit	Friedrich Christoph Schlosser	1893	Berlin Verlag von Oswald Seehagen
Schlosser's Weltgeschichte	Band 19 Vollständ. Namens- und Sachregister	Friedrich Christoph Schlosser	1893	Berlin Verlag von Oswald Seehagen
Schlosser's Weltgeschichte	Band 11 Geschichte des 16. Jahrhunderts Fortsetz.	Friedrich Christoph Schlosser	1893	Berlin Verlag von Oswald Seehagen
Weltgeschichte	Karl Friedrich Becker's Weltgeschichte	Adolf Schmidt	1828 Band 1–3	Verlag von Duncker und Humblot Berlin
Weltgeschichte	Karl Friedrich Becker's Weltgeschichte	Adolf Schmidt	1829 Band 4–14	Verlag von Duncker und Humblot Berlin
Die Deutsche Kaiserstadt Berlin u. Umgebung	Geschichten mit 178 Illustrationen	Max Ring	1883	
Das alte Berlin	Erinnerungen	Agathe Nalli Rutenberg	1912	

Titel Rubrik	Titelbeschreibung	Autor	Jahr	Verlag
Europa, eine malerische Wanderung	Länder und Städte Europas mit besonderer Rücksicht auf ihre geschichtliche Entwicklung, ihre kulturhistorische Bedeutung	Adolf Brennecke	1886	
Romantische Reise durch das alte Deutschland	Städte und Landschaften in zeitgenössischen Stichen u. Lithographien	Rolf Müller	1969	
Das Land der Bayern	Das Land der Bayern in Farbenfotographie Band 1 u. 2	Ludwig Ganghofer	1919	
Das Schwabenland	Das Schwabenland in Farbenfotographie	Gustav Strömfeld	1924	
Das Schwabenland	Das Schwabenland in Farbenfotographie	Gustav Strömfeld	1914	
Allgemeine Geschichte vom Anfang der historischen Kenntnis	Für denkende Geschichtsfreunde - Allgemeine Geschichte vom Anfang der historischen Kenntnis	Karl von Rotteck	1839	Freiburg im Breisgau. Herdersche Kunst- und Buchhandlung

Zeitschriften – Der Bär

Der Bär	Zeitschrift für vaterländische Geschichte und Altertumskunde	Ernst Friedel und Emil Dominik	V.Jahrg. 1879	Verlag Nicolaische Verlags-Buchhandlung
Der Bär	Illustrierte Berliner Wochenschrift eine Chronik für's Haus	Ernst Friedel und Emil Dominik	VI. Jahrg. 1880	Verlag von Gebrüder Paetel in Berlin
Der Bär	Illustrierte Berliner Wochenschrift, eine Chronik für's Haus	Emil Dominik	VII. Jahrg. 1881	Verlag von Gebrüder Paetel in Berlin
Der Bär	Illustrierte Berliner Wochenschrift für's Haus	Emil Dominik	VIII. Jahrg. 1882	Verlag von Gebrüder Paetel in Berlin
Der Bär	Illustrierte Berliner Wochenschrift für's Haus	Emil Dominik	IX. Jahrg. 1883	Verlag von Gebrüder Paetel in Berlin
Der Bär	Illustrierte Berliner Wochenschrift für's Haus	Emil Dominik	X. Jahrg. 1884	Verlag von Gebrüder Paetel in Berlin
Der Bär	Illustrierte Berliner Wochenschrift für's Haus	Emil Dominik und Peter Wallé	XI. Jahrg. 1884/1885	Verlag von Gebrüder Paetel in Berlin
Der Bär	Illustrierte Berliner Wochenschrift für's Haus	Peter Wallé	XII. Jahrg. 1885/1886	Verlag von Gebrüder Paetel in Berlin
Der Bär	Illustrierte Berliner Wochenschrift, eine Chronik für's Haus	Peter Wallé	XIII. Jahrg. 1886/1887	Verlag von Gebrüder Paetel in Berlin
Der Bär	Illustrierte Berliner Wochenschrift, eine Chronik für's Haus	Peter Wallé	XIV. Jahrg. 1887/1888	Verlag von Gebrüder Paetel in Berlin
Der Bär	Illustrierte Wochenschrift für vaterländische Geschichte	Oskar Schwebel	XV. Jahrg. 1888/ 1889	Verlag der Buchhandlung der Deutschen Lehrerzeitung (Frau Zillessen) Berlin
Der Bär	Illustrierte Wochenschrift für vaterländische Geschichte	Oskar Schwebel und Hans Brendicke	XVI. Jahrg. 1889/1890	Verlag der Buchhandlung der Deutschen Lehrerzeitung (Frau Zillessen) Berlin
Der Bär	Illustrierte Wochenschrift für vaterländische Geschichte	Friedrich Zillessen und Richard George	XVII. Jahrg. 1890/1891	Verlag der Buchhandlung der Deutschen Lehrerzeitung (Frau Zillessen) Berlin
Der Bär	Illustrierte Wochenschrift für vaterländische Geschichte	Friedrich Zillessen und Richard George	XVIII. Jahrg. 1891/1892	Verlag der Buchhandlung der Deutschen Lehrerzeitung (Frau Zillessen) Berlin
Der Bär	Illustrierte Wochenschrift für vaterländische Geschichte	Friedrich Zillessen und Richard George	XIX. Jahrg. 1892 /1893	Verlag der Buchhandlung der Deutschen Lehrerzeitung (Frau Zillessen) Berlin
Der Bär	Illustrierte Wochenschrift für vaterländische Geschichte	Friedrich Zillessen und Richard George	XIX. Jahrg. 1892/1893	Verlag der Buchhandlung der Deutschen Lehrerzeitung (Frau Zillessen) Berlin
Der Bär	Illustrierte Wochenschrift für vaterländische Geschichte	Friedrich Zillessen und Paul Warncke	XXIV. Jahrg. 1898	Verlag von Frau Zillessen Berlin

Titel Rubrik	Titelbeschreibung	Autor	Jahr	Verlag

Diverse Zeitschriften

Titel Rubrik	Titelbeschreibung	Autor	Jahr	Verlag
Universum Heft 13	Illustrierte Familien-Zeitschrift		März 1898	
Universum Heft 25	Illustrierte Familien-Zeitschrift		Februar 1898	
Universum Heft 12	Illustrierte Familien-Zeitschrift			
Kladderadatsch	Bismarck Album mit 300 Zeichnungen		1898	
Kladderadatsch	Im tollen Jahr-Neuauflage von 1848 nach 50 Jahren		1898	

Zeitschriften – Die Gartenlaube

Titel Rubrik	Titelbeschreibung	Autor	Jahr	Verlag
Die Gartenlaube	Illustriertes Familienblatt	F. Stolle und A. Diezmann	1863	Verlag von Ernst Keil in Leipzig
Die Gartenlaube	Illustriertes Familienblatt	Ernst Keil	1866	Verlag von Ernst Keil in Leipzig
Die Gartenlaube	Illustriertes Familienblatt	Ernst Keil	1867	Verlag von Ernst Keil in Leipzig
Die Gartenlaube	Illustriertes Familienblatt	Ernst Keil	1869	Verlag von Ernst Keil in Leipzig
Die Gartenlaube	Illustriertes Familienblatt	Ernst Keil	1874	Verlag von Ernst Keil in Leipzig
Die Gartenlaube	Illustriertes Familienblatt	Ernst Keil	1876	Verlag von Ernst Keil in Leipzig
Die Gartenlaube	Illustriertes Familienblatt	Ernst Keil	1882	Verlag von Ernst Keil in Leipzig
Die Gartenlaube	Illustriertes Familienblatt	Adolf Kröner	1887	Verlag von Ernst Keils Nachfolger in Leipzig
Die Gartenlaube	Illustriertes Familienblatt	Adolf Kröner	1887	Verlag von Ernst Keils Nachfolger in Leipzig
Die Gartenlaube	Illustriertes Familienblatt	Adolf Kröner	1895	Verlag von Ernst Keils Nachfolger in Leipzig
Die Gartenlaube	Illustriertes Familienblatt	Adolf Kröner	1899	Verlag von Ernst Keils Nachfolger in Leipzig
Die Gartenlaube	Die Welt der Frau	August Scherl	1909	Verlag von Ernst Keils Nachfolger in Leipzig
Die Gartenlaube	Illustriertes Familienblatt	August Scherl	1912	Verlag von Ernst Keils Nachfolger in Leipzig

Biographien

Titel Rubrik	Titelbeschreibung	Autor	Jahr	Verlag
Die Hohenzollernlegende	1. Band Kulturbilder mit 203 Bildern	Max Maurenbre-cher	1910	Verlag Buchhandlung Vorwärts Berlin
Die Hohenzollernlegende	2. Band Kulturbilder der preußischen Geschichte	Max Maurenbre-cher	1910	Verlag Buchhandlung Vorwärts Berlin
Die Hohenzollernlegende	1. Ihr Leben und ihre Regierung mit 8 Bildtafeln	Max Maurenbre-cher	1905	
Die Hohenzollern und das Deutsche Vaterland		Dr. H. Graf Still-fried-Alcantara und Professor Dr. Bernhard Kugler	1884	Verlagsanstalt für Kunst und Wissenschaft vormals Friedrich Bruckmann
Deutsche Gedenkhalle	Bilder aus der Vaterländischen Geschichte	Proffessor Dr. Julius v. Pflug Hartung	1905	Berlin Leipzig Verlags-anstalt Vaterland GmbH Druck Fa Brockhaus Leipzig
Friedrich der Große	Charakter Friedrich des II. König von Preußen	D. Anton Fried-rich Büsching	1788	Halle verlegt von Johann Jaq. Witwe
Friedrich der Große	Lebensgeschichte von A. E. Fernen	A. Strähle	1848 Band 1	Verlag Fabricins und Schäfer
Leben und Taten des Friedrich des Großen	Ein vaterländisches Geschichtsbuch	Friedrich Förster	1840 Band 1 und 2	Leipzig, B.G. Teubner

Titel Rubrik	Titelbeschreibung	Autor	Jahr	Verlag
Leben und Taten des Friedrich des Großen	Ein vaterländisches Geschichtsbuch	Friedrich Förster	1840 Band 1	Meißen, Verlag von F. W. Goedsche
Leben und Taten des Friedrich des Großen	Ein vaterländisches Geschichtsbuch	Friedrich Förster	1845 Band 2	Verlag B. G. Teubner, Leipzig
Friedrich Wilhelm und König Friedrich I	der große Kurfürst und König Friedrich I und seine Zeit	Dr.Fr. Forster	1855 Band 1 und 2	Verlag von Gustav Hempel Berlin
Friedrich der Große	Geschildert als Mensch, Regent und Feldherr	Dr.Fr. Forster	1860	Verlag von Gustav Hempel Berlin
Maria Theresia	Ihr Leben und ihre Regierung mit 8 Bildtafeln	Eugen Guglia	1917 – Band 1	Druck und Verlag von R. Oldenbourg. München, Berlin
Maria Theresia	Ihr Leben und ihre Regierung mit 7 Bildtafeln	Eugen Guglia	1917 – Band 2	Druck und Verlag von R. Oldenbourg. München, Berlin
Geschichte Friedr. d. Großen	101 Abbildungen und 1 Karte	Adolph Menzel	ca. 1935	
Der Große Kurfürst	Monographien zur Weltgeschichte	Professor Dr. Ed. Heyck	1902 Band 16	Verlag von Feldhagen und Klasing
Friedrich der Große	Monographien zur Weltgeschichte	Professor Dr. Wilhelm Wiegand	1902 Band 15	Verlag von Feldhagen und Klasing
Samuel von Puffendorf	Severius von Morzambano, über die Verfassung des Deutschen Reiches	Friedrich Meinecke und Hermann Oncken	1922 Band 3	Verlag von Reimar Hobbing, Berlin
Friedrich der Große	1. Band Denkwürdigkeiten zur Geschichte des Hauses Brandenburg	Max Heim	1913	Verlag von Gustav Berthold Bolz
Die Werke Friedrich des Großen	2. Band Geschichte meiner Zeit	Gustav Berthold Bolz	1912	Verlag von Reimar Hobbing, Berlin
Die Werke Friedrich des Großen	3. Band Geschichte des Siebenjährigen Krieges	Gustav Berthold Bolz	1913	Verlag von Reimar Hobbing, Berlin
Die Werke Friedrich des Großen	4. Band Geschichte des Siebenjährigen Krieges 2. Teil	Gustav Berthold Bolz	1913	Verlag von Reimar Hobbing, Berlin
Die Werke Friedrich des Großen	5. Band Altersgeschichte Staats- und Flugschriften	Gustav Berthold Bolz	1913	Verlag von Reimar Hobbing, Berlin
Die Werke Friedrich des Großen	6. Band Millitärische Schriften	Gustav Berthold Bolz	1913	Verlag von Reimar Hobbing, Berlin
Die Werke Friedrich des Großen	7. Band Antimachiavell und Testamente	Gustav Berthold Bolz	1912	Verlag von Reimar Hobbing, Berlin
Die Werke Friedrich des Großen	8. Band Philosophische Schriften	Gustav Berthold Bolz	1913	Verlag von Reimar Hobbing, Berlin
Die Werke Friedrich des Großen	9. Band Dichtungen	Gustav Berthold Bolz	1914	Verlag von Reimar Hobbing, Berlin
Die Werke Friedrich des Großen	10. Band Dichtungen	Gustav Berthold Bolz	1914	Verlag von Reimar Hobbing, Berlin
Friedrich der Große	Ein Bild seines Lebens und Schaffens	Max Heim	1916	Verlag von Reimar Hobbing, Berlin
Die Werke Friedrich des Großen	Adolph Menzel's Illustrationen zu Kugler, Geschichte Friedrich des Großen	Text von Ernst Kiesling	1906	Leipzig, Herbert Mendelsohn
Kugler, Geschichte Friedrich des Großen	Zeitgenössische Darstellungen	Adolph von Menzel	1906	Leipzig, Herbert Mendelsohn
Unser Kaiser	Ein getreues Lebensbild Kaiser Wilhelms II mit 26 Kunsttafeln u. 387 Bildern im Text	Georg W. Bürenstein	1910	Deutsches Verlagshaus Bong & Co. Berlin, Leipzig, Stuttgart
Friedrich der Große		A. E. Kern	1847	Magdeburg, Fabricius & Schaefer
Friedrich der Große und Voltaire		I. Veneden	1859	Verlag von Heinrich Hübner
Die Werke Friedrich des Großen	Bildband	Gustav Berthold Bolz		
Der große König			1912	Schrifentreihe der staatlichen Lutherhalle Wittenberg

Titel Rubrik	Titelbeschreibung	Autor	Jahr	Verlag
Anekdoten und Karakterzüge aus dem Leben Fr. des Zweiten	Anekdoten und Charakterzüge Friedrich des II.		1787 9. Sammlung	Johann Friedrich Unger
Charakter Friedrich des Zweiten		Büsching	1788 2. Ausgabe	Halle, verlegt von Joh. Jac. Curts Witwe
Friedrich Wilhelm – Der Große Kurfürst und seine Zeit	Eine Geschichte des preuß. Staates während der Dauer seiner Regierung	Fr. Förster	1855	Verlag von Gustav Hempel Berlin
Der große Kurfürst und sein Volk	Die Kurfürstin und ihr Günstling – Historischer Roman	Louise Mühlbach	1865 Band 3	Jena und Leipzig, Hermann Gostenoble
Der Große Kurfürst und sein Volk	Die Brautfahrten	Louise Mühlbach	1865 Band 1	Jena und Leipzig, Hermann Gostenoble
Friedrich der Große als Mensch	Zeitgenössische Berichte und Anekdoten	Bruno Frank		Deutsche Buch-Gemeinschaft GmbH Wien, Berlin, New York
Monographien zur Weltgeschichte Band XVI u. XV	Der Große Kurfürst und Friedrich der Große	Prof. Dr. Ed. Heyck	1902 Band 14 und 15	Bielefeld und Leipzig, Verlag von Delhagen & Klasing
Luther			1887	
Die Königin Luise	In 50 Bildern für Jung und Alt	C. Röchling, R. Knötel und W. Friedrich	1896	Verlag von Paul Kittel Nachfolger Peter Stanik, Berlin
Preußen				
Preußische Geschichte	mit historischer Karte von Prof. Kiepert	Prof. Dr. William Pierson	1881 Band 1	Berlin, Verlag von Gebrüder Paetel
Volksgeschichte des preußischen Staates	Geschichte der Mark Brandenburg unter der Regierung der Fürsten Hohenzollern	August Brass	1842 Band 2	Berlin. Bei E. F. Recht
Preußische Geschichte	Schilderungen und Darstellungen	Carl Schwingen	ca. 1840	Verlag Gustav Hempel
Geschichte der preußischen Reformzeit	u.a. Der Sturz des Freiherrn von Stein im Jahre 1808	Alfred Stern	1885	Verlag von Duncker u. Humblot, Leipzig
Neun Bücher Preußischer Geschichte	Vom Emporkommen der brandenburgisch-preußischen Macht	Leopold Rante	1848 Band 1	Weit & Comp
Neun Bücher Preußischer Geschichte	Regierungsantritt Friedrich II.	Leopold Rante	1848 Band 2	Weit & Comp
Neun Bücher Preußischer Geschichte	Friedrich II und das deutsche Reich	Leopold Rante	1848 Band 3	Weit & Comp
Die Territorialgeschichte des Preußischen Staates	Territorialgeschichte im Anschluß an zwölf historische Karten	W. Fiz, Seminarlehrer	1869 2. Auflage	Verlag der Simon Schropp'schen Hof-Landkartenhandlung Dr. Berthold Schulze
Neueste Preußisch-Brandenburgische Geschichte	Lebensbeschreibung des Herrn Samuel Buchholz, Oberpfarrer zu Kremmen in der Mittelmark zur Regierung des Königs Friedrich Wilhelm II.	Johann Friedrich Hennaß	1775 Band 1	Berlin. G.J. Decker, Königlicher Hofbuchdrucker

Sonstiges

Gellerts sämtliche Schriften	Gellerts Abhandlungen und Reden		1769 1. Teil	Leipzig
Sammlung der besten deutschen Schriftsteller u. Dichter	Gellerts Abhandlungen und Reden		1774 7. Teil	Karlsruhe
Lieben, Lust und Leben der Dt. des 16. Jahrhunderts	Begebenheiten des schlesischen Ritters Hans v. Schweinichen	Anton Friedrich Büsching	1823 Band 3	Breslau,
Klassiker der Politik	Vaterländischer Roman	Friedrich Meinecke und Hermann Onken	Band 3	
Der Roland von Berlin	Historische Karten und Ansichten von Berlin	Willibald Aleris		
Deutsche Klassiker	Cabinets-Bibliothek Anthologie aus den Gedichten von Johann Heinrich Boß		1898	

Titel Rubrik	Titelbeschreibung	Autor	Jahr	Verlag
Das Buch von der Weltpost	Entwicklung und Wirken der Post und Telegraphie im Weltverkehr	Veredarius	1828	
Meyer's Volksbibliothek	Nr.16 6. u. 7. Band mit Karte von Schweden u. Norwegen		1885	
Platon	Sämtliche Werke in zwei Bänden	Friedrich Schleiermacher	1925	
Lessings Werke	1., 3., 5. Band			
Fliegende Blätter	Nr. 2293-2318		1858	
Fliegende Blätter	Nr. 26052630		1889	
Geschichte der neueren Philisophie	Band 1 und 2	Albert Stöckl	1883	Verlag von Franz Kircheim
Der Deutsche Buchhandel im Spiegel der Vossischen Zeitung	100-jähriges Jubiläum des Börsenvereins der Deutschen Buchhändler zu Leipzig von 1825–1925	Der Deutsche Buchhandel im Spiegel der Vossischen Zeitung	1825–1925	Verlag Ullstein Berlin
Berlin-Kölln Zeit- und Kulturbilder	Älteste Geschichte der Reichshauptstadt und des märkischen Landes	Prof. Dr. J. W. Otto Richter	1902	Berlin und Jena; Hermann Costenoble Verlagsbuchhandlung
Das alte Berlin	Erinnerungen von Agathe Nalli-Rutenberg	Agathe Nalli-Rutenberg	1912	Verlag Continent GmbH, Berlin-Friedenau
Lieben, Luft und Leben der Deutschen des 16. Jahrhunderts	Lieben Luft und Leben der Deutschen des 16. JH zu den Begebenheiten des schlesischen Ritters Hans von Schweinichen	Büsching	1823	Breslau, Auf Kosten des Vereins für schlesische Geschichte und Rittertümer

Baudenkmäler von Berlin um 1885 mit Höhenverhältnis

1. Reichstag 75,65 m (Wallot)
2. Gethsemanekirche 68,00 m (Orth)
3. Katholische Garnisionkirche 70,00 m (Menken)
4. Neue Synagoge 48,00 m (Knoblauch)
5. Simeonskirche 74,50 m (Schwechten)
6. Hedwigkirche 55,00 m (Umbau Hasak)
7. Nazarethkirche 78,00 m (Spitta)
8. Dankeskirche 67,00 m (Orth)
9. Prol. Garnisonkirche 88,50 m (Rossteuscher)
10. Siegessäule 61,50 m (Strak und Drake)
11. Nationalgalerie 29,19 m (Stüler und Strak)
12. Marcuskirche 57,00 m (Stüler)
13. Marienkirche 89,70 m (Langhaus)
14. Lutherkirche 85,56 m (Otzen)
15. Sophienkirche 700,30 m (Grael)
16. Nikolaikirche 84,00 m (Umbau Blankenstein)
17. National-Kriegerdenkmal 39,66 m (Brunkow)
18. Neue Kirche 70,60 m (Gonthard)
19. Denkmal Friedrich Wilhelm III 13,00 m (Wolff)
20. Nationaldenkmal (Kreuzberg) 31,00 m (Schinkel)
21. Georgenkirche 104,00 m (Otzen)
22. Petrikirche 96,34 m (Strak)
23. Dom 100,00 m (Raschdorf)
24. Bartholomäuskirche 63,57 m (Adler)
25. Brandenburger Tor 26,00 m (Langhans und Schadow)
26. Schlosskapelle 20,60 m (Stüler) Westflügel 31,70 m
27. Kaiser Wilhelm Gedächtniskirche 117,00 m (Schwechten)
28. Dom (Historischer) 50,00 (Schinkel)
29. Sebastiankirche 85,00 m (Basak)
30. Zionskirche 66,53 m (Orth)
31. Denkmal Friedrich II 13,50 m (Rauch)
32. Rathaus 94,16 m (Wäsemann)
33. Kreuzkirche 77,50 m (Otzen)
34. Pauluskirche 85,00 m (Schwechten)
35. Heilandskirche 90,00 m (Schulze)
36. Werdersche Kirche 43,02 m (Schinkel)
37. Französische Kirche 70,60 m (Gonhard)
38. Michaeliskirche 47,08 m (Soller)
39. Auerstehungskirche 75,00 m (Kenken)
40. Piuskirche 87,50 m (Hasak)
41. Jerusalemkirche 76,00 m (Knoblauch)
42. Schauspielhaus 32,00 m (Schinkel)
43. Emmauskirche 76,30 m (Orth)
44. Anhalter Bahnhof 48,00 m (Schwechten)
45. Himmelfahrtskirche 68,00 m (Orth)
46. Kaiser Friedrich Gedächtniskirche 73,60 m (Vollmer)
47. Gnadenkirche 69,00 m (Spitta)
48. Ruhmeshalle 34,00 m (Hitzig)

Vergleichsbauten von links nach rechts:

Die Kreuzblume des Kölner Dom 156,00 m

Sant Peters Dom 131,00 m

Kreuzblume des Münster zu Ulm 161,00 m

Comp. u. gez. v. R. Schmidt

* BAUDENKM

[HÖH